中央编译局文库编辑委员会

主　　任：贾高建

副 主 任：魏海生　柴方国　季正聚　崔友平

委　　员（按姓氏笔画排序）：

　　　　冯　雷　牟建君　杨雪冬　沈红文　张凤宝

　　　　陈家刚　胡长栓　郗卫东　葛海彦

马克思主义经典著作研究读本
主　编　杨金海　李惠斌

马克思《马·柯瓦列夫斯基〈公社土地占有制，其解体的原因、进程和结果〉一书摘要》研究读本

贾向云

《马克思主义经典著作研究读本》顾问委员会

贾高建　俞可平　柴方国　庄福龄　陈先达　赵家祥　詹汝琮
李洙泗　张钟朴　冯文光　安启念　韩庆祥　李小兵　张曙光

《马克思主义经典著作研究读本》编委会

主　编　杨金海　李惠斌
副主编　薛晓源　林进平
编　委　(按姓氏拼音排序)

　　　　曹典顺　冯　章　韩立新　江　洋　姜海波
　　　　李百玲　吕梁山　苗永姝　聂锦芳　闫月梅
　　　　杨学功　姚　颖　张　盾　张云飞　郑　锦

总　序

呈献给读者的这套"马克思主义经典著作研究读本"丛书，旨在立足于21世纪中国和世界发展的现实，对马克思、恩格斯、列宁重要著作以及有关专题思想重新进行较为深入的研究和解读，供广大读者特别是致力于深入研究马克思主义经典作家原著的读者阅读使用。计划出版40种，三年内陆续完成编写和出版工作。

马克思主义经典著作是学习和研究马克思主义理论的基础文本，历来为人们所重视。在我国学术史上，曾编写和出版过不少关于经典著作的读本，包括各种注释性读本和导读性读本，对学习和研究马克思主义理论发挥过重要作用。然而，随着时代的发展，这些读本也越来越显出历史局限性。比如，以往对经典著作的解读视角较旧，对马克思主义理解不够全面；解读的经典著作范围较小，视野有限；解读所依据的文献不足，深度不够等。进入新世纪以来，特别是自2004年中央实施马克思主义理论研究和建设工程以来，马克思主义经典著作的教学、研究以及普及工作不断加强，这就迫切要求对经典著作重新进行解读。

同时，这些年我国学界有关经典著作的翻译和研究成果不断推出，为更好地解读经典著作提供了可能。改革开放以来，特别是进入新世纪以来，随着我国社会主义现代化建设以及人类文明的深入推进，我们对马克思主义的理解以及对经典著作的研究不断深化，解读视角发生重大转变，对马克思主义的理解更加全面。例如，以往由于受革命实践的影响，我们较多地从社会主义"革命"视角去解读，而较少从社会主义"建设"视角去解读，因此，较多地注重研究其中的阶级斗争、无产阶级革命和无产阶级专政等理论，而较少研究社会和谐发展、人的全面发展等思想。革命胜利后,仍然沿袭了这种解读模式。这就造成了对马克思主义理解的片面性。实际上,马克思主义经典著作中有丰富的新社会建设思想,恰恰是这些长期被忽视的思想对我们今天的社会主义建设实践来说更有意义。近些年来,我国学者自觉地从"建设"视角研究经典著作基本观点,取得了一系列可喜成就。又如,过去对经典著作的解读主要限于对若干重要经典著作的解读,如对《共产党宣言》等五六部名著有较为详细的解读,对其他著作的解读不多。即使有收文较多的导读性读本,但常常由于篇幅所限,也只能对这些著作进行简要介绍,不可能对每一部著作展开研究。近些年来,这种情况在逐步发生变化。研究经典著作的专题成果越来越多。再如,近年来新的经典著作编译成果和相关研究成果不断推出,大大拓宽了人们对经典著作基本观点的理解。加之这些年我国学界一大批优秀的中青年学者成长起来,他们的外语水平较高,知识储备较多,研究方法较新等,对经典著作的研究和理解也更有新意。这些都为更好地解读经典著作提供了新的时代条件。

为了继承前人研究的成果,弥补以往研究的不足,总结这些年我国学界编译、研究经典著作的成果和经验,比较全面系统地解读和阐释经典著作的基本观点,中央编译局专门成立了"马克思主义经典著作及其重大理论问题研究"课题组,并对该项研究提供了基金资助。课题组不仅在局内组织力量进行研究,而且向社会公开招标,争取到社会力量的支持,一批有造诣的中青年专家参与到课题研究中来。经过课题组同仁两年多努力,已经形成一批研究成果,并将继续补充、完善并陆续推出。这套"马克思主义经典著作研究读本"丛书就是这些成果的集中体现。

本丛书力求体现如下特点,这也是丛书编著工作所力求遵循的原则:第一,体现全面性和系统性。本丛书不仅对经典作家的名著进行解读,也对其他重要著作进行解读,还要对经典作家的一些重要思想,如马克思的人类学思想、列宁的新经济政策理论等,进行专题梳理和解读。不仅从"革命"视角,而且从"建设"视角,全面、系统地梳理经典作家的思想观点。力求使这套丛书成为收文最全面、解读最系统、最能够反映经典作家著作全貌的学术成果。第二，突出文献性和考证性。每一研究读本的写作，力求充分反映国内外有关研究成果，特别是要充分反映我国新时期在经典著作翻译和研究方面所发现的新文献、取得的新成果。在此基础上，要对经典著作形成的历史背景、国内外传播、原著重要思想观点及其流变，以及后人对这些观点的理解等，进行考证研究。如果说过去的解读主要是"注"的话，那么，这套读本则要进一步体现"疏"的特点。通过这种"注疏"性考据研究，不仅使读者知其然，也知其所以然。这样，也能够为学界进一步研究提供尽可能丰富的文献资料。第三，力求权威性和准确性。一方面，研究读本所依据的经典著作文本力求具有权威性和准确性。主要依据中央编译局所编译的最新译本，如《马克思恩格斯全集》第二版、《马克思恩格斯文集》、《列宁全集》第二版、《列宁专题文集》等。对还没有新译文的文本，可以采用旧译文。同时，适当参照外文版本，进行比较研究。另一方面，所依据的其他文献资料，也力求具有权威性和准确性。要选择国内外在该研究领域最具权威性的专家学者的最具代表性的观点和最有影响力的文章。

基于上述考虑，本丛书采取大致统一的研究和写作框架。除导论外，各个读本均有五个部分组成。一是历史考证部分，其中包括写作背景、国内外主要版本和传播考证等；二是研究状况部分，包括对国内外已有的研究情况进行梳理；三是当代解读部分，包括对经典著作的内容简介，对已有研究观点的疏正，对重要理论观点及其当代意义的阐述；四是原著选编部分，根据经典著作的不同情况，或采取全选的形式，或采取节选的形式，均采用中央编译局的最新译本，个别读本同时选编原著的旧文本，以方便比较研读；五是附录部分，包括3到5篇关于本著作的国内外有一定权威性的研究文章，以及进一步研究需要参考和阅读的文献资料。

需要说明的是，对于经典著作的研究，往往会有仁者见仁、智者见智的情况。所以，尽管我们在组织编写工作中努力体现上述原则，但这些读本的观点不一定都具有代表性，更不可能与每一位读者的观点完全

马克思《马·柯瓦列夫斯基〈公社土地占有制，其解体的原因、进程和结果〉一书摘要》研究读本

一致。加之作者研究角度不同，水平各异，每一读本的结构、篇章、内容、观点都不尽相同，其权威性程度也不尽一致。其中很可能有疏漏和错误之处，谨请读者批评指正。

  该丛书在编写和出版过程中，得到了各个方面的大力支持。中央编译局对此项工作高度重视，始终给予鼎力支持。国家出版基金将该丛书列入 2012 年资助项目。中央编译出版社为该丛书申报国家出版基金项目并最终立项，以及为丛书出版做了大量工作。本丛书中收入的译著和文章的译者、作者和出版者同意我们使用相关的著作版权。该项目顾问委员会的专家对丛书的编写工作给予热情指导，编委会成员和课题组同仁为丛书的编写付出了辛勤劳动。在此一并致以衷心的谢意！

《马克思主义经典著作研究读本》
编辑委员会
2013 年 6 月 16 日

目录

导　论 1

第一部分　历史考证 15

第一章　"柯瓦列夫斯基笔记"的写作背景 17
一　马克思的思想历程与"柯瓦列夫斯基笔记"的写作
　　背景 18
二　柯瓦列夫斯基的研究缘起 22
三　马克思与柯瓦列夫斯基的邂逅 28

第二章　"柯瓦列夫斯基笔记"在国际的出版与传播 32
一　"柯瓦列夫斯基笔记"在西方的译介与传播 33
二　"柯瓦列夫斯基笔记"在苏联的译介与传播 35

第三章　"柯瓦列夫斯基笔记"在国内的译介与传播 38

第二部分　研究状况 41
第四章　"柯瓦列夫斯基笔记"在国外的研究概况 43
一　西方学者人类学视域中的"柯瓦列夫斯基笔记"
　　研究 44

二 苏联学者唯物史观视域中的"柯瓦列夫斯基笔记"
研究 ………………………………………………… 49
三 社会发展规律和民族发展道路视域中的"柯瓦列夫斯基笔记"
研究 ………………………………………………… 55

第五章 "柯瓦列夫斯基笔记"在国内的研究概况 …………… 61
一 马克思晚年"人类学笔记"的整体研究 ………………… 63
二 "柯瓦列夫斯基笔记"的唯物史观研究 ………………… 66
三 "柯瓦列夫斯基笔记"的主题探索 ……………………… 76

第三部分 当代解读 ……………………………………………… 81
第六章 "柯瓦列夫斯基笔记"的基本内容 …………………… 83
一 全书概要 …………………………………………………… 83
二 第一部分主要内容 ………………………………………… 85
三 第二部分主要内容 ………………………………………… 91
四 第三部分主要内容 ………………………………………… 105

第七章 "柯瓦列夫斯基笔记"的重要理论观点 ……………… 113
一 马克思关于封建制的本质论说 …………………………… 113
二 土地关系的发展形态 ……………………………………… 119

第八章 "柯瓦列夫斯基笔记"的现实意义 …………………… 132

第四部分 经典著作选编 ………………………………………… 145
卡·马克思 马·柯瓦列夫斯基《公社土地占有制，其解体的
原因、进程和结果》（第一册，1879年莫斯科版）一书摘要 …… 147

第五部分 附 录 ……………………………………………… 251

附录Ⅰ 研究文献精选 ………………………………………… 253

一 〔美〕劳·克拉德：马克思和恩格斯在民族学著作方面的
比较（一） ………………………………………………… 253

二 〔美〕劳·克拉德：马克思和恩格斯在民族学著作方面的
比较（二） ………………………………………………… 277

三 〔联邦德国〕汉斯-彼得·哈斯蒂克：马克思恩格斯与柯瓦
列夫斯基及其著作 ………………………………………… 289

四 〔苏〕伊·列·安德烈也夫：马克思的最后手稿：历史和
现实 ………………………………………………………… 302

五 〔美〕彼得·胡迪斯：马克思论东方穆斯林社会 ………… 321

附录Ⅱ 延伸阅读书目 ………………………………………… 331

导　论

　　大部分学者将马克思晚年定位为最后10年，适当地放宽下，可以将1871年巴黎公社失败之后马克思的思想都归为其晚年思想。在这个时期，马克思既没有发表成型著作，也没有定稿文字完成和出版，只是留下了大量的笔记群、文本群。古往今来，很少有人如马克思一般原原本本地写作读书笔记并且持续一生，留下大约220多本笔记本，涉猎广博，研究深入。然而，长期以来，人们对马克思晚年思想重视不足，或是归于"慢性死亡"，或是将它们说成是"不可饶恕的学究气"，严重影响了学界对马克思晚年思想的研究和挖掘。

　　著名的历史学者、马克思主义者梅林在《马克思传》第十五章"最后十年"中说，"马克思生命的最后十年曾被称为'慢性死亡'，但这是过分夸张了。"① 这里梅林没有完全否定马克思的晚年，但是随后梅林指出："正当政治地平线上到处都豁然开朗——而这对马克思来说总是最重要的事——的时候，暮色却日益迫近马克思本人和他的家庭。……从1878年起，他就没有为完成他的主要著作而工作。"② "马克思比他的妻子只多活了十五个月。但是在这整个期间，他的生活只不过是一种'慢性死亡'。"③ 因此，梅林将马克思1878年以后的思想归于"慢性死亡"状态，并反复提到，梁赞诺夫是最早发现马克思晚年

---

① 〔德〕弗·梅林：《马克思传》，樊集译、持平校，北京：人民出版社1965年版，第638页。
② 同上书，第670页。
③ 同上书，第673页。

笔记的人，他认为那是"不可饶恕的学究气"。吕贝尔同样认为马克思的晚年笔记只是简单性的摘录，缺少对所阅读材料的个人审视，因此出版马克思全部摘录笔记是无用的。麦克莱伦在其流传最广的《马克思传》的第八部分"最后十年"也仅仅介绍了马克思的晚年生活，对于马克思的晚年思想、大量笔记只字未提。这些研究马克思思想、并为马克思写过生平思想传记的知名研究者们，由于对马克思晚年笔记（"民族学笔记"和"历史学笔记"）戴上了有色眼镜，导致马克思的晚年笔记的重要作用和历史地位一直不被重视。

一直到20世纪70年代初，美国著名人类学专家劳伦斯·克拉德编纂出版了马克思"人类学笔记"，由此在西方掀起了一股"晚年马克思"的研究热潮。晚年笔记群的发表，使得西方学者在两个马克思之外发现另一个马克思——晚年马克思。20世纪30年代马克思的早期著作《1844年经济学哲学手稿》的发表，在西方学术界引起了持续几十年之久的关于两个马克思——"青年"马克思和"老年"（成熟）马克思的争论。围绕马克思思想发展过程是否有"断裂"？究竟哪个是真正的马克思？马克思主义的实质是什么？等重大理论问题展开了广泛而激烈的探讨。晚年马克思与前两个马克思什么关系？马克思的晚年笔记在他的整体思想发展中占什么地位？在今天又有何现实意义？以劳伦斯·克拉德、诺曼·莱文、凯利等人为代表，西方马克思学者普遍将马克思的思想划分为早期和晚期，他们称马克思晚年笔记为"人类学笔记"或"民族学笔记"，认为晚年马克思放弃了《资本论》的研究和创作，回归并转向了经验人类学，强调人类学在马克思主义形成和发展中的特殊作用，将马克思晚年所作的研究统一还原为早期人本主义思想。[①]

唐纳德·凯利指出，马克思晚年"开始对人文科学的一个更大的领域发动新的进攻，正因为被这一兴趣所吸引，马克思才未能——或许他

---

① 参见江丹林：《西方关于马克思晚年"人类学笔记"主要观点论析》，载《北京大学学报》1990年第1期，第53—61页。

从未打算完成他的《资本论》"①。更值得注意的是，他认为马克思从1879年到1883年逝世为止，研究并发展了他的人类学观点，并且似乎正在超越并背离只局限于经济学和阶级分析的历史唯物主义思想。

这些观点都具有一定的合理性，但从根本上是错误的，缺少对马克思思想全面、深入、纵向、整体的研究。它们与20世纪30年代由马克思《1844年经济学哲学手稿》的公开发表而引发的"早年"马克思的争论一样，都是将马克思贯穿一生发展完整的思想割裂开来。它们或者用早期思想否定"后期"理论（主要指《资本论》为代表的理论），或者用"晚年"思想否定马克思"早中期"的理论。应该说，在大量新发现的人类学、史学等材料基础上，马克思晚年思想得到了进一步的深化和升华，从世界历史高度提出了许多创新性观点。事实上，自19世纪70年代以后，资本主义在全球范围内迅速扩张，资本主义生产的垄断趋势日益显著。对于前资本主义社会形态和在资本主义生产垄断条件下无产阶级如何斗争的探讨，成为马克思晚年资本主义批判理论的重要理论视域。一方面，1871年巴黎公社提供了重大的经验教训以及革命政权形式；另一方面，19世纪60年代与70年代社会科学在史前史的研究上取得重大突破，使得人们对资本主义世界里的非资本主义社会，尤其是印度社会有了更多的了解。与此同时，俄国人向马克思提供了有关俄国农村公社以及有关俄国革命民粹派的直接革命经验。这些第一手历史资料极大地丰富了马克思对于前资本主义社会形态的研究，为前资本主义时期社会历史的发展进程提供现实的历史基础。马克思于1879年10月和1880年10月之间写作《马·柯瓦列夫斯基〈公社土地占有制，其解体的原因、进程和结果〉一书摘要》（以下简称"柯瓦列夫斯基笔记"），全文约84000字。对于封建制问题、农村公社问题、东方社会发展道路、殖民与土地所有制的发展等问题，马克思提出了很多重要观

---

① 〔美〕唐纳德·R.凯利：《晚年马克思与人类学》，见《马克思主义来源研究论丛》第8辑，北京：商务印书馆1987年版，第462页。

点。如同马克思的其他晚年笔记一样,"柯瓦列夫斯基笔记"也经历了波折的命运,长期没有得到足够的重视。然而,理解马克思"柯瓦列夫斯基笔记"的中心主旨,追根溯源还是从马克思晚年为什么耗费那么多的时间和精力撰写大量的摘要笔记开始。

第一,实现"自由人联合体"革命理想的继续践行。马克思在17岁中学作文《青年在选择职业时的考虑》中就写道:"如果我们选择了最能为人类而工作的职业,那么,重担就不能把我们压倒,因为这是为大家作出的牺牲;那时我们所享受的就不是可怜的、有限的、自私的乐趣,我们的幸福将属于千百万人,我们的事业将悄然无声地存在下去,但是它会永远发挥作用,而面对我们的骨灰,高尚的人们将撒下热泪。"① 他用自己的一生践行了"改变世界"的伟大理想,致力于实现无产阶级和全人类解放,直至生命的最后十年。他经历了常人难以忍受的各种磨难,如政治上的被驱逐、生活上的贫困和个人理想的破灭等。1845年到1850年,5年的时间4次被驱逐。1850年抵达伦敦,最初的几年不仅没钱缴纳房租,而且妻子生病,4个孩子因饥饿或疾病死了3个,其中一个孩子逝世的时候,连棺木都买不起。然而,他靠铁的意志拒绝了各种诱惑和宽大选择,在年迈体衰、健康状况日益恶化的情况下,仍然坚持继续进行研究和政治活动,撰写了"民族学笔记"和"历史学笔记"。

从19世纪50年代起一直到晚年,马克思对东方社会给予了密切关注。一是由于西方殖民化进程的加深以及一大批传教士、探险家等涌入东方世界,一个新的前所未闻的东方世界进入人们视野;二是1848—1849年欧洲革命失败后,马克思把希望寄托在受欧洲资本主义压迫的东方国家的民族解放运动上。当时洪秀全领导的太平天国运动在中国爆发,人们发现中国已处于大转变的前夜。马克思当时认为,东方的民族解放运动将影响欧洲,加速欧洲新的革命的爆发。在1853年7月22日

---

① 《马克思恩格斯全集》第1卷,北京:人民出版社1995年版,第459—460页。

马克思撰写的《不列颠在印度统治的未来结果》一文中，马克思第一次明确提出了"亚洲式的社会"、"亚洲社会"概念，并将其和"西方式的社会"、"西方社会"相区别。① 广大的东方世界仍然存在土地公有制，与西方的发展历程截然不同。因此，在马克思一生的理论研究探讨中，存在着两条不同线索。"一条是对资本主义社会及政治经济学的研究（西欧社会的研究），另一条是对前资本主义社会及人类学的研究（东方社会的研究）。正是在人类学研究的基础上，马克思创立了社会形态理论。马克思的社会形态理论包含着两个不同的维度：一个是欧洲社会形态演化的维度：氏族公社、亚细亚所有制、奴隶制、封建制、资本主义所有制、未来共产主义所有制；另一个是东方社会形态演化的维度：氏族公社、亚细亚所有制、社会主义所有制（跨越'资本主义制度的卡夫丁峡谷'）、未来共产主义所有制。"②

在马克思提出建立共产主义社会，实现无产阶级和全人类解放的科学理论之前，人们批判当代社会，寻求美好社会的梦想只能诉诸宗教的"彼岸世界"或"天堂"，但这是不科学的。只有马克思坚定而勇敢地把宗教彼岸所实现的美好社会拉到此岸世界，既有理论建树又有革命实践。他将一生大部分的精力都放在研究资本主义生产方式和经济运动规律上，目的就是解放无产阶级和全人类。因为无论是资本主义社会的无产阶级解放，还是全人类的解放都离不开对于资本主义生产规律的科学揭示和把握。然而，只有完全掌握人类历史的科学认识，才能正确把握资本主义产生、发展及灭亡的认识。正如马克思所说："只有在现实的世界中并使用现实的手段才能实现真正的解放；没有蒸汽机和珍妮走锭精纺机就不能消灭奴隶制；没有改良的农业就不能消灭农奴制；当人们还不能使自己的吃喝住穿在质和量方面得到充分保证的时候，人们就根本不能获得解放。'解放'是一种历史活动，而不是思想活动，'解放'

---

① 《马克思恩格斯选集》第1卷，北京：人民出版社1995年版，第768页。
② 俞吾金：《社会形态理论与中国发展道路》，载《上海师范大学学报（哲学社会科学版）》2011年3月，第5—14页。

是由历史的关系,是由工业状况、商业状况、农业状况、交往状况促成的。"①

第二,马克思晚年思想从唯物史观到世界史观的发展升华。恩格斯在《在马克思墓前的讲话》中将马克思一生的伟大发现概括为:唯物史观和剩余价值。马克思的唯物史观形成于19世纪40年代,从生产力与生产关系、经济基础和上层建筑的互动机制层面描述了西欧社会私有财产制度下社会形态的依次更迭。以往的理论研究大多关注马克思早期的唯物史观思想,忽视了中后期的世界历史思想。

唯物史观和世界史观是紧密联系在一起的。首先,唯物史观的发现与创立借助于世界史观的研究和形成,同时基于资本主义社会及其所创造的世界历史体系的研究,唯物史观得以深化与发展。马克思对于各个不同国家、不同民族具体问题的研究也是放置在世界历史的视野中予以分析。其次,世界史观思想不仅是唯物史观的重要内容,而且是深化发展唯物史观研究的重要方法。一方面,二者具有同一性,它们都属于历史观,世界史观是在唯物史观基础上提出的总体性、系统性的历史观,唯物史观必然要上升到世界史观的高度。世界史观是以唯物史观为基础,对唯物史观的发展和升华,它更加注重时空的总体性。另一方面,二者又有一定的差异性,唯物史观注重历史观的唯物主义基础,即历史发展有机体中物质生产层面,世界史观则更加强调历史观的总体性、系统性、有机性思想。马克思明确指出:"世界史不是过去一直存在的;作为世界史的历史是结果。"② 世界史观既是马克思唯物史观自身包含的题中应有之义,又是它自身发展中的新高度、新境界、新水平。"要真正按照唯物史观的本性来推进唯物史观的研究,必须确立全球性的视野和研究方法。这是理论自身发展的客观需要。如上所述,马克思的唯物史观是同世界史观紧紧联系在一起的,没有世界史观,就没有唯物史

---

① 《马克思恩格斯选集》第1卷,北京:人民出版社1995年版,第74—75页。
② 《马克思恩格斯选集》第2卷,北京:人民出版社1995年版,第28页。

观的形成和发展；同样，没有世界史观，也就没有对各民族国家具体问题的正确说明，这样的研究方法对于我们今天的研究来说是非常重要的。唯物史观的研究要具有时代性，就必须具有全球性。"①

马克思从19世纪70年代后，主要结合新发现的人类学研究成果，尤其是对于俄国公社的探索分析研究世界历史。基于世界市场的研究形成的世界史观、全球史观，既是晚年马克思在四大笔记中考察各种问题，尤其是重新考虑东西方社会主义道路的基本理论前提，又是《资本论》体系构想的最终逻辑归宿。"世界历史"的思想最早由黑格尔提出，他将整个人类社会历史的运动看作是"绝对精神"自我发展的体现。不同国家之间的相互依存、相互促进关系使得整个世界联结成一个体系，形成"世界历史"。"在世界历史上，'精神的观念'在它的现实性里出现，是一连串外部的形态，每一个形态自称为一个实际生存的民族。但是这种生存的方面，在自然存在的方式里，属于'时间'的范畴，也属于'空间'的范畴。"② 正是绝对精神的发展使得世界历史穿越了不同历史阶段：包括中国、印度、波斯在内的"东方世界"、"希腊世界"和"日耳曼世界"。"世界历史从'东方'到'西方'，因为欧洲绝对地是历史的终点，亚洲是历史的起点。历史是有一个决定的'东方'，就是亚细亚。……东方从古到今知道只有'一个'是自由的；希腊和罗马世界知道'有些'是自由的；日耳曼世界知道'全体'是自由的。所以我们从历史上看到的第一种形式是专制政体，第二种形式是民主政体和贵族政体，第三种是君主政体。"③ 因此，黑格尔在世界历史视野上着眼于日耳曼世界，而马克思着眼于全人类。马克思提出全人类的解放必须诉诸共产主义的实现，而世界历史的形成为共产主义的实现提供历史前提。共产主义不能"作为某种地域性的东西而存在"，

---

① 丰子义：《"世界历史"探索与唯物史观研究——从当代全球化的视角看》，载《南京大学学报》2007年第4期，第11页。
② 〔德〕黑格尔：《历史哲学》，上海：上海书店出版社2001年版，第82页。
③ 同上书，第110—111页。

它"只有作为占统治地位的各民族'一下子'同时发生的行为，在经验上才是可能的"①。"无产阶级只有在世界历史意义上才能存在，就像共产主义——它的事业只有作为'世界历史性的'存在才有可能实现一样"。②

第三，人类社会历史发展规律的普遍性与各国社会发展道路的特殊性。随着全球化问题研究的深入，西方一些学者日益关注马克思的世界历史思想，但大多认为马克思这一思想带有"欧洲中心论"的影响。例如，法国学者米歇尔·勒维指出："它表现了一种欧洲中心论的世界观"，这种世界观或者封闭的辩证法"可以在马克思的若干著作中找到。在这些著作中，马克思似乎把源于欧洲都市的生产力发展与历史进步等同起来，因为生产力发展必然导向社会主义"③。除此之外，还有很多其他类似观点，大多认为马克思的世界历史思想没有跳出"欧洲中心论"的范围。马克思的世界历史思想是否具有普遍性和适用性？如何客观公正地评价马克思的世界历史思想？我们必须予以冷静分析，不能简单地肯定或否定。

首先，何为"欧洲中心论"？在世界历史范围内，分析特定时期的国际局势总会存在一个特定的历史活动中心。但是，我们所讲的这个历史活动的"中心"指的是一种客观的历史事实，并不牵扯到价值观或历史观问题。然而，"某某中心论"就属于历史哲学的范畴，带有价值观的主观倾向。"所谓某某中心论，就是以某种民族的历史观和价值观来观察世界历史，并作为衡量和评价世界历史的尺度。"④俄国的进步思想家柯瓦列夫斯基在东方社会人类学研究中，就没有超越"欧洲中心论"范围。他虽然坚持进步和正义的立场，谴责西方殖民者对公社土地

---

① 《马克思恩格斯选集》第1卷，北京：人民出版社1995年版，第89页。
② 同上书，第87页。
③ 转引自〔法〕米歇尔·勒维：《马克思的两种历史进步观：封闭的与开放的》，载《国外理论动态》2001年第4期，第15—18页。
④ 丰子义：《发展的呼唤与回应：哲学视野中的社会发展》，北京：北京师范大学出版社2009年版，第326页。

的侵占和掠夺，关心广大公社农民的命运，对广泛存在于东方的土地公有制做了深入细致的研究。柯瓦列夫斯基认为全世界所有地区的公社都不同程度上经历了与西欧相同的封建化过程，千方百计论证封建制具有超越西欧的普遍世界意义。马克思在《摘要》中逐条批驳了柯瓦列夫斯基关于东方存在封建制的论点，反对把亚、非、美洲各古老民族的社会历史演变同西欧社会做机械类比。马克思建立的以共产主义为基点的世界史观，并不认为世界历史体系有什么特定的中心。正如马克思在《资产阶级和革命》一文中所指出的："1648年革命和1789年革命，并不是英国的革命和法国的革命……这两次革命不仅反映了它们发生的地区即英法两国的要求，而且在更大的程度上反映了当时整个世界的要求。"① 也就是说，真正促使资本主义发展确立并开创世界历史的，并不是哪一个国家、哪一个民族的直接推动，而是在世界范围内一系列资产阶级革命的爆发。

其次，马克思晚年东方社会的研究为社会发展道路的单一性提供了多维可能性。在《资本论》手稿特别是《1857—1858年经济学手稿》中，马克思将亚细亚生产方式总结为经济社会形态历史演进的最初阶段，即从土地公有制向私有制转化的第一个阶段。1859年《〈政治经济学批判〉序言》中，马克思指出："大体说来，亚细亚的、古代的、封建的和现代资产阶级的生产方式可以看作社会经济形态演进的几个时代"。② 亚细亚生产方式这一原初具有地域性含义的概念成为普遍性的、人类历史发展长河中各民族必然经历的早期生产方式，成为人类社会的最初形态。③ 即人类社会发展道路的一般规律是依次经历原始社会、奴隶社会、封建社会、资本主义社会和共产主义社会五种社会形态。亚细亚生产方式是对于以公有制为中心的东方社会现实的理论表述，

---

① 《马克思恩格斯选集》第1卷，北京：人民出版社1995年版，第318页。
② 《马克思恩格斯选集》第2卷，北京：人民出版社1995年版，第33页。
③ 参见庄福龄等：《马克思主义史》第1卷，北京：中国人民大学出版社1996年版，第639页。

它不仅打破了欧洲一统天下的格局，而且为社会历史发展的单线性提供了多维可能。

马克思坚持世界历史的立场，似乎表征着社会发展道路的"统一性"。实质上，社会发展道路的一般规律本身内含着特殊性。普遍性存在于特殊性之中，并通过特殊性表现出来，离开了特殊性就没有普遍性；特殊性也离不开普遍性。规律是人类社会历史的总体联系和发展趋势，道路则是由具体国家、具体民族的特定发展历程而决定。规律在各个国际、民族以及这些国家、民族的不同发展阶段上所实现的方式不同，形成的道路也就不同。因此，规律具有普遍性、一般性，道路具有特殊性、差异性。我们既不能用规律的普遍性对每个国家的发展道路生搬硬套，也不能用道路的特殊性抹杀规律的普遍性，二者既有联系又有区别。早在19世纪40年代，马克思在《〈黑格尔法哲学批判〉导言》中研究德国的解放道路时就指出，德国解放的可能性基于本身特殊的社会现实基础。虽然当时的英法两国走在社会发展前列，德国也不能简单模仿。1877年，马克思在《给"祖国纪事"杂志编辑部的信》中明确表明："一定要把我关于西欧资本主义起源的历史概述彻底变成一般发展道路的历史哲学理论，一切民族，不管他们所处的历史环境如何，都注定要走这条道路，——以便最后达到在保证社会劳动生产力及高度发展的同时又保证人类最全面的发展这样一种经济形态。但是我要请他原谅，他这样做，会给我过多的荣誉，同时也会给我过多的侮辱。"①

第四，通过对前资本主义社会的具体分析为共产主义理论学说提供经验资料。马克思晚年之所以关注原始公社及其土地所有制问题，主要是为了研究前资本主义时代的经济规律，指出私有制的出现乃是比较晚近的现象，借以批判资产阶级经济学的理论错误。他通过不断追问资本主义制度是否具有"天然性"，用大量经济事实材料分析阐明了资本主义社会并不是什么"天然"的，而是在历史上发展起来的；通过分析

---

① 《马克思恩格斯文集》第3卷，北京：人民出版社2009年版，第466页。

资本主义生产方式的内在矛盾，揭示了资本主义社会将会走向灭亡的必然趋势，深刻地说明了资本主义社会的发展是一个有生有灭的"自然历史过程"，使唯物史观得以深化发展。"经济学家们的论证方式是非常奇怪的。他们认为只有两种制度：一种是人为的，一种是天然的。封建制度是人为的，资产阶级制度是天然的。……于是，以前是有历史的，现在再也没有历史了。"① 马克思对于原始社会和早期家庭形态的研究是唯物史观的纵向深入，提出了"原始共产主义"和"原始公有制"观点；马克思对于亚细亚生产方式和东方土地制度的研究是唯物史观的横向拓展，只有基于此才有可能把握各种非资本主义和前资本主义的社会制度。正是通过对于原始社会和东方公社的纵横结合的研究，促使马克思从更为广阔、更为灵活的角度，更加审慎地探索人类社会的总体发展道路问题。

马克思在1881年给查苏利奇复信的初稿中在区分农村公社和氏族公社基础上，进一步提出了人类社会的原生形态、次生形态、再生形态。"把所有的原始公社混为一谈是错误的；正像地质的形成一样，在这些历史的形成中，有一系列原生的、次生的、再生的等等类型"②。最初实行土地公有制和集体耕作的原始氏族公社，随着生产力的发展以及私有制的出现，逐渐解体并发展为农村公社。以"亚细亚生产方式"为基础的社会"农业公社既然是原生的社会形态的最后阶段，所以它同时也是向次生的形态过渡的阶段，即以公有制为基础的社会向以私有制为基础的社会的过渡"③。以"亚细亚生产方式"为基础的社会虽然并非我们人类历史发展中的第一个社会形态，但是在确定唯物史观的源头和起点中起到过渡性功用。亚细亚生产方式尤其是其中的土地公有制给马克思研究人类社会原生形态提供了新的思考方向。"东方国家都处在前资本主义发展时期，既然亚细亚生产方式存在于资本主义生

---

① 《马克思恩格斯选集》第1卷，北京：人民出版社1995年版，第232页。
② 《马克思恩格斯全集》第19卷，北京：人民出版社1963年版，第432页。
③ 同上书，第450页。

马克思《马·柯瓦列夫斯基〈公社土地占有制，其解体的原因、进程和结果〉一书摘要》研究读本

产私有制之前，那么就可以设想，现存的亚细亚土地公有制也可以存在于整个人类的私有制之前。这样，亚细亚生产方式概念就可以一箭双雕，一方面是东方各国基本的现实的国情，同时又可以充当人类社会的原生形态的活化石，原始社会的公有制就是类似亚细亚生产方式的公有制。"①

柯瓦列夫斯基在《公社土地占有制，其解体的原因、进程和结果》一书中不仅分析了美洲红种人的土地占有制、西班牙在西印度的土地政策以及对西印度群岛和美洲大陆公社所有制瓦解产生的重要影响，还分析了印度现代公社土地所有制的各种形式，以及阿尔及利亚的多种土地占有制。他认为，在资本主义生产方式产生之前普遍存在各种不同形式的集体占有制；坚决反对通过民族精神或心理特点来揭示物权制度，认为一个民族采取何种土地占有制取决于其本身的社会经济发展水平。马克思、恩格斯对此都曾予以高度评价。马克思详细摘录了柯瓦列夫斯基关于印度公社土地所有制的解体过程的论述：（1）最初是实行土地共同所有制和集体耕种的氏族公社；（2）氏族公社依照氏族分支的数目而分为或多或少的家庭公社，土地所有权的不可分割性和土地的共同耕作制在这里最终消失了；（3）由继承权来确定份地因而份地不均等的制度；（4）这种不均等的基础已不再是距同一氏族首领亲属等级的远近，而是由耕种本身表现出来的事实上的占有；（5）公社土地或长或短定期的重分制度。起初，重分同等地包括宅院（及其毗邻地段）、耕地和草地。继续发展的过程首先导致将宅旁土地（包括毗邻住所的田地等）划为私有财产，随后又将耕地和草地划为私有财产。共同的家庭在历史发展过程中也越来越简化为现代意义上的私人的（单个的）家庭了。② 这说明马克思赞同柯瓦列夫斯基的看法，并且补充说"一切人反

---

① 张奎良：《马克思对人类社会原生形态的执着探索》，载《马克思主义与现实》2015年第3期，第42—48页。
② 《马克思古代社会史笔记》，北京：人民出版社1996年版，第36—37页。

对一切人的战争开始了"①。生产资料私有制的出现必然导致阶级和阶级斗争的产生，生产资料私有制是阶级斗争的基础。

马克思、恩格斯晚年认为东方国家可能"不通过资本主义制度的卡夫丁峡谷"而直接过渡到社会主义社会公有制。恩格斯在《〈论俄国的社会问题〉跋》中指出："这方面的必不可少的条件是：目前还是资本主义的西方作出榜样和积极支持。只有当资本主义经济在自己故乡和在它兴盛的国家里被克服的时候，只有当落后国家从这个榜样中看到'这是怎么回事'，看到怎样把现代工业的生产力作为社会财富来为整个社会服务的时候——只有到那个时候，这些落后的国家才能开始这种缩短的发展过程。然而那时它们的成功才是有保证的。这不仅适用于俄国，而且适用于处在资本主义以前的阶段的一切国家。"② 因此，东方国家"不通过资本主义制度的卡夫丁峡谷"而直接过渡到社会主义公有制具有一定的可能性。

马克思所留下的晚年笔记群是一个巨大的理论宝库，对这些笔记群的考察有利于我们更好地把握马克思晚年思想的理论内容和精神实质，更深入地理解马克思晚年思想所实现的伟大哲学创新。《马·柯瓦列夫斯基〈公社土地占有制〉一书摘要》作为晚年笔记的一部分，在一定程度上经历着同样的命运，同时也具有同样的历史意义。由于马克思晚年手稿本身的思想是摘录性的，往往我们通读了整篇内容，也很难准确把握马克思的理论目的。除此之外，我们还要分析甄别马克思和柯瓦列夫斯基在某些概念、思想内容等方面的差别，这势必会影响到我们整体把握马克思的思想主旨。但是，越是困难我们越是要深入研究探索马克思的文本本身，作为"导读"则尽可能提供翔实的资料和客观的论述，帮助我们更好地理解马克思通向人类自由的现实道路。

---

① 《马克思古代社会史笔记》，北京：人民出版社1996年版，第98页。
② 《马克思恩格斯选集》第4卷，北京：人民出版社1995年版，第443页。

第一部分　历史考证

第一章 "柯瓦列夫斯基笔记"的写作背景

在当代中国,研究马克思著作主要存在两种研究方法:一种主张学术性,认为文本和哲学史"才是理解和阐发马克思主义哲学最重要、最直接的基础"①;而另一种则突出政治性,即意识形态性,认为纯粹"突出学术性诉求、强调文本的基础意义,将导致马克思主义哲学研究的'学院化'、'形式主义化',疏离现实生活和规避政治路线,至少是'格局太小了'"②。然后,事实上历史考证的学术性研究方法与意识形态的政治性研究方法并非截然分开、相互对立的,而是相互影响、相互补充。基于本书的思想主旨,该部分将主要按照历史考证的文本研究方法阐释"柯瓦列夫斯基笔记"的写作背景、国内外的主要版本和传播情况。

研究马克思的"柯瓦列夫斯基笔记",首先要了解它的写作背景。我们认为,可以从两个层面予以分析和理解:一是分析马克思的思想历程以及写作"柯瓦列夫斯基笔记"时所处时代和实践的新发展;二是分析柯瓦列夫斯基写作《公社土地占有制,其解体的原因、进程和结果》一书的起因及影响。正是马克思晚年所处时代和实践的新发展,促使他的思想发生新的转变,开始思考东方社会性质和发展道路这一主题。但是,为什么会选择柯瓦列夫斯基的《公社土地占有制,其解体的原因、进程和结果》一书作为摘录、研究对象?柯瓦列夫斯基又为什么

---

① 聂锦芳:《批判与建构:〈德意志意识形态〉文本学研究》,北京:人民出版社2012年版,第688页。
② 同上书,第692—693页。

会选择研究这个主题？要解决这两大疑惑，必须首先对马克思晚年所处时代和实践的新发展、新要求进行分析与阐释。

一 马克思的思想历程与"柯瓦列夫斯基笔记"的写作背景

19世纪70年代以后，西欧资本主义社会度过了革命危机，进入一个相对和平稳定的发展时期。然而，东方社会反抗资本主义残酷殖民统治的斗争却日益激烈，世界历史进入新的时代，即由自由竞争资本主义转向垄断资本主义时期。在这种新的历史背景下，马克思主义不仅在西欧广泛传播，而且逐渐扩展到一些带有宗法制社会遗存和公社土地所有制传统的东方国家，并成为这些古老民族的先进分子研究本国社会发展的重要指南。马克思基于西欧社会的研究所提出的唯物史观和社会形态理论是否适用于东方社会，成为世界社会主义运动亟待解决的首要问题。

首先，资本主义社会发展扑朔迷离，社会主义发展道路亟须探索。19世纪末20世纪初，资本主义处于从自由竞争时期向垄断时期转变的阶段，如同马克思恩格斯在《共产党宣言》中所讲："资产阶级，由于一切生产工具的迅速改进，由于交通的极其便利，把一切民族甚至最野蛮的民族都卷到文明中来了。它的商品的低廉价格，是它用来摧毁一切万里长城、征服野蛮人最顽强的仇外心理的重炮。它迫使一切民族——如果它们不想灭亡的话——采用资产阶级的生产方式；它迫使它们在自己那里推行所谓的文明，即变成资产者。一句话，它按照自己的面貌为自己创造出一个世界。"① 然而，垄断资本主义的到来促使人们重新思考资本主义的命运问题，到底是如马克思所理解的资本主义经济危机必然导致政治革命的发生，还是资本主义的发展仍然处于不断发展完善之

---

① 《马克思恩格斯选集》第1卷，北京：人民出版社1995年版，第272页。

中？相应地，无产阶级的革命形势亦日趋复杂，尤其是第一个无产阶级政权——巴黎公社只存在了 70 多天，更加使无产阶级陷于困顿与迷茫之中。什么是正确的社会主义道路？社会主义该如何建构？实际上，自 1825 年第一次经济危机在英国爆发之后，大约每隔 10 年经济危机都会周期性地爆发一次，表明了资本主义经济危机的不可避免性。因此，无论资产阶级的拥趸者如何努力地调整自己的指导思想和发展路线，无产阶级和资产阶级的矛盾就一直不可调和，政治革命势必发生。巴黎无产阶级起义为无产阶级革命道路积累了深刻的经验教训，巴黎公社的建立开启了社会主义建设道路模式的探索，"代表着社会中一切不靠他人劳动生活的阶级的公社革命"①。

其次，19 世纪 70 年代，欧美学术界对人类史前社会和前资本主义社会研究取得重大进展，一大批具有重要价值的科研著作得以出版。恩格斯在为《共产党宣言》1888 年英文版所写的一个注中指出："在 1847 年，社会的史前史，成文史以前的社会组织，几乎还没有人知道。后来，哈克斯特豪森发现了俄国的土地公有制，毛勒证明了这种公有制是一切条顿族的历史起源的社会基础，而且人们逐渐发现，村社是或者曾经是从印度到爱尔兰的各地社会的原始形态。最后，摩尔根发现了氏族的真正本质及其部落的关系，这一卓绝发现把这种原始共产主义社会的内部组织的典型形式揭示出来了。随着这种原始公社的解体，社会开始分裂为各个独特的、终于彼此对立的阶级。"② 哈克斯特豪森男爵是普鲁士官员、作家、联合议会议员，后来成为普鲁士第一议院议员，著有描述普鲁士和俄国土地关系中当时还残存的公社土地所有制方面的著作。毛勒是德国历史学家，主要研究古代和中世纪的日耳曼社会制度，著有中世纪马尔克公社的农业史和制度史方面的著作。早在 1868 年，马克思就关注了历史学家毛勒的研究，并致信恩格斯给以高度评价。"在博物馆里，我……钻研了老毛勒（前巴伐利亚国家枢密官，当时曾

---

① 《马克思恩格斯选集》第 3 卷，北京：人民出版社 1995 年版，第 103 页。
② 《马克思恩格斯选集》第 1 卷，北京：人民出版社 1995 年版，第 272 页。

以希腊摄政王之一的身份出现,他是远在乌尔卡尔特之前最早揭露俄国的人之一)关于德国的马尔克、乡村等等制度的近著。他详尽地论证了土地私有制只是后来才产生的,等等。威斯特伐里亚的容克们(麦捷尔等人)认为,德意志人都是各自单独定居的,只是后来才形成了乡村、区等等,这种愚蠢见解完全被驳倒了。现在有意思的恰好是,俄国人在一定时期内(在德国起初是每年)重分土地的习惯,在德国有些地方一直保留到18世纪,甚至19世纪。我提出的欧洲各地的亚细亚的或印度的所有制形式都是原始形式,这个观点在这里(虽然毛勒对此毫无所知)再次得到了印证。"①

1876年5—6月,马克思详细摘录了毛勒的《马尔克制度、农户制度、乡村制度、城市制度和公共政权的历史概论》(1854年慕尼黑版)、《德国马尔克制度史》(1856年厄兰根版)、《德国领主庄园、农户和农户制度史》(1862—1863年厄兰根版第1—4卷)、《德国乡村制度史》(1865—1866年厄兰根版第1—2卷)。12月,马克思又阅读了格·汉森、弗·德默里奇、奥·乌提舍诺维奇、弗·卡尔德纳斯关于公社制度在塞尔维亚、西班牙和其他国家演变情况的著作。马克思虽然非常重视这些新的研究成果,但也批判了他们的"西方中心论"主义错误。柯瓦列夫斯基通过丰富的材料,对于公社在不同国家的历史命运做了详细的比较研究,用新的事实证实了马克思的有关人类社会发展的最初阶段即原始公社的实质的科学结论,因此马克思对其著作做了详细的摘录笔记。虽然并非成型的著作,而是一些摘要、笔记,但是也并不妨碍它的重要科学价值。马克思在摘录的同时明确提出自己的观点,反对柯瓦列夫斯基将亚洲、非洲、美洲的古老民族的社会历史演变同西欧社会历史机械类比。"别的不说,柯瓦列夫斯基忘记了农奴制,这种制度并不存在于印度,而且它是一个基本因素。"② 菲尔将西欧的封建概念机械地套用到东方社会,并认为东方公社和社会关系是封建主义的做法,被马

---

① 《马克思恩格斯全集》第32卷,北京:人民出版社1974年版,第43页。
② 《马克思古代社会史笔记》,中央编译局译,北京:人民出版社1996年版,第78页。

克思讽刺为"蠢驴"①。马克思严厉斥责梅恩将英国在印度的殖民统治给以美化的言论,认为正是英国的殖民统治造成了印度公社所有制衰落的"主要的(主动的)罪人"②。马克思认为,西方殖民统治不但没有加速东方社会融入世界一体化的进程,反而其本身的内部结构瓦解和社会秩序的混乱,这种殖民化不可能发展成资本主义。

再次,晚年马克思唯物史观理论研究进一步发展升华。事实上,马克思从19世纪50年代就开始关注东方社会,开启人类学研究之旅。根据美国学者诺曼·莱文对荷兰阿姆斯特丹国际社会史研究所收藏的马克思读书笔记的相关研究,马克思在1853年这一年就读了8本论印度的书,11本论俄国的书。③ 同时,他还研究了亚洲殖民地国家和附属国家的历史和发展前途问题,阅读并摘录了克列姆、麦克库洛赫、贝尔尼埃等人的作品,以及其他一些有关中国历史和经济的著作。

马克思首先是一个革命家,同时是一个卓越的思想家和理论家。随着马克思晚年时期更加深入地研究了西欧以外的亚洲社会、非洲和拉丁美洲的各种古老社会形态,深化了唯物史观理论,提出了一些新见解。1853年,英国议会围绕着延长东印度公司宪章问题展开讨论,马克思于7月22日写就《不列颠在印度统治的未来结果》一文,第一次明确提出"亚洲式的社会"、"亚洲社会"概念,与"西方式的社会"、"西方社会"相区别。④ 与此同时,马克思还撰文严厉谴责了英国殖民者对中国犯下的滔天罪行,考察了英国殖民主义政策对中国国内状况所造成的影响,指出东方的民族解放运动将对欧洲发生影响,加速欧洲新的革命的爆发。针对当时中国爆发的由洪秀全领导的太平天国运动,马克思激情澎湃地认为"中国革命将把火星抛到现今工业体系这个火药装的足而又足的地雷上,把酝酿已久的普遍危机引爆,这个普遍危机一扩展到

---

① 《马克思古代社会史笔记》,中央编译局译,北京:人民出版社1996年版,第385页。
② 同上书,第94页。
③ 参见杜章智:《国外对马克思晚年人类学笔记的研究》,见《马列主义研究资料》第1辑总第47辑,北京:人民出版社1987年版,第171页。
④ 《马克思恩格斯选集》第1卷,北京:人民出版社1995年版,第768页。

国外，紧接而来的将是欧洲大陆的政治革命"①。如何科学地认识各种古老的甚至原始的社会结构，以及如何正确判断东方国家社会革命和西方无产阶级革命的相互关系，成为具有全世界历史意义的重大课题。马克思留下了包括"柯瓦列夫斯基笔记"、《印度编年稿》、《关于俄国1861年改革和改革后的发展的札记》、1877年11月马克思《给〈祖国纪事〉杂志编辑部的信》、1881年2、3月《给维·伊·查苏利奇的复信》和未发表的通信和草稿、《我的藏书中的俄国书籍》等文本。这组笔记是晚年马克思觉察到当时世界形势发展的新趋势后，认识到研究社会历史的发展不能仅仅局限于西欧，也应考察东方社会的发展道路问题，从而从世界历史高度为《资本论》的深化拓展研究提供了直接材料。

马克思强烈反对人们机械套用他的社会历史理论，不加分析地去认识世界其他地区的社会历史和现实。在1877年11月《给〈祖国纪事〉杂志编辑部的信》中他提出严重的告诫，并且于1881年3月给俄国革命者查苏利奇的回信中也坚决声明，他的关于资本主义的产生的历史必然性的理论"明确地限于西欧各国"；有关古老国家的社会发展规律问题只能根据各自国家的社会历史特点予以判断。

二 柯瓦列夫斯基的研究缘起

马克西姆·马克西莫维奇·柯瓦列夫斯基（1851—1916），1851年出生于俄国哈尔科夫一个拥有庄园的贵族家庭，是俄国著名的民族学家、历史学家、法学家、社会学家。1872年毕业于哈尔科夫大学法律系，后来去柏林、维也纳、巴黎、伦敦等地深造，于1875—1876年有幸结识了马克思和恩格斯。作为一位渴求知识、追寻真理的热血青年，柯瓦列夫斯基一直对这两位比他年长30多岁的马克思主义创立者仰慕又崇敬，受到马克思主义的一定影响，并在学术上长期保持联系。

---

① 《马克思恩格斯选集》第1卷，北京：人民出版社1995年版，第695页。

1. 柯瓦列夫斯基的学术经历

柯瓦列夫斯基于1878年应聘为莫斯科大学教授,讲授国家法、外国公法和法的比较史,一直到1887年被解聘。在他于莫斯科大学任教期间,曾经先后3次(1883年、1885年、1887年)赴高加索考察,从当地各民族的现实生活中搜集到大量有关早期社会关系和法权观念的实际材料,为他更加深入的研究奠定了基础。然而,由于他思想激进,反对官僚专制政府,1887年遭到意外打击,被莫斯科大学解聘,一直流亡国外。后来定居巴黎,赴欧美研究和讲学,其中有斯德哥尔摩、牛津、布鲁塞尔、伯克利、芝加哥等地的大学,并为多种学术刊物撰稿。1901年在巴黎创建"俄罗斯社会科学高等学院",主要聘请流亡在外的俄国学者讲学授课。1905年柯瓦列夫斯基再次返回俄国,担任彼得堡大学教授,1906年创立民主改良党,鼓吹君主立宪,被选为杜马代表。1907年成为国家参议院议员,1914年当选彼得堡科学院院士,1916年逝世。

柯瓦列夫斯基的研究兴趣比较广泛,但以有关公社、氏族和家庭的著述学术贡献最大。在这些著作中,他坚持认为父系家庭公社是母系家庭向现代个体家庭的过渡,明确划分为两种公社,即家长制家庭公社和农村公社,认为后一种公社是氏族最后瓦解的形式,私有制的出现乃是比较晚近的现象。这些观点在学术界产生了一定的影响,有力地批驳了西方学者关于自古就已存在私有制的论断。其学术代表作有数百种,主要有:《瑞士沃州公社土地占有制解体史纲》(1876)、《公社土地占有制,其解体的原因、进程和结果》(1879)、《俄国现代习惯法和古代法律》(1—2卷,1886)、《原始法权》(1886)、《高加索的法律和习惯》(1890)、《家庭及所有制的起源和发展》(1890)、《现代、近代和古代的氏族生活》(1905)、《社会学》(1910)、《英国中世纪末期的社会制度》(1880,博士论文)、《现代民主的起源》(1—4卷,1895—1897)、《欧洲资本主义经济产生之前的经济增长》(1—3卷,1898—1903)等。

马克思《马·柯瓦列夫斯基〈公社土地占有制，其解体的原因、进程和结果〉一书摘要》研究读本

1895 年，E.冯·贝格曼在《国民经济和统计年鉴》中发表一篇有关柯瓦列夫斯基文集《俄国现代习惯法和古代法律》的评论，认为"这位在自己的祖国为人称颂的作者，在西欧被视为法史学家和制度史学家以及一般民俗学的代表也享有日益增高的声望"①，这种观点具有一定代表性。恩格斯于 1891 年致信拉法格时，也提到"柯瓦列夫斯基发表了他在牛津的讲稿（《俄国现今的习俗和古代的法律》）史前部分较差，有史时期，关于俄国部分值得一读"②。

自从 1879 年柯瓦列夫斯基发表论述公社土地占有制的著作以来，一直致力于研究俄国的和德国的法的历史和农业史研究，并直接参加了斯拉夫民族主义者和法的历史学派代表之间围绕"氏族"与"公社"的争论，以及在德国发展起来的关于古代自由马尔克公社学说的争论。除此之外，《公社土地占有制》一书的成果表明人们的研究视野已由仅限于日耳曼—法兰克的法律范围或斯拉夫的法律范围的制度史学，扩展到法的比较历史和民族学法学研究。然而，柯瓦列夫斯基仍为时代精神所束缚，他所采取的在比较广阔的基础上围绕马尔克公社理论展开讨论的途径不过是漫长的研究进程中的一个片断。即便如此，他的大部分论著建立在对同时代原始资料进行原创性的总结基础上。他不但利用了那些具有重要意义的印度法律文本，如埃利奥特和道森搜集的迄今尚无人超过的原始资料，尤其是"印度事务部"的图书与档案，同时还利用了洛·戈马拉、阿科斯塔、本佐尼、拉斯卡萨斯等人的著作。③

总体上，柯瓦列夫斯基的学术思想属于实证主义范畴。但是，从经历和政治倾向来看，思想发生过激烈的对峙。以 1887 年被莫斯科大学解聘为标志，前期学术上既受英国历史学家 H.J.S.梅因和古典进化学派

---

① 转引自〔联邦德国〕汉斯·哈斯蒂克：《马克思恩格斯与柯瓦列夫斯基及其著作》，见《马克思主义研究资料》第 14 卷，北京：中央编译出版社 2015 年版，第 214 页。
② 《马克思恩格斯全集》第 38 卷，北京：人民出版社 1972 年版，第 27 页。
③ 〔俄〕柯瓦列夫斯基：《公社土地占有制，其解体的原因、进程和结果》，李毅夫、金地译，北京：中国社会科学出版社 1993 年版，第 7 页（序）、第 47 页及以下各页、第 51 页及以下各页、第 130 页及以下各页等处。

的影响，又受马克思主义唯物史观思想的一定影响。这个时期他出版了大量的优秀著作，认为社会经济因素对于社会历史发展起着主要作用。流亡欧美期间是柯瓦列夫斯基在思想上发生蜕变的中间时期，导致其后期思想发生了明显的变化，创建民主改良党，主张用和平改良的进化论对抗马克思主义革命论，并鼓吹因素理论，强调心理因素和生物因素对社会发展具有重要的意义。他提出社会学的基本法则表现为社会和谐逐步增长的"进步法则"，而阶级斗争则是社会发展尚不成熟或走向衰败的表现。柯瓦列夫斯基之所以后期在政治立场和学术思想上发生变化，归根到底是西方资本主义社会历史由自由竞争主义时代转向垄断资本主义时代。因此，1912年，列宁曾指出他是"早就一只脚站在反动阵营里的思想家"①。

2.《公社土地占有制，其解体的原因、进程和结果》的研究成果

1879年夏天，莫斯科F.B.密勒出版社出版柯瓦列夫斯基《公社土地占有制，其解体的原因、进程和结果》一书。刚一出版，柯瓦列夫斯基便立即寄赠马克思，并题词："赠给卡尔·马克思以表友谊和尊敬"。当他得知马克思正在致力于人类早期社会形态的研究时，毫不犹豫地将自己从美国带回而在西欧难以买到的摩尔根《古代社会》一书送给马克思。柯瓦列夫斯基长期研究公社土地占有制问题，其《公社土地占有制，其解体的原因、进程和结果》一书在学科史上具有深远的历史影响和不容置疑的历史地位。

在俄国，出版了很多关于公社土地占有制的著述，各个不同时期赞成或者反对这种制度的意见也已发表了不少。针对公社土地占有制度是斯拉夫世界所特有，还是斯拉夫世界根本就没有两种针锋相对的观点，提出了许多互相矛盾的理论。人们要么捍卫公社，要么反对公社，要么

---

① 《列宁全集》第22卷，北京：人民出版社1990年版，第265页。

马克思《马·柯瓦列夫斯基〈公社土地占有制,其解体的原因、进程和结果〉一书摘要》研究读本

确认公社包含有俄罗斯精神的独特表现,要么就证明俄罗斯精神与公社的建立毫不相干。柯瓦列夫斯基早在1876年《瑞士沃州公社土地占有制解体史纲》一书中,就阐明了为什么公社土地占有制会走向瓦解。"在那部专著(《瑞士沃州公社土地占有制解体史纲》1876年)里,我极力想说明这样一种看法,即公社土地占有制的瓦解都是在不同人们之间利益冲突的影响下产生的:一方面在公社富裕成员和贫困成员之间,另一方面在从公社中分化出来的私人占有者和仍然处于公共占有关系的公社成员之间,迟早都会发生这样的冲突。"①

柯瓦列夫斯基之所以对公社问题产生兴趣,主要是受到马克思的启发;其次是因为有关公社性质、前途和作用的争论在俄国当时是个热门话题。《公社土地占有制,其解体的原因、进程和结果》通过土地所有制的发展进程进行历史比较研究,将这个问题从感性的认识提高到某种有用知识的程度,有助于说明集体土地占有制形式在各地消失的原因和结果。他通过对不同地区大量事例的历史比较研究,用新的事实确证了马克思关于原始公社这一早期社会发展阶段实质的结论。"我一次又一次地研究过我们通常称之为封建化过程的那种复杂历史过程中的重要因素。封建化过程,并没有构成某个民族或种族绝无仅有的特点。如果说这一过程对于日耳曼—罗曼世界以外古老生活方式的解体所产生的影响,至今还没有弄清楚的话,那只是因为西欧大多数历史学家和法学家,对于欧洲东部以及世界其他地区土地关系的发展进程,都还了解不够的缘故。为了在某种程度上填补这一空白——这就是我出版本书第一分册的任务。"② 因此,柯瓦列夫斯基论述公社土地占有制的这部专著第一分册的结构也与此相适应:第一、二章研究的是古代美洲印第安人文化和西班牙殖民政策对已经形成的社会结构和农业结构的影响;第三至第六章叙述了莫卧儿帝国灭亡以前的印度农业制度发展史;第七章论

---

① 〔俄〕柯瓦列夫斯基:《公社土地占有制,其解体的原因、进程和结果》,李毅夫、金地译,北京:中国社会科学出版社1993年版,"绪论"第1页。
② 同上书,"绪论"第9页。

述了英国行政当局对印度农村自古以来的土地占有关系的影响；第八章探讨了在另一个地区即北非受伊斯兰教影响的农业制度；第九章主要谈论法国在征服阿尔及利亚以后所实行的殖民政策。

在这一著作中，柯瓦列夫斯基除了引用毛勒（1790—1872 年）和牛津法史学家梅恩爵士（1822—1888 年）的经典著作以外，还求教过在思想史方面尤为杰出的约·雅·巴霍芬、艾·德·拉弗勒、阿·赫·波斯特、奥·冯·吉尔克和路·亨·摩尔根等人[1]。之外，柯瓦列夫斯基在莫斯科"法学学会"所做的许多专题报告[2]为写作这部著作做了准备。他认为，首先要使自己的研究跳出比较法学的传统研究领域，从世界史范围对墨西哥、秘鲁、阿尔及利亚和印度的农业制度与对德国和瑞士的农业制度分别进行历史比较研究。之所以这样做，是因为古代的公社土地占有制形式在上述欧洲以外的国家一直保留到现代，而现在同时正在完成向私有制的过渡。相反，在德国和瑞士还明显地存在着大量早已消逝了的土地占有制形式的残余，使得人们可以对古代社会组织进行比较确凿的推断。事实上，他综合围绕马尔克公社理论所展开的各种科学史方面的研究成果，在开头简要概述了土地所有制史的研究状况，即提出了自己的基本论点，"只有对土地所有制的发展进程作历史的比较研究"，才能"解释土地集体占有制形式普遍消亡的原因和结果"[3]。

---

[1] 〔俄〕柯瓦列夫斯基：《公社土地占有制，其解体的原因、进程和结果》，李毅夫、金地译，北京：中国社会科学出版社1993年版，"绪论"第9页。〔瑞士〕约·雅·巴霍芬：《母权论。根据古代世界的宗教和法权本质对古代世界妇女统治的研究》（1861年斯图加特版）；艾·德·拉弗勒：《所有制及其原始形式》（1874年巴黎版）；阿·赫·波斯特：《远古时代的血族公社和婚姻的产生。关于一般比较国家学和法学的论文》（1875年奥尔登堡版）；〔德〕奥·冯·吉尔克：《德国合作社法》第1卷《德国合作社法的历史》（1868年柏林版）；〔美〕路·亨·摩尔根：《古代社会，或人类从蒙昧时代经过野蛮时代到文明时代的发展过程的研究》（1877年纽约和伦敦版）。

[2] 1878年卷第4、5两期《法学通报》转载的莫斯科"法学学会"的会议记录中，记录了柯瓦列夫斯于1878年2月13日及其以后，分别就"印度同时存在的几种公社土地占有制形式"和"英国在印度实行的土地政策"做过专题报告。

[3] 〔俄〕柯瓦列夫斯基：《公社土地占有制，其解体的原因、进程和结果》，李毅夫、金地译，北京：中国社会科学出版社1993年版，"绪论"第1页。

三 马克思与柯瓦列夫斯基的邂逅

20世纪70年代中叶,马克思开始加强对资本主义以前各种社会形态的研究,尤其注意研究不同国家的社会形式。为此,马克思研读或摘录了毛勒、汉森、德默里奇等人的有关著作,柯瓦列夫斯基与马克思正好结识于这个时候。1909年,柯瓦列夫斯基在《欧洲通报》发表《回忆马克思》一文,讲到与马克思长达两年几乎每周一次的思想交流。即使在他后来受聘于莫斯科大学后,每年夏季去伦敦时这种思想交流仍然时而进行。因此,马克思对柯瓦列夫斯基在学术成长道路上具有比较重要的影响,柯瓦列夫斯基也直言不讳地提到自己对于马克思的拜访和学习。"我去莫斯科大学当教授后,两年来几乎每个星期和《资本论》作者的交谈便结束了。起初我们还间或通信,夏天我到伦敦去的时候,又恢复了我的拜访,时间通常是在星期日,每一次会面都再一次推动我去研究西欧的经济史和社会发展史。假如没有和马克思认识,我很可能既不会去研究土地占有制的历史,也不会去研究欧洲的经济发展,很可能把大部分注意力集中于政治制度的发展,因为这类问题本来就是我所讲授的课目。"①

公社土地占有制实际上早就是一个已经被西欧主义者和斯拉夫主义者、现存社会制度的捍卫者和反对者翻来覆去谈腻了的问题,但是在马克思的启发下,柯瓦列夫斯基的《公社土地占有制,其解体的原因、进程和结果》却产生了深远的历史影响。马克思于1876年12月在致恩格斯的一封信中说明了柯瓦列夫斯基同他们所建立的密切关系。马克思写道:"柯瓦列夫斯基昨天来我这里,他要汉森的著作;我对他说,他明晚可以拿到;同时,根据他的要求,约好明晚(星期二)去看你。现将汉森的著作寄给你,你会象我一样用两三个小时很容易地读完它。"②

---

① 中共中央编译局编:《回忆马克思》,北京:人民出版社2005年版,第287页。
② 《马克思恩格斯全集》第34卷,北京:人民出版社1972年版,第30页。

这里指的是格·汉森论述特利尔专区农户公社的论文——《特利尔专区的农户公社（世代相承的协作社）》（1863年柏林版），为古代自由的马尔克公社学说奠定了基础，在马克思恩格斯遗稿中有他们所做的摘要。马克思不仅十分熟悉柯瓦列夫斯基的著作，而且坦率地发表自己的见解，柯瓦列夫斯基也虚心接受。"马克思熟悉我的著作，并且毫不客气地提出自己的意见。我停止出版我的第一部关于法国行政司法、特别是关于法国的赋税立法的巨著，部分原因是马克思对我的著作评价不高。他更主张我揭露农业公社的过去，或者根据比较人种学和比较法学史来阐明远古以来的家族制度的发展。"①

1879年9月19日，马克思致信丹尼尔逊，提到柯瓦列夫斯基的《公社土地占有制，其解体的原因、进程和结果》，指出"柯瓦列夫斯基的书，我已从他本人那里得到了。他是我的'学术上的'朋友之一，每年都要来伦敦，利用英国博物馆的珍藏"②。柯瓦列夫斯基有关公社土地占有制，其解体的原因、进程和结果的考察对马克思的研究起了某种催化作用，决定了马克思的研究方向和工作计划从欧洲转向亚洲、美洲和北非。马克思对于柯瓦列夫斯基所引用的有价值的事实和史料全部予以摘录，比重约占原著的56%，这在马克思所作的各种"摘要"中可能是比例最大的。而且，马克思在对其他著述作摘要时往往都要把叙述次序重新加以安排；但是对于这一著作并未加任何改动，摘要的结构与全书的结构完全一致，只是多了更加细致的划分，加上了用数字和字母做标记的题目。他为了更好地理解著作，补习了印度政治史和王朝史，而且从现存的遗著手稿来看，还做了将近50页的评注性的摘要。

恩格斯初次阅读柯瓦列夫斯基的书，基本上是持保留态度的。但是，在1890年8月27日致保·拉法格的信中写道："柯瓦列夫斯基的书中有一点很重要：他提出在母权制和马尔克公社（或米尔）之间隔着家长制的大家庭，这种家长制的大家庭在法国（法兰斯孔太和尼韦尔

---

① 中共中央编译局编：《回忆马克思》，北京：人民出版社2005年版，第276—279页。
② 《马克思恩格斯全集》第34卷，北京：人民出版社1972年版，第385页。

内）一直存在到 1789 年，在塞尔维亚人和保加利亚人中至今还存在，叫扎德鲁加。柯瓦列夫斯基对我说，这是俄国普遍的看法。如果这一点能成立，那么塔西佗和其他作者的许多不好懂的地方将得到解释，但同时也会产生新的问题。柯瓦列夫斯基书中的主要缺点就是法学上的谬误。我的书再版时，我将谈这个问题。另一个缺点（也是所有研究学问的俄国人的通病），就是过分相信公认的权威。"① 在写作《家庭、私有制和国家的起源》时，恩格斯明确表达了对于柯瓦列夫斯基研究成果的肯定和高度赞扬。"我们感谢马克西姆·柯瓦列夫斯基（《家庭及所有制的起源和发展概论》1890 年斯德哥尔摩版第 60—100 页），他向我们证明了，今天我们在塞尔维亚人和保加利亚人中还可以见到的那种称为扎德鲁加（大意为大家庭）和 Bratstvo（兄弟社）的家长制家庭公社，以及在东方各民族中所见到的那种形式有所改变的家长制家庭公社，乃是一个由群婚中产生并以母权制为基础的家庭到现代世界的个体家庭的过渡阶段。"②

"柯瓦列夫斯基已经证明（见《家庭及所有制的起源和发展概论》1890 年斯德哥尔摩版第 44 页），家长制家庭公社乃是母权制共产制家庭和现代的孤立的家庭之间的中间阶段，它虽不是到处流行，但是流行很广。在这以后，问题已经不再像毛勒和瓦茨争论的那样——是土地公有还是土地私有，而是公有的形式是什么了。毫无疑问，在凯撒时代，苏维汇人不仅有过土地公有，而且也有过共同核算的共同耕作。至于他们的经济单位是氏族，还是家庭公社，或者是介于两者之间的某种共产制亲属集团，或者所有三种集团依土地条件的不同都存在过，关于这些问题将来还会长久争论。但柯瓦列夫斯基认定，塔西佗所描述的状况，不是以马尔克公社或农村公社为前提，而是以家庭公社为前提的；只是过了很久，由于人口增加，农村公社才从这种家庭公社中发展出来。

---

① 《马克思恩格斯全集》第 37 卷，北京：人民出版社 1971 年版，第 447—448 页。
② 《马克思恩格斯选集》第 4 卷，北京：人民出版社 1995 年版，第 55 页。

按照这个观点，德意志人在罗马时代在他们所占据的土地上的居住区，以及后来在他们从罗马人那里夺取的土地上的居住区，不是由村组成，而是由大家庭公社组成的。这种大家庭公社包括好几代人，耕种着相当的地带，并和邻居一起作为共同的马尔克来使用四周的荒地。在这种情况下，塔西佗著作中谈到更换耕地的那个地方，实际上就应当从农学意义上去理解：公社每年耕种另一个地带，而将上年的耕地休耕，或令其全然抛荒。由于人口稀少，荒地总是很多的，因之，任何争夺土地的纠纷，就没有必要了。只是经过数世纪之后，当家庭成员的人数过多，以致在当时的生产条件下共同经营已经成为不可能的时候，这种家庭公社才解体；以前公有的耕地和草地，就按人所共知的方式，在此后正在形成的单个农户之间实行分配，这种分配起初是暂时的，后来便成为永久的，至于森林、牧场和水域则依然是公共的。

这一发展过程，对于俄国，看来已经是历史上完全证实了的。至于德意志，乃至其余的日耳曼诸国，不可否认，这个推测，在许多方面，较之迄今流行的把农村公社的存在追溯到塔西佗时代的推测，能更好地诠释资料，更容易解决困难。"①

马克思十分重视柯瓦列夫斯基的学术贡献，翻译、摘录了书中一些有价值的具体材料，同时也在很多问题上提出了十分重要的见解，丰富和发展了自己的关于前资本主义生产方式的理论。除此之外，我们还要甄别梳理柯瓦列夫斯基和马克思的思想内容及其差别，读出马克思文字背后的内容，整体把握马克思的思想主旨。

---

① 《马克思恩格斯选集》第 4 卷，北京：人民出版社 1995 年版，第 141 页。

第二章 "柯瓦列夫斯基笔记"在国际的出版与传播

马克思的晚年笔记一直没有得到足够重视，这一重要摘要也是几经周折，竟然被埋没了数十年。二战以后，这一摘要被保存到荷兰的阿姆斯特丹国际社会史研究所，直到1958年至1962年间，个别章节的俄译文才在一些亚洲问题的专门刊物上发表。① 此后，1975年全文出版了俄文本和摘要出版了英文本。② 原文文本考证第一版于1977年作为阿姆斯特丹国际社会史研究所编辑出版的文集《社会史资料与研究》之一出版③，该文本在1974年曾作为高等学校读物印行过有限的数量。"柯瓦列夫斯基笔记"在国际上的出版与传播较为复杂，主要集中在西方和苏

---

① 《苏联东方学》杂志1958年卷第3期第3—13页；第4期第3—22页；第5期第3—28页；《东方学问题》1959年卷第1期第3—17页；《亚非人民》1962年卷第2期第3—17页。参见杜章智：《国外对马克思晚年人类学笔记的研究》，见《马列主义研究资料》第1辑总第47辑，北京：人民出版社1987年版。

② 参见杜章智：《国外对马克思晚年人类学笔记的研究》，见《马列主义研究资料》第1辑总第47辑，北京：人民出版社1987年版。由N. B. 捷尔·阿科皮扬根据莫斯科苏共中央马列主义研究院所存手稿复制件翻译的。马克思大部分用德文作的柯瓦列夫斯基著作的笔记的俄译文，收在1975年莫斯科出版的《马克思恩格斯全集》俄文第2版第45卷（第153—226页），中译文在《马克思恩格斯全集》第45卷第207—327页。马克思笔记的《英属东印度》和《阿尔及利亚》两节的英译文收在劳·克拉德编《亚细亚生产方式。马克思著作中的资料、发挥和评论》（1975年阿森版）第346—412页。

③ 参见杜章智：《国外对马克思晚年人类学笔记的研究》，见《马列主义研究资料》第1辑总第47辑，北京：人民出版社1987年版。汉·彼·哈斯蒂克编：《卡尔·马克思论前资本主义生产的各种形式。1879—1880年对土地所有制史的比较研究》（1977年法兰克福—纽约康普斯出版社版），《社会史资料与研究》（阿姆斯特丹国际社会史研究所编）第1卷。

联。因此，有关该摘要在国际的主要版本和传播情况就从这两个方面展开。

一 "柯瓦列夫斯基笔记"在西方的译介与传播

以《马·柯瓦列夫斯基〈公社土地占有制，其解体的原因、进程和结果〉一书摘要》为代表，马克思晚年（1879—1882年）间陆续做了一系列的人类学笔记，但是如同马克思恩格斯的许多手稿，这些笔记手稿原件一直被尘封。1964年，西方学者埃尔哈德·卢卡斯在《赛库奈姆》第15卷和《马克思主义研究》上发表了《马克思和恩格斯对摩尔根的态度》和《马克思和恩格斯对达尔文的理解》两篇文章，专门评价马克思这部分手稿遗产，成为最早专门研究马克思晚年笔记的人，却没有引起较大的影响。一直到1972年，美国人类学家劳伦斯·克拉德在荷兰阿森市范·戈库姆出版公司编辑出版了《卡尔·马克思的民族学笔记》一书，真正将马克思晚年"人类学笔记"研究推向高潮。

克拉德是美国著名的人类学家，西方马克思主义的肇始者卡尔·柯尔施的学生，曾先后任教于华盛顿大学、哈佛大学、西柏林自由大学等高校。20世纪50年代到60年代中期，他曾经赴苏联中亚地区和亚非一些地方研究落后民族，发表过许多人类学著作。20世纪60年代末70年代初，在荷兰阿姆斯特丹国际社会史研究所的大力支持和帮助下，开始研究马克思的人类学笔记手稿。1972年，按照国际社会史研究所收藏的马克思笔记手稿的原样，克拉德编译加工、整理发表了马克思的四个笔记（其中包括摩尔根笔记、梅恩笔记、拉伯克笔记和菲尔笔记，梅恩笔记和拉伯克笔记都是首次发表），并最终命名为《卡尔·马克思的社会文化人类学笔记》，合中文约40万字，共200多页。克拉德在该书的序言中全面评述了马克思的这些笔记以及马克思的整个思想发展进程，并附录了进一步研究马克思这些笔记的参考书目和其他资料。该书出版后很快销售一空,1974年再版。随后不久,又接连出版日文、德文、意大利文、西班牙文和法文等多种译本,引起西方许多学者关注马克思这一笔记。1975年,克拉德又整理出版了《亚细亚生产方式。卡尔·马克思著作中的资料、阐发和评论》一书,从研究亚细亚生产方式的角度系统研究了马克思和恩格斯的著作和笔记中关于资本主义以前各种社会形态的论述,在书的后半部分摘要发表了马克思的《马·柯瓦列夫斯基〈公社土地占有制,其解体的原因、进程和结果〉一书摘要》的英译文。这是马克思的人类学笔记首次用原文在西方发表,引起了国际学术界对马克思晚年思想的高度重视,从而将"晚年马克思"的相关研究推向新的高潮。

除克拉德所编辑整理的版本外,联邦德国学者 H.P.哈尔斯蒂克于1974年出版的《卡尔·马克思遗著中关于土地占有制历史的比较研究。M.M.柯瓦列夫斯基〈公社土地占有制〉摘要》,以及1977年出版的《卡尔·马克思论资本主义以前的生产形式,1879—1880年关于土地占有制历史的比较研究》两本书中发表了马克思的几个人类学笔记。1977年,荷兰阿姆斯特丹国际社会史研究所主持出版马克思的《马·柯瓦列夫斯基〈公社土地占有制,其解体的原因、进程和结果〉(第一册,1879年莫斯科版)一书摘要》,当时所使用的书名为《卡尔·马克思论前资本主义生产形式》(*Karl Marx übervorkapitalistischer Produktion*)。事实上,中国和西方的大部分学者普遍认为这一命名比较恰当地反映了该书的中心意旨。而且更进一步讲,这一命名不仅适用于马克思关于柯瓦列夫斯基著作的笔记,同样适用于柯瓦列夫斯基的著作本身。马克思的"柯瓦列夫斯基笔记"连同柯瓦列夫斯基的《公社土地占有制,其解体的原因、进程和结果》著作本身,汇编再现了马克思的大量批判性和引申性的旁注,有助于我们深入观察和理解马克思研究和加工材料的科研过程以及他的工作方式和方法。

20世纪70年代,由苏共中央马列研究院和民主德国马列研究院开启《马克思恩格斯全集》历史考证版的编辑出版工作,对应于由苏联梁赞诺夫最早开创的马克思恩格斯全集的编辑出版事业（MEGA^1），该历史考证版简称 MEGA^2。历史考证版这一版本形式不仅能够最为忠实、全面地反映马克思恩格斯著作的原貌，而且以最为科学的方式为读者阅读马克思恩格斯著作提供最为权威的文本。苏东剧变后，这项编辑工程由柏林—勃兰登堡科学院接替负责。如同该科学院所负责编辑出版的《歌德全集》、《康德全集》、《莱布尼茨全集》、《尼采全集》等德国思想家著作一样，MEGA^2 是人类思想史上的宝贵遗产。MEGA^2 总计 114 卷（122 分册），包括四个部分，分别是一般论著 32 卷、《资本论》及其手稿 15 卷（23 册）、书信部分 35 卷，以及读书笔记部分 32 卷。马克思的"柯瓦列夫斯基笔记"属于第四部分，内容为马克思恩格斯 1879 年5 月至 9 月笔记。已经出版 12 卷，另有 20 卷准备陆续编辑出版，是 MEGA^2 的重要构成部分。其中，《马·柯瓦列夫斯基〈公社土地占有制，其解体的原因、进程和结果〉（第一册，1879 年莫斯科版）一书摘要》作为重要的笔记，计划在第 4 部分第 27 卷予以出版。

二 "柯瓦列夫斯基笔记"在苏联的译介与传播

关于马克思的晚年笔记，国外学者在研究过程中主要产生了两大解读模式：一种是克拉德等西方学者提出的人类学解读模式；一种是由安德烈耶夫等苏联学者提出的东方社会解读模式。相比于西方学者克拉德的研究，苏联学者的研究略显稍晚，主要是由于马克思晚年笔记直到 20 世纪 70 年代才在苏联予以全部出版。

实际上，列宁早在 1919 年就派时任马克思恩格斯研究院首任院长的梁赞诺夫去国外收集马克思恩格斯的手稿。1923 年 11 月，梁赞诺夫回国，并提交了一份在莫斯科社会主义科学院所做的关于这一任务完成情况的报告。报告除了没有提到菲尔的材料以外，对马克思的晚年笔记都做了简要介绍。同年《社会主义科学院学报》发表了这个报告，1925 年又被卡尔·格林贝格主编的《社会主义史文库》所转载。从这份报告可以看出,梁赞诺夫对这些笔记的理论意义认识不足。他除了指出这些笔记显示出马克思于19世纪70年代末期研究了封建主义和土地占有制的历史,大多只是评价了马克思的工作作风和工作态度。对于马克思晚年花费大量时间系统地、详细地摘录笔记,梁赞诺夫感到不可思议,认为马克思犯了一种"不可饶恕的学究气"①。因此,某种程度上可以说正是因为以梁赞诺夫为代表的苏联学者们对这些笔记的理论意义认识不够,苏联没有立即出版马克思晚年的这些笔记。

20世纪40、50年代苏联才整理、出版了柯瓦列夫斯基笔记和摩尔根笔记。1941年《马恩文库》第9卷上首先发表了俄译文《摩尔根笔记》。《苏联东方学》杂志1958年第3、4、5期第一次用俄文发表关于柯瓦列夫斯基的摘要,《东方学问题》杂志1959年第1期和《亚非人民》杂志1962年第2期,前后用了五年时间才刊登完此摘要。晚年笔记的另一组关于菲尔的一书摘要第一次用俄文发表在《亚非人民》杂志(1964年第1期、1965年第1期和1966年第5期),虽然仅仅四五万字,但也用了三年之久才刊登完。1975年《马克思恩格斯全集》俄文版第45卷中第一次用俄文发表了马克思的四个人类学笔记,其中不包括菲尔的摘要。苏联学者将其命名为《卡尔·马克思论前资本主义生产形式》(Karl Marx übervorkapitalistischer Produktion),又称为"古代社会史笔记",或简称为"笔记"。

虽然苏联出版马克思的晚年笔记比较晚,但是其研究并不逊于西方,取得了一定的成果。"在安德烈耶夫等苏联学者看来,马克思的这些笔记是研究世界资本主义体系中东方落后国家的前资本主义社会形态的笔记,他们主张把笔记和马克思晚年大致写于同一时期的一些重要书信、手稿(特别是《给维·伊·查苏利奇的复信》及其草稿、《给〈祖国纪事〉杂志编辑部的信》等)联系起来加以考察,进而确定其主题

---

① 见〔苏〕梁赞诺夫:《马克思主义史概论》1928年莫斯科增订第2版第2卷第206页。转引自杜章智:《国外对马克思晚年人类学笔记的研究》,见《马列主义研究资料》第1辑总第47辑,北京:人民出版社1987年版,第160页。

和历史地位。在他们看来,笔记与晚年马克思《给维·伊·查苏利奇的复信》及其草稿、《给〈祖国纪事〉杂志编辑部的信》等书信、手稿有直接联系和共同主题,它们构成了一个'有机统一的思想整体',共同服务于晚年马克思对世界资本主义体系中东方落后国家的发展道路、未来前景问题的思考和探索。笔记的主题,正是探索东方落后国家的发展道路和未来前景的问题,它们是晚年马克思70年代末80年代初对这一问题所做的系统探索的一部分。他们还将这些笔记与20世纪后期第三世界国家的未来发展前途问题联系起来,认为笔记为解决这一重大现实问题提供了直接的理论指导和方法论依据。"①

---

① 林锋:《评马克思"人类学笔记"的苏联解读模式——一个批判性的考察》,载《北京行政学院学报》2009年第4期,第49页。

第三章　"柯瓦列夫斯基笔记"在国内的译介与传播

马克思的整个晚年笔记在国内出版都比较晚。在中国，马克思恩格斯的主要文本直到改革开放以后才进入广泛出版、深入传播和发展阶段，马克思的"柯瓦列夫斯基笔记"也在这个阶段得以出版。1985年，由中央编译局编译、人民出版社出版的《马克思恩格斯全集》第45卷（中文第1版）收录了马克思对柯瓦列夫斯基的《公社土地占有制，其解体的原因、进程和结果》、摩尔根的《古代社会》、梅恩的《古代法制史讲演录》、拉伯克的《文明的起源和人的原始状态》等四本书所做的摘要。而马克思对菲尔的《印度和锡兰的雅利安人村社》一书所做的摘要则于1987年才第一次全文发表在《马列主义研究资料》第1期至第4期。1996年，由中央编译局重新校编这五篇笔记，作为《马克思列宁主义文库》之一以《马克思古代社会史笔记》为名由人民出版社出版单行本。

1986年，中央编译局秉持准确、客观、公正的原则，开始以MEGA²为蓝本编译《马克思恩格斯全集》中文第2版，并参照英、俄、德文等其他版本进行。共计划出70卷，2020年出齐。编排为四个部分，第一部分（第1—29卷）为普通著作卷，第二部分（第30—46卷）为经济学手稿、著作以及资本论及其手稿，第三部分（第47—60卷）为书信卷，第四部分（第61—70卷）为笔记卷。1995年最早出版了第1、11、30三卷，其后陆续出版第2、3、10、12、13、14、16、

19、21、25、26、31、32、33、34、35、44、45、46、47、48 卷，截止到 2014 年一共出版了 24 卷，可惜的是晚年笔记至今仍未出版一卷。

针对马克思的晚年笔记群，国际上的学者由于研究角度和理论旨向的不同给以不同的命名。苏联学者大多延续恩格斯的思想传统，注意到摩尔根的《古代社会》一书对恩格斯的《家庭、私有制和国家的起源》所产生的重要影响，因此将这组笔记群统称之为"古代社会史笔记"。由于中文《马克思恩格斯全集》第 1 版主要依据俄文版翻译过来，因此绝大多数中国学者沿用了这一命名。黄楠森先生在《马克思主义发展史》中明确提出这些笔记应该称为"古代社会史笔记"①。然而，新时期随着对马克思晚年笔记研究的愈加深入，这一名称也开始受到中国学者的质疑，并试图用其他名称取而代之。其中，最有代表性的是北京大学王东教授，他提出这一组笔记应该命名为"国家和文明起源笔记"。在本书前面介绍到美国人类学家劳伦斯·克拉德在出版马克思的晚年笔记时，将其命名为《卡尔·马克思的民族学笔记》（简称为"民族学笔记"），由此西方学者大多使用"民族学笔记"或"人类学笔记"这一称谓。事实上，这个命名目前得到了较多人的认可，甚至一些苏联学者也把它称为"民族学笔记"。

马克思晚年笔记在我国一出版就掀起了研究热潮，于 1986 年、1988 年分别在福州、西安两次召开全国马克思主义研究者学术研讨会，从各个方面对马克思晚年思想理论进行了多维度的深入研究。在福州召开的全国第一次马克思晚年人类学笔记学术研讨会上，学者围绕"是否存在马克思主义人类学"这门学科展开了激烈的讨论。有的学者主张直接使用"马克思主义人类学"这一提法，认为这是不必加以论证的历史事实；也有一些学者针锋相对地指出根本不存在"马克思主义人类学"，这是西方学者引申出来的。这次学术讨论对马克思晚年笔记的传播与发展起了重要作用，尤其推动了两年后于西安再次举行的马克思晚

---

① 参见黄楠森等主编：《马克思主义哲学史》（第 3 卷），北京：北京出版社 1991 年版，第 329 页下注。

年笔记研讨会主题研究的深化与细化。1988年在西安召开的全国马克思主义研究者学术研讨会对一系列马克思晚年的相关问题进行了深化研究。"一，关于马克思和恩格斯的家庭观的异同。西方有些学者认为，马克思和恩格斯在家庭形式演化问题上观点不尽相同。张磊、朱传棨通过对马克思和恩格斯思想的比较认为，马恩对待家庭的态度、研究家庭史的基本方法以及在家庭形式由低到高发展的顺序和内容问题上其观点基本相同；在家庭形式演化的动力问题上，马克思并没有否认人类自身生产的作用而只从社会经济关系方面考察家庭形式的发展，恩格斯也没有忽视经济因素和社会关系对家庭形式演化的作用，而完全接受了摩尔根的'社会生物进化论'思想，他们只是根据家庭形式发展的不同阶段，对这两个方面的作用分别加以重点强调罢了。二，关于私有制形成的具体途径公有制通过什么具体途径逐步演变为私有制？一般哲学教材认为主要是两条：一是暴力掠夺，二是原始公社中社会职能的独立化。王培生认为这些理解是错误的。马克思晚年在《笔记》中提出，私有制是在生产发展的基础上，通过多因素、多环节的交互作用，逐步形成并最后确立的。"[①] 具体研究状况我们将在第二部分予以展开阐述。

---

① 春曙：《陕西讨论马克思晚年〈人类学笔记〉》，载《哲学动态》1988年第11期，第7页。

第二部分　研究状况

第四章 "柯瓦列夫斯基笔记"在国外的研究概况

马克思的晚年笔记发表以后，国内外研究马克思主义的各个流派都需要重新思考如何把这些笔记纳入原有的理论体系，以及如何评价它们与马克思的其他著作、马克思的整体思想发展的关系。"柯瓦列夫斯基笔记"作为晚年笔记的重要组成部分，尤其是马克思晚年首先摘录的，对于了解其晚年思想发展路径与哲学意蕴具有重要意义。迄今为止，西方专门研究"柯瓦列夫斯基笔记"的相关论文很少，著作更是没有，但是这并不代表在学界是一片空白。任何有关马克思晚年笔记的整体研究都不能忽视该文本的重要作用，因此，要想了解学习这一笔记，要紧密结合马克思晚年人类学笔记、历史学笔记才能清楚。总的说来，纵观国内外学术界，有关马克思晚年笔记的思想主题与哲学意蕴的观点大致可以分为以下三种：

第一种是以西方学者劳伦斯·克拉德、诺曼·莱文、凯利等人为代表的放弃中断论。这种观点认为马克思晚年放弃中断了对资本主义社会的剖析研究，转移到了对前资本主义和原始公社的研究，回归并转向经验人类学。他们认为，马克思晚年因理论和实践的挑战，重新回到青年时期以《1844年经济学哲学手稿》为出发点的哲学人类学研究，人道主义成为其晚年思想的中心线索。

第二种是以苏联学者伊·列·安德烈耶夫为代表的唯物史观完善论。这种观点认为马克思晚年之所以研究东方社会、原始公社以及其他各种特殊的社会形式，主要是在唯物史观基础上对人类历史发展的基本规律与发展道路做出新的系统阐释，以丰富完善唯物史观理论。

第三种是以中国学者为代表的唯物史观升华论。这种观点认为马克思晚年通过对东方社会的研究，既坚持人类社会历史发展道路的普遍性，更强调各个国家、地区和民族的特殊性。他将资本主义社会历史形态放到人类历史长河中研究，并将这一形态与其之前的社会形态或在比较不发达国家内和这些形态同时并存的那些形态加以比较和研究，修正或完善了以前的五大社会形态学说，升华为世界史观。

三种观点从不同角度对于深入研究马克思晚年笔记起了重要作用，但是却都未深刻注意和挖掘马克思晚年笔记所蕴含的问题与《资本论》创作的紧密关系，也就未能上升到整体性的高度理解马克思的晚年思想。"柯瓦列夫斯基笔记"主要涉及的是古代公社占有制问题，极大地拓展了马克思的理论视域，为马克思更加深入理解前资本主义生产方式积累了丰厚的材料。马克思批判了柯瓦列夫斯基在研究亚洲、非洲、美洲古老民族的社会历史的演变历程中同西欧机械类比的做法，提出了人类社会历史发展统一性与多样性的辩证统一。这些观点发展和深化了唯物史观基本原理，对于从实际出发研究各国资本主义以前的社会经济形态及其发展规律具有重要的方法论意义，对于俄国和东方这些非欧世界的现代化道路具有重要理论意义和实践意义。

一 西方学者人类学视域中的"柯瓦列夫斯基笔记"研究

西方人类学家有许多奠基者，包括泰勒、摩尔根、博厄斯等。其中，泰勒与摩尔根两人在19世纪都完成了人类学经典著作。泰勒在1877年《原始文化》中，较早地把文化归纳为人们作为社会成员习得的复杂整体，包含"知识、信仰、艺术、道德、法律、风俗以及作为社会成员的人所掌握和接受的任何其他的才能和习惯的复合体"①。摩尔根的《古代社会》虽然受到19世纪进化论的影响,但是也表达了通过非欧世界的历史资源超越欧洲的世界历史视野。20世纪的美国人类学家之父博厄斯运用"参与观察法",排斥对各个进化阶段的探索,而是提出人类学的研究对象是文化,追溯各个文化间的采借,以及文化特征跨越不同地理区域的传播。博厄斯将人类学分为生物、考古、文化与语言人类学四个分支。文化由不同部分构成,因此人类学分为文化人类学和体质人类学两部分,即关于人类社会文化的研究和人类体质形态的研究。英国的"社会人类学"、美国的"文化人类学"与目前合称的"社会文化人类学"在研究对象和范围上与民族学相近。何谓民族学?民族学是专门研究民族的一门社会科学,诞生于19世纪中叶,伴随英、美、法、西德等主要资本主义国家的对外扩张和掠夺殖民地的需要而产生。②

美国人类学家劳伦斯·克拉德不仅是第一个详细介绍出版马克思晚年人类学笔记的人,而且将其置入马克思一生的思想中进行考察,从人类学的角度强调了马克思思想发展的连续性与一致性,对马克思晚年笔记的整理和出版做出重大贡献,他将这些笔记命名为《卡尔·马克思的民族学笔记》(简称"民族学笔记")。在某些场合,他也将马克思的这些笔记称为"人类学笔记"。

克拉德强调要把马克思的晚年笔记同他40年代的早期著作联系起来整体研究。他指出:"马克思的民族学手稿是对《政治经济学批判大纲》和《资本论》中的论点的补充,同时又是对他在1843—1845年期间所持立场的发展"。③ 克拉德认为:"马克思在青年时代就开始研究民族学,那时他读了沙尔·德·布鲁斯论拜物教和克利斯托夫·迈纳斯论

---

① 〔英〕泰勒:《原始文化》,连树声译,上海:上海文艺出版社1992年版,第1页。
② 吴文藻:《现代西方民族学的发展趋势》,载《民族团结》1982年第4期,第19页。
③ 〔美〕劳伦斯·克拉德:《马克思的民族学笔记》,见《马列主义研究资料》第1辑总第47辑,北京:人民出版社1985年版,第195—196页。

比较宗教的著作……不过直到七十年代末他才深入钻研民族学，并且系统地阐述他的思想。在此以前，他的民族学研究不过是为他研究经济学（泰勒）、中世纪史（格·路·毛勒）以及亚洲和欧洲农民问题（奥·哈克斯特豪森，马·马·柯瓦列夫斯基）服务的。"① 除克拉德之外，很多研究马克思思想的西方学者都沿用"民族学笔记"或者"人类学笔记"这一称谓，例如美国学者诺曼·莱文、唐纳德·凯利、西里尔·莱维特、斯坦利·戴蒙德、拉·杜娜耶夫斯卡娅，英国学者莫里斯·布洛赫、托马斯·博托摩尔，法国学者毛里斯·戈德里埃，意大利学者卡尔拉·帕斯奎内利等。他们大多在基本立场上认同或响应了克拉德的这一"民族学"、"人类学"解读模式，倾向于用经验人类学、民族学、新人道主义等概念体系来解释马克思晚年笔记的理论性质和历史地位。

英国著名马克思学家托马斯·博托摩尔也认同克拉德这一观点。他认为，"从马克思晚年留下的大量人类学笔记来看，他反对当时的社会人类学家们提出的一般进化演变的学说，而主张人类社会从低级到高级的演变是根据经验可以观察到的特殊机制发展的。"② 他把马克思主义观点当作一种"哲学人类学"，即"人本学"，与马克思的早期著作《1844年经济学哲学手稿》具有一脉相承性。

美国学者西里尔·勒维特在他的《马克思的人类学和进化论问题》一文中详细阐述了克拉德的上述观点。"马克思本人非常关心现代人类学的中心问题：人类与自然的关系、各种各样的社会组织形式、世界各地和不同历史时期的不同劳动关系、艺术、科学、技术、工艺等的发展以及人类的生物进化和社会进化的问题。我们可以发现他的侧重点从《经济学哲学手稿》（1844）中的有点抽象的、哲学的人类学逐步转向比较具体的、经验的人类学，在《民族学笔记》（1879—1882）中达到

---

① 〔美〕劳伦斯·克拉德：《作为民族学家的卡尔·马克思》，见《马列主义研究资料》第1辑总第47辑，北京：人民出版社1985年版。
② 叶林、张显扬：《国外关于马克思晚年人类学笔记研究》，载《马克思主义研究》1986年第3期，第85页。

了顶点。虽然马克思在他发表的著作中集中注意力阐述资本主义社会的'运动规律',然而他对非资本主义世界和资本主义以前的经济形态却保持着经久不衰的兴趣。"①

美国学者唐·凯利也是把马克思的一生与人类学密切联系在一起考察。他认为,在马克思主义创立的初期阶段,人类学只是一般哲学的一个组成部分,19世纪中叶得到蓬勃发展,到马克思逝世时(19世纪末)则已成为一个独立的学科。马克思的思想发展是与人类学沿着一条同样轨迹变化的,即从哲学上的"唯心主义"走向对人类有一种实证的、科学的看法。他认为,马克思从学生时代起就一直以不同方式保持着对人类学的兴趣,而在他的晚年,这种兴趣表现得尤为突出。马克思在垂暮之年开始积累有关四位人类学家(摩尔根、梅恩、拉伯克和菲尔)的笔记,大约是想按照自己的社会哲学来写一本比较系统的人类学著作,然而却未能如愿。凯利认为,人类学表现了马克思个人辩证发展的最后阶段的情况,并使他超出了他的大多数追随者所理解的马克思主义。②

美国学者诺曼·莱文是最早研究马克思人类学笔记的研究者之一。1973年,他在《共产主义比较研究》杂志第6卷上发表了《马克思和恩格斯思想中的人类学》一文,对于马克思和恩格斯关于路易斯·亨利·摩尔根、约翰·拉伯克和格·格·毛勒的人类学著作的不同观点进行了比较研究,提出了马克思恩格斯两人在人类学方面观点完全对立的结论。1976年他又出版《悲剧性的欺骗:马克思反对恩格斯》一书,再次论证了马克思、恩格斯思想的全面对立,并把两人的思想分别称作马克思主义和恩格斯主义,在西方学术界产生了极大影响。在莱文看来,"马克思是一位辩证法学者。马克思主义所关怀的是一种社会机构

---

① C.勒维特:《马克思的人类学和进化论问题》,见《马克思的理论和第三世界》,1985年新德里—伦敦版,第47页。
② 〔美〕唐纳德·R.凯利:《晚年马克思与人类学》,见《马克思主义来源研究论丛》第8辑,北京:商务印书馆1987年版,第462页。

马克思《马·柯瓦列夫斯基〈公社土地占有制，其解体的原因、进程和结果〉一书摘要》研究读本

所特有的内部结构和存在于那个机构中的对峙力量。恩格斯是一位机械唯物论者。恩格斯主义所关怀的则是工艺实证主义，其要义是工艺迫使社会生活和智力思考活动采取一定形式。从恩格斯主义的观点来分析，历史是循着单线性分阶段发展的过程：所有一切社会都必然遵循一种工艺进化的统一方向发展。从马克思主义的观点来看，历史是多线性发展过程，每个社会都根据它所组成的独特对立面向前发展。"① 以此为基础，莱文进一步贬低恩格斯在马克思主义中的地位和贡献，指责恩格斯是"庸俗马克思主义的创始人"，将马克思思想从富有活力的理论变成僵化的社会决定论体系。

美国学者、妇女解放活动家杜拉耶夫斯卡娅从妇女解放的角度论述了马克思人类学笔记在其一生思想中的重要地位。她认为，马克思在他最后十年里由于研究了摩尔根、柯瓦列夫斯基、菲尔、梅恩和拉伯克等人的以经验为依据的人类学论著，"经历了一次认识上的冲击"，"埋藏着一条通向20世纪80年代的小道"，"看到了一些新的革命和思想的力量"，对于理解当代第三世界的发展和妇女解放运动具有重要意义。她认为，人类学笔记是和《政治经济学批判大纲》一脉相承的，"马克思正是在这部著作中得出结论说，人类的发展不止经过三个历史时期——奴隶时期、封建时期和资本主义时期。他看到了人类发展的一个全新时期，他把这个时期称之为'亚细亚生产方式'。'亚细亚'不仅是指'东方'。他谈到了原始公社在西方和东方的发展形式，无论是在克尔特还是在俄国"。"不考虑马克思在上世纪五十年代太平天国革命时对'亚细亚生产方式'的关注，仿佛他那时完全是以欧洲为中心，就同不考虑他在1844年关于男女关系的概念一样肤浅"②。杜拉耶夫斯卡娅强调马克思的著作和思想是一个整体，强调将马克思晚年笔记、亚细亚生

---

① 〔美〕诺曼·莱文：《马克思和恩格斯思想中的人类学》，见《马克思主义来源研究论丛》第15辑，北京：商务印书馆1993年版，第69~70页。
② 〔美〕拉·杜娜叶夫斯卡娅：《马克思的"新人道主义"、"民族学笔记"和妇女解放》，见《马列主义研究资料》第2辑总第48辑，北京：人民出版社1987年版，第200页。

产方式以及马克思关于俄国革命和俄国村社通信的研究,放入其一生思想的发展历程中去探讨。

总而言之,西方学者普遍接受了"人类学笔记"、"民族学笔记"这一称谓,并倾向于用经验人类学、民族学、新人道主义的解读模式来定义和研究马克思晚年笔记的理论性质和历史地位。这种模式在一定程度上发展和丰富了马克思的晚年思想研究,给我们留下一个极广阔的思考空间。但是,却未能从马克思关于人类社会发展的基本规律、唯物史观的发展和深化,即《资本论》的艺术整体上理解马克思的思想发展历程,从而错将马克思晚年笔记思想归为是对其早年哲学人本主义、哲学人类学思想的复归。

二 苏联学者唯物史观视域中的"柯瓦列夫斯基笔记"研究

在苏联,由于发表比较早的是马克思的关于摩尔根《古代社会》一书的摘要笔记,而恩格斯的《家庭、私有制和国家的起源》又与这一笔记又有极密切的联系,所以苏联学者往往结合恩格斯的著作对马克思的这一笔记进行研究,大多倾向于将其命名为"古代社会史笔记"或"历史杂记手稿"。虽然他们认可摩尔根和柯瓦列夫斯基的著作属于人类学,但仍将马克思的整个晚年笔记群归为古代(原始)社会制度史方面的文献。俄文版《马克思恩格斯全集》第45卷前言中把马克思的这些笔记称作"马克思研究资本主义以前的各种社会形态的历史问题的四篇著作"。"马克思从70年代中期起大力加强了对这个问题的研究,并把主要注意力集中在原始公社解体的历史上……马克思对这个问题关注,反映出他努力扩大和加深自己早先制定的关于世界历史的一般唯物主义构想,力图全面地制定政治经济学特别是同样地研究各种前资本主义形态的经济规律。"① "马克思特别仔细地研究了公社土地占有制的演进和历史命运问题，有关社会不平等现象、私有制、阶级和国家的起源，以及人类社会发展的初期阶段家庭关系的作用等问题表明当时科学所积累的大量事实材料以及最进步的、学者们所得出的结论，不仅完全证实了他早先形成的关于原始社会是无阶级社会的概念，而且使得有可能把这些概念具体化"。俄文版编者把这些手稿称为"马克思的创造实验室"②，通过对它们的研究可以更好地了解马克思一些思想观点的形成和发展过程。

如果说西方学者关于"柯瓦列夫斯基笔记"的研究只是刚刚起步，那么苏联学者状况则更不佳。如同苏联对马克思早期著作（《1844年经济学哲学手稿》）等的研究落后于西方一段时期的历史一样。之所以会如此，一方面固然是由于前面所提到的这些笔记难以研究的客观原因，更主要的还是由于苏联学者囿于正统马克思主义观念，恰如当初梁赞诺夫发现这些手稿时那样对它们的意义认识不足。继西方学者在20世纪70年代掀起对马克思晚年思想研究热潮后，苏联也参与到了这一研究中，并积极回应一些西方学者提出的诸如"马克思恩格斯对立论"的观点，从整体上将马克思晚年笔记研究推向一个新的高度。

首先，苏联学者敏锐地抓住了马克思晚年笔记与唯物史观的发展和完善，以及政治经济学深化研究的内在关联；其次，苏联学者反驳了西方学者提出的马克思恩格斯对立论的观点，强调从马克思晚年的手稿和恩格斯关于爱尔兰问题的资料以及其他著作的对照中可以证明他们的结论从根本上是一致的；再次，苏联学者将马克思的这些笔记与马克思晚年的其他著作、文章和通信结合在一起作为一个整体来思考和研究。例如，他们敏锐地发现了马克思的"柯瓦列夫斯基笔记"与《印度史编年稿》、《给查苏利奇的复信》及其草稿之间的内在关联，指出马克思探讨了俄国农村公社的发展前景、俄国这样的不发达国家走非资本主义

---

① 《马克思主义来源研究论丛》第15辑，北京：商务印书馆1993年版，第14—15页。
② 《马克思恩格斯全集》第95卷俄文版，第X页。

道路的可能性问题。也就是说，苏联学者围绕着农村公社、非欧道路（不发达问题）等对马克思晚年"人类学笔记"进行研究，并自觉地将马克思晚年笔记与马克思恩格斯关于俄国村社的著作、文章和通信，尤其是马克思晚年论俄国村社的通信作为一个整体来研究。

1983 年纪念马克思逝世 100 周年时，苏共中央社会科学院教授 И. Л. 安德烈也夫在《哲学问题》杂志 8 月号发表了《马克思的最后手稿：历史和现实》一文，1985 年在莫斯科思想出版社出版了《马克思主义史中的手稿篇章（卡·马克思七十至八十年代手稿中的公社和氏族问题）》。两者都对马克思关于柯瓦列夫斯基的摘要、关于摩尔根的摘要和给查苏利奇的几个复信草稿进行了研究，并阐述了它们对理解当前亚非拉不发达国家社会发展前景的重要意义。安德烈耶夫在书的序言中写道："马克思的创作遗产有一部分几十年来或是无人知晓，或是只有在专门研究马克思著作的学者的狭小圈子中才能读到。现在，世界革命过程的发展不可避免地正在使辩证唯物主义的社会学说的新的理论方面获得现实意义，从而使得越来越需要对马克思这部分创作遗产进行领会和思考。"①"由于这些手稿相对说来不久以前才和广大科学工作者见面，它们还没有成为专门哲学分析的对象"，他这本著作是"试图在某种程度上填补这个空白"②。这几句话已清楚地说明了苏联学术界对马克思人类学笔记研究的现状。不过，安德烈耶夫明确指出了这些笔记"集中注意力探讨了世界资本主义的资产阶级以前的（基本上是公社农民的）边缘地区的社会经济发展的倾向和前景"，强调他的这种研究"是根据世界历史过程的辩证唯物主义概念进行的，他始终不渝地力求把世界历史过程的规律性应用于根本不同于西欧的条件"③。"与《资本论》及其他专门研究资本主义社会的规律和矛盾的著作截然不同"，"这是马克

---

① 〔苏〕伊·列·安德烈也夫：《马克思主义史中的手稿篇章》，1985 年莫斯科版，第 3 页。
② 同上书，第 4 页。
③ 〔苏〕伊·列·安德烈也夫：《马克思的最后手稿：历史和现实》，载苏联《哲学问题》杂志 1983 年第 8 期，第 59 页。

思一生创作生活中的一个重要里程碑","它表明马克思的科学兴趣转向对原始社会结构的专门研究,特别是对这些机制遭受殖民主义和资本主义的摧残和破坏,以及对创立社会的社会主义改造的主观和客观先决条件过程前景的研究"。①

苏联学者科纽沙娅在《卡尔·马克思与革命俄国》一书中也意识到了马克思晚年笔记,连同《给维·伊·查苏利奇的复信草稿》所具有的"巨大的独立的科学价值"。马克思晚年所做的不仅仅是一些简单的笔记摘录,而是按照原定计划完成的一部完整著作,"与他从事的全部理论和政治活动有着逻辑的联系","整个世界通史的完整性观念决定了马克思对原始社会形态的科学研究的兴趣"。所以,他们称马克思的晚年笔记为"马克思70—80年代手稿"、"马克思晚年手稿"。② "马克思对社会文化人类学的研究是和农村公社、土地问题及农民问题的研究分不开的,这些研究既是历史问题的研究,也是当时争论问题的研究,同时还涉及在农业中科学技术的应用问题。"③ 科纽沙娅认为:"马克思的《笔记》可以说正是一部涉及古代国家以及古代和现代公社和部落问题的专门著作。"

捷尔·阿科标撰写了《马克思和恩格斯关于亚细亚生产方式和农业公社观点的发展》一文,分两期发表于1966年的《亚非民族》杂志上。这也是苏联学者较早地将马克思晚年笔记与俄国村社作为一个整体对亚细亚生产方式和东方村社加以论述和研究的重要成果。阿科标在文中详细考察了马克思恩格斯从19世纪50年代提出的亚细亚生产方式以及在此基础上的建立农业公社制度的思想发展历程,并分为四个时期。他详细阐述了各个阶段马克思恩格斯的主要著作中有关亚细亚生产方式

---

① 〔苏〕伊·列·安德烈也夫:《马克思的最后手稿:历史和现实》,载苏联《哲学问题》杂志1983年第8期,第59页。
② 参见沈真:《苏联理论界对马克思晚年手稿的研究》,见《马克思主义来源研究论丛》第11辑,北京:商务印书馆1988年版,第429、430页。
③ 叶琳、张显扬:《国外关于马克思晚年人类学笔记的研究》,载《马克思主义研究》1986年第3期,第77页。

和农业公社制度的观点，尤其是在文中提及并论述了恩格斯的《论俄国的社会问题》及其跋、马克思的《给〈祖国纪事〉杂志编辑部的信》、《给维·伊·查苏利奇的复信草稿》以及柯瓦列夫斯基笔记和摩尔根笔记中关于俄国村社、印度村社等农村公社的论述。

1986年，尤·米·拉钦斯基出版了《前资本主义生产方式及其现代形式》一书，并在该书的导言《研究前资本主义生产方式的基本理论和方法论原则》中强调要将马克思主义关于前资本主义生产方式的理论和方法论结合在一起研究。他指出："理论和方法论是有机地互相联系在一起的，并构成了统一的、不可分割的科学内容。理论是揭示和阐明实质和特点、发展的规律和矛盾。方法论则完全是一种确定了的研究发展现象和阐明这些现象的办法。"① 他指出，前资本主义生产方式的政治经济学也是广义的政治经济学的一个有机构成部分，并区分了前资本主义生产方式的政治经济学与资本主义生产方式的政治经济学之间的区别和联系。他分析了马克思主义经典作家在考察前资本主义生产方式时所运用的从后思索法、唯物辩证法、历史方法和表述方法等，并认为这些方法是相互联系、密不可分的。

苏联的另外一个学者特尔·阿科皮扬在研究社会发展形态时也坚持认为，马克思晚期人类学笔记是对早期不完善思想的一种补充，因为在马克思的早期研究中，"关于原始集体内部的最初联系的性质、关于原始公社的结构的问题是一个空白"，"这个空白在马克思研究了摩尔根的《古代社会》之后得到了改观。在阿科皮扬看来，马克思研究氏族制度实际上是为了揭示氏族的瓦解和产生阶级及国家的原因"。②

伦敦大学人类学讲师莫里斯·布洛赫在《马克思主义和人类学关系史》一书中表达了与苏联学者颇为相似的观点。他认为，马克思和恩格

---

① 〔苏〕尤·米·拉钦斯基：《研究前资本主义生产方式的基本理论和方法论原则》，见《马克思主义来源研究论丛》第15辑，北京：商务印书馆1993年版，第23页。
② 〔苏〕特尔·阿科皮扬：《关于"原始形态"概念的历史——马克思著作中的原始社会概念》，见《马列主义研究资料》第2辑总第48辑，北京：人民出版社1987年版，第224页。

马克思《马·柯瓦列夫斯基〈公社土地占有制，其解体的原因、进程和结果〉一书摘要》研究读本

斯晚年之所以研究人类学有两个原因："第一，他们想从人类学中得到一些确实的证据，证明他们发现在资本主义制度下起作用的那些一般历史原则是自古以来一向起作用的原则。第二，他们希望人类学为他们提供一些与十九世纪资本主义的习俗制度成鲜明对照的或甚至完全对立的例子。"① 第一个目的是为了强调人类的统一性，强调马克思主义的社会发展规律是普遍适用的。马克思和恩格斯在进化论的人类学家、特别是摩尔根的研究著作中找到了对自己发现的历史唯物主义理论的印证，布洛赫把这种对人类学的用法称作历史用法。第二个目的是为了证明人类社会的变化性和间断性，证明资本主义制度下的各种惯例、体制（如生产关系、财产关系、家庭关系等）都是历史现象，而不是像资本主义辩护士们所说的永恒现象，证明资本主义是从历史上演变而来的，它也将必然向社会主义革命转变，布洛赫把这种对人类学的用法称作修辞的用法（即为了增强说服力的用法）。② 布洛赫认为："马克思在垂暮之年关心人类学，和以往任何时候一样是把政治和学术混杂在一起的。他详尽地研究人类学家的著作，很清楚是为未来著书打基础。他的逝世使这点未能实现。"③ 布洛赫的结论是："无论马克思还是恩格斯都不认为自己是历史学家或人类学家……他们转向人类学和历史，与其说是要关心资本主义以前的社会本身，不如说是要对资本主义进行分析。他们在自己的全部著作中都在设法证明资本主义大厦所赖以建立起来的那些概念——国家、所有制、男人和女人的本性、婚姻、家庭、劳动、贸易、乃至资本本身——并不是基于人性、逻辑或上帝这类非历史现象的不可

---

① 〔英〕M.布洛赫：《马克思主义和人类学关系史》1983年牛津版第15页，参见杜章智：《国外对马克思晚年人类学笔记的研究》，见《马列主义研究资料》第1辑总第47辑，北京：人民出版社1987年版。
② 〔英〕M.布洛赫：《马克思主义和人类学关系史》1983年牛津版第19—20页，参见杜章智：《国外对马克思晚年人类学笔记的研究》，见《马列主义研究资料》第1辑总第47辑，北京：人民出版社1987年版。
③ 〔英〕M.布洛赫：《马克思主义和人类学关系史》1983年牛津版第45页，参见杜章智：《国外对马克思晚年人类学笔记的研究》，见《马列主义研究资料》第1辑总第47辑，北京：人民出版社1987年版。

动摇的东西……他们往人类学那里绕一下弯,就是为了要证明这些概念的任意性、暂时性和相对性。只有在这些概念及其虚假的永恒性被戳穿之后,才有可能做出令人满意的政治分析。"①

总之,与西方学者主要从人类学、民族学角度展开对于马克思晚年笔记的研究不同,苏联学者主要围绕亚细亚生产方式、社会历史分期、俄国村社、家庭所有制等问题,从完善历史唯物主义、深化马克思主义政治经济学研究等角度将马克思晚年笔记作为一个整体展开研究。由于研究立场和意识形态的差异,苏联学者在研究过程中结合本国国情,掺杂了许多政治性因素,但总体上关于马克思晚年笔记的研究随着实践的需要而不断发展深化。即便苏联学者和西方学者的研究关注的重点和运用的方法不同,甚至存在许多不一致的地方,但是二者各有特色,在一定意义上对于马克思晚年思想的研究存在着交叉性,形成互补,相得益彰。

三 社会发展规律和民族发展道路视域中的"柯瓦列夫斯基笔记"研究

从整体上说,西方学者主要从人类学、民族学的视角论述马克思的晚年笔记,但又不仅仅局限于这一视角,他们的研究比苏联、中国等国家的研究显得更为开放和发散。例如他们将东方公社与俄国问题、非欧不发达、民族运动等内容结合在一起研究,极大地拓展了马克思晚年思想的广度和深度,丰富和深化了马克思晚年笔记研究的现实意义。在某种程度上说,他们的思维方法对我们深入研究马克思晚年笔记和整个马克思主义具有重要的启示意义。不论是西方学者,还是苏联学者、中国学者都普遍重视"柯瓦列夫斯基笔记"关于社会发展规律和民族发展

---

① 〔英〕M.布洛赫:《马克思主义和人类学关系史》1983年牛津版第94页,参见杜章智:《国外对马克思晚年人类学笔记的研究》,见《马列主义研究资料》第1辑总第47辑,北京:人民出版社1987年版。

道路的研究。

1982年，克拉德在《进化论、革命和国家：马克思与他的同时代人达尔文、卡莱尔、摩尔根、梅恩和柯瓦列夫斯基的批判关系》（作为埃里克·霍布斯鲍姆主编的《马克思主义史》第一卷的一章）一文中，认为马克思在晚年笔记中反对当时的民族学家们提出的一般进化学说，是一种毫无根据的空想主义，缺乏科学的批判成分。"人类的历史是非连续的一系列发展阶段，这些阶段是按照组织生产和实施生产的不同方式而划分的。因此，人类史是严格意义上的进化，因为它是由于某一阶段中固有的、在不间断的序列中与后面阶段相联系的力量，从一个阶段产生一个阶段的发展；同样，也是由于两个发展阶段共有的固有力量的影响，一个阶段向另一个阶段过渡。"[①] 对于"柯瓦列夫斯基笔记"，克拉德着重从亚细亚生产方式的角度开展对资本主义生产以前的各种社会形态的研究，探讨分析了原始公社过渡的基础与私有制的发展。他指出，"柯瓦列夫斯基提出了一种把占有时效先定为二十年、后定为十年，一达到这个时效就合法地永远取得土地权的理论。马克思接受了这种概念，即土地分配的不平等造成争执，于是拥有对土地的优先要求权的老居民为了自卫而建立了私有制。按照这种理解，各氏族集团分村定居、外人的到来、早定居者的反应，造成了社会和经济的不平等。因此，社会和经济的不平等是建立在氏族公社固有的社会经济因素上和这样一些外部关系上：同宗旁系亲属的分出、其中一些人的返回以及其他的移居因素。导致私有财产的社会安排之所以被采用，是为了保护在社会财富分配中业已存在的不平等，或者保护那些已经从这种不平等得到好处的人们不致遭到可能出现的社会骚动之害。"[②] 除此之外，克拉德指出，关于家庭发展体系，柯瓦列夫斯基的看法与摩尔根有所不同。恩格斯的《起源》第一版到第三版变动不大，第四版的第二章（家庭）和第七章

---

① 《马克思主义来源研究译丛》第15辑，北京：商务印书馆1993年版，第164页。
② 〔美〕劳·克拉德：《恩格斯的民族学著作》，见《马列主义研究资料》第2辑总第38辑，北京：人民出版社1985年版。

（克尔特人和德意志人的氏族）作了相当大的变动。"第二章的变动吸收了马·柯瓦列夫斯基关于家庭起源（1890）、亨·库诺夫关于古代秘鲁（1890）、法森和豪伊特关于澳大利亚土著居民（1880）的进一步研究成果，以及老一辈著作家的其他资料：A.霍伊斯勒论中世纪的德意志人；巴霍芬论母权制（1861）；梅恩的《古代法律》（1861）；以及沙·傅立叶的著作。此外还增加了对荷马、欧里庇得斯、尼贝龙根之歌等的引证。第二章的总篇幅在第四版中增加了三分之一。第七章的变动包括从柯瓦列夫斯基、格林以及古北欧民谣中补充的资料。"①

联邦德国学者汉斯-彼得·哈斯蒂克②不仅用德文原文全文发表了马克思的柯瓦列夫斯基一书摘要，而且在整理这一笔记的考证版时写作了《卡尔·马克思论资本主义生产以前的各种形式》，于1977年分别在法兰克福和纽约出版。他强调要将马克思的柯瓦列夫斯基笔记、摩尔根笔记和梅恩笔记和1881年《马克思给查苏利奇的复信》的三个草稿结合起来研究，因为后者是对前者进行消化吸收的结果。从时间上看，马克思给查苏利奇的复信写于1881年2月18日—3月8日之间，而马克思的柯瓦列夫斯基笔记、摩尔根笔记和梅恩笔记分别写于1879年秋—1880年夏、1880年底—1881年3月初和1881年4—6月。因此，准确地说，马克思的复信吸收了柯瓦列夫笔记和摩尔根笔记的研究结果，不包括梅恩笔记。哈斯蒂克在《马克思与同时代的制度史学》一书的序言中指出，马克思恩格斯一生阅读了大量的经济学和历史著作，埋头钻研欧洲国家制度史的各种事件，深入研究了俄国、比利时、匈牙利等各国的土地所有制。因此，要从马克思恩格斯一生的理论旨趣和思想发展进程来研究马克思人类学笔记和论东方公社的紧密关系，这对我们具有重要启示意义。

---

① 〔美〕劳·克拉德：《马克思和恩格斯在民族学著作方面的比较》，见《马列主义研究资料》第3辑总第57辑，北京：人民出版社1989年版。
② 〔联邦德国〕汉斯-彼得·哈斯蒂克：《马克思恩格斯与柯瓦列夫斯基及其著作》，载《马列主义研究资料》第3辑总第49辑，北京：人民出版社1987年版。

马克思《马·柯瓦列夫斯基〈公社土地占有制,其解体的原因、进程和结果〉一书摘要》研究读本

英国学者特奥多尔·汕宁将马克思晚年思想与俄国问题紧密联系在一起思考,强调俄国问题是贯穿马克思晚年思想的一条主线,甚至认为俄国民粹主义是马克思思想的第四理论来源,与德国古典哲学、法国的社会主义和英国的政治经济学并列。他还指出在马克思晚年政治思想和认识发展中有四件事情起重大作用:一是1871年巴黎公社;二是19世纪60年代和70年代史前社会研究的蓬勃开展;三是人们对资本主义世界保留的非资本主义农村社会,特别是印度,有了更多的了解;四是俄国和俄国人向马克思提供了有关农村公社("古老但却显然存在于资本主义获胜的世界中")以及俄国民粹派的理论和实践所包含的直接革命经验方面的丰富证据,从而使他能把上述的一切条件联系起来考虑。① 正是基于对俄国情况深入了解和研究的基础上,马克思不仅深化了在《1857—1858年经济学手稿》中已经意识到的前资本主义社会有多种发展道路的思想,还认识到在资本主义占统治的世界社会发展也有多种可能性道路的思想。他敏锐地指出:"俄国农民公社问题因而被马克思用来作为一种工具,以考虑一些更为广泛的问题。这些问题对他那一代人来说是崭新的;而今天人们则会很轻易地认识到,这些问题关系到'发展中社会'、'现代化'、'依附性',以及世界资本主义在整个'边缘'地区的不平衡传播。"②

以毛利斯·戈德里埃、克劳德·梅雅苏、埃曼努伊尔·泰勒等人为代表的法国结构主义学派认为马克思的社会发展模式是一种"多元决定论"。"运用唯物史观来研究原始社会,从而得出'原始生产方式'的理论分析。在他们看来,马克思主义结构主义所要解决的是社会结构及其变化规律问题;此外,在这个表面结构之下还有一个隐在的真正的结

---

① 参见〔英〕特奥多尔·汕宁:《晚期马克思与俄国的"资本主义边缘"》,见《马克思主义来源研究论丛》第15辑(《马克思人类学笔记研究译文集》),北京:商务印书馆1993年版,第249—250页。
② 同上书,第259页。

构"。①"马克思在运用自己以往创立的唯物史观基本原理研究人类学和古代历史时,着重强调了亲属关系在史前社会中的重要地位,显示了他的'多元决定论'的结构主义方法,表明了他对自己以往'经济决定论'的否定"。②以斯坦利·戴蒙德为代表的北美激进派辩证人类学派的学者认为,马克思并不认为有固定的、永恒的社会发展模式。他们认为,马克思主义是一门很年轻的处于"摇篮时代"的学问,大有发展前景,并着重提及"马克思是一位辩证学者,他否认有决定全部历史的任何规律的存在"③。

美国学者彼得·胡迪斯在2004年提交给纽约世界社会主义学者大会的《马克思在穆斯林中间》一文通过对"柯瓦列夫斯基笔记"的解读,认为"马克思晚年通过对东方穆斯林社会的研究,改变了自己的早期观点,不再认为殖民侵略是客观上的历史进步,并且批判地把那里的公社土地占有制看作可以通向新社会的基础,还认为非欧洲社会的历史进程要用本土的范畴而非输入的欧洲的范畴来解释。马克思明显表现出对穆斯林生活方式的尊敬,但同时指出穆斯林社会也需要革命运动"④。他认为,马克思的"柯瓦列夫斯基笔记"如同他最后十年关于第三世界的许多著述一样,虽然只是一系列笔记,然而却蕴藏了丰富的理论观点,例如,帝国主义对技术落后的国家的侵入是破坏、倒退;批判的东方社会的公社形式是不需要通过资本主义工业化就有建立社会主义社会的可能的基础,等等。作者明确指出马克思通过研究美洲、印度、阿尔及利亚等地区的殖民主义、公社占有制形式、落后的社会发展模式等,一定程度上涉及了发展中国家的不发达问题、发展不平衡问题,深化和

---

① 叶琳、张显扬:《国外关于马克思晚年人类学笔记的研究》,载《马克思主义研究》1986年第3期,第85—86页。
② 冯景源:《人类境遇与历史时空——马克思〈人类学笔记〉、〈历史学笔记〉研究》,北京:中国人民大学出版社2004年版,第6—7页。
③ 叶琳、张显扬:《国外关于马克思晚年人类学笔记的研究》,载《马克思主义研究》1986年第3期,第86页。
④ 〔美〕彼得·胡迪斯:《马克思论东方穆斯林社会》,徐洋译,载《国外理论动态》2005年第3期,第6—10页。

拓展了马克思晚年思想的深度和广度。

　　总之，在肯定借鉴西方学者在研究马克思晚年人类学笔记所做出的重要贡献的同时，我们不能忽视他们在某些层面所存在的根本缺陷。例如，在方法论上他们往往抓住问题的一个方面无限放大，甚至将马克思的某一思想从其当时的文本语境和时代语境中完全抽离出来，单纯根据某种研究需要做出结论。即便克拉德、杜拉耶夫斯卡娅等西方学者强调要将马克思的著作看作是一个整体，提出要将马克思晚年人类学笔记放入其一生思想和整个马克思主义语境中研究，但还是忽视从唯物史观和《资本论》创作的角度研究马克思晚年"人类学笔记"。因此，西方学者的研究很大程度割裂了马克思思想的连续性和整体性，尤其是马克思、恩格斯思想内在的一致性与整体性。

第五章 "柯瓦列夫斯基笔记"在国内的研究概况

马克思的晚年笔记之所以难以定性，是由于其大多是阅读的原著摘录材料，马克思本人的观点占全文比例很小。只有在原著特别值得注意，或者不确切、有疑问、错误的地方等，马克思才表达自己的观点，并加以边线标记，相应地补充一些材料。也正是由于这个原因，学术界尽管对马克思晚年笔记的公开发表非常重视，各种马克思主义研究者的著述中都提到过这些笔记，然而直接以它们为研究对象的学术论著却不多。如何根据马克思少量的批注观点整理出马克思晚年的思想发展？首先要求研究者必须熟悉马克思生活的那个时代的历史背景、所面临的社会思潮与社会问题等。所以，研究思路、立场观点、掌握材料等的不同导致东西方学者对于马克思晚年笔记的不同命名。对于马克思晚年笔记群的不同命名体现了研究者不同的研究路径和理论旨向，正如杜章智先生所认为的，不管是哪种命名，"都是研究者想通过取名给这些笔记定性"①。某种意义上说，这些命名都从不同角度展示了马克思的晚年思想，并非截然对立，而是相互补充，共同推动马克思恩格斯关于古代社会历史的研究。

中国的学者和东欧（包括当时的民主德国）主要受苏联研究思路影响，大多倾向于将马克思的晚年笔记命名为"古代社会史笔记"。

---

① 杜章智：《国外对马克思晚年人类学笔记的研究》，载《马列主义研究资料》第1辑总第47辑，北京：人民出版社1987年版，第158页下注。

马克思《马·柯瓦列夫斯基〈公社土地占有制，其解体的原因、进程和结果〉一书摘要》研究读本

随着时代的发展和研究的深入，某种程度上说，目前较多的学者认可"民族学"或"人类学"笔记这一命名，甚至一些苏联学者也把它称为"民族学笔记"。中国学者陈先达针锋相对地指出，即便这些笔记被称为"人类学笔记"，但马克思的研究对象仍然是社会历史本身。"其实，这些被称为人类学笔记的摘要，既不是哲学意义上的人类学（人本学），也不单纯是社会学意义上的人类学，而是历史研究，是马克思运用历史唯物主义对原始社会和东方社会的历史研究。它的研究对象不是人自身，而是社会。它研究前资本主义社会形态，特别是原始社会发展的规律性。"[①] 北京大学王东、刘军认为："'人类学笔记'这一称谓歪曲和误读了晚年马克思的理论实质，我们应将之更名为'国家与文明起源笔记'。"[②] 北京大学林锋认为，"柯瓦列夫斯基笔记"的主题"并非探讨所谓世界资本主义体系中东方落后国家的发展道路、未来前景问题，而是探索人类历史的原生形态，即原始社会、文明起源问题"[③]。

从研究内容看，"柯瓦列夫斯基笔记"与马克思整体"人类学笔记"的相关研究密切联系，主要集中在人类学探究、唯物史观的升华和发展、笔记主题等三个方面。代表性论文有张奎良：《界定封建制：马克思廓清多维历史走向的最后努力》（《马克思主义与现实》2011年第2期）；王东、林锋：《"人类学笔记"，还是"国家与文明起源笔记"——与西方学者的学术对话》（《马克思主义研究》2006年第10期）；林锋：《柯瓦列夫斯基笔记主题新探》（《人文杂志》2008年第1期），《关于"柯瓦列夫斯基笔记"主题的辨析——对学界一种流行观点的批判性考察》（《北京行政学院》2014年第5期），《再论马克思

---

① 陈先达：《走向历史的深处：马克思历史观研究》，北京：中国人民大学出版社2010年版，第329—330页。

② 王东、刘军：《"人类学笔记"，还是"国家与文明起源笔记"——为马克思晚年笔记正名》，载《哲学研究》2004年第2期，第15页。

③ 林锋：《柯瓦列夫斯基笔记主题新探》，载《人文杂志》2008年第1期，第36—41页。

"柯瓦列夫斯基笔记"的主题》(《东南学术》2014 年 9 月);叶志坚:《"国家与文明起源笔记"称谓质疑——与王东、林锋先生的学术对话》(《马克思主义研究》2008 年第 2 期),《也谈柯瓦列夫斯基笔记主题——与林锋先生商榷》(《东岳论丛》2010 年第 8 期);庄孔韶:《恩格斯与柯瓦列夫斯基的家族公社观》(《民族学研究》1984 年 10 月);方炯澜:《学习马克思关于农村公社土地占有制形成的论断——读柯瓦列夫斯基〈公社土地占有制,其解体的原因、进程和结果〉一书摘要札记》[《武汉师范学院学报(哲学社会科学版)》1984 年第 3 期]等。与此相对应,本书主要从人类学笔记的整体性、唯物史观、笔记主题三个方面着重介绍"柯瓦列夫斯基笔记"在国内的研究状况。

一 马克思晚年"人类学笔记"的整体研究

马克思晚年"人类学笔记"于 1985 年在国内出版发行,引起国内学者的高度关注,并掀起了一股研究热潮。曾经两次召开全国性的马克思晚年"人类学笔记"学术研讨会,促进了我国学术界包括哲学、政治经济学、史学、文化人类学、民族学等各界对马克思晚年思想的研究。柯瓦列夫斯基的《公社土地占有制》一书作为重要的人类学著作,人类学内容构成了马克思"柯瓦列夫斯基笔记"的中心问题。

国内外一些学者认为马克思晚年放弃了《资本论》的研究和写作,转向人类学研究,这是一种错误的观点,歪曲了马克思的晚年思想。关于马克思晚年转向人类学研究的历史动因,江丹林在《马克思晚年"人类学笔记"与唯物史观》一文中明确表明:"马克思晚年走向人类学的理论动机——发展唯物史观……从时代的角度来看,迫切地需要马克思通过对人类学的研究来发展唯物史观,以适应无产阶级革命实践的需要……从马克思主义哲学自身的逻辑来看,也迫切需要马克思通过人类学的研究来发展和完善唯物史观,以回答实践向唯物史观提出的新挑战。"① 之后,江丹林先生又明确指出:"马克思在晚年之所以不顾年迈体衰和病痛折磨,转向人类学的研究,其原因:第一,1871年的巴黎公社革命实践,把农民同盟军的问题突出的提了出来,要求从世界范围来考虑和解决这一问题;第二,从1871年起,资本主义进入'和平'发展时期,随着资本主义经济的不断高涨,资产阶级收买'工人贵族'的政策实施,各国共产党内美化资产阶级私有制、国家和民主的错误观点流行起来,这就要求从人类社会'原生形态'的视角来科学地解决私有制、阶级和国家的起源和实质问题;第三,革命重心东移,俄国等东方社会革命风暴源泉的形成,都要求马克思进一步阐明保持着古老生产方式的东方社会的特殊性质和特殊的发展道路,揭示其超越资本主义制度的'卡夫丁峡谷'而直接进入社会主义的可能性和现实性。而这些问题的解决,都离不开人类学的研究。可见,晚年马克思正是适应革命实践的发展而实现理论研究重心的转移的。"②

姚休先生梳理了国内的研究状况,提出了三大原因:"一是因为马克思从青年时代直至老年,都密切注视着人类学的发展和变化……二是为了实现对人类学本体论的进一步论证……三是马克思晚年走向'人类学'是他全面系统地研究人类社会历史及其规律的必然要求,是为了科学地解剖史前社会的内部结构,并确立其在人类社会发展总过程总的原初地位;是为了探索东方社会的特殊性质及其特殊的发展道路,并阐述其走向社会主义的可能性和现实性。"③

陈维杰、梁淑芳先生明确指出:"马克思晚年写作'人类学笔记'是由于完成《资本论》第二卷的需要……马克思从资本主义生产、流

---

① 马克思主义来源研究论丛编辑部:《马克思主义来源研究论丛(第11辑)·特辑:马克思人类学笔记研究论文集》,北京:商务印书馆1988年版,第241、243页。
② 江丹林:《论晚年马克思的发现及其在当代的意义》,载《江淮论坛》1989年第6期,第54页。
③ 姚休:《马克思晚年〈人类学笔记〉研究概述》,载《党校科研信息》1989年第72期,第2页。

通总过程中解释资本主义生产关系的本质。核心问题是剩余价值在产业资本家、商业资本家、金融资本家以及农业资本家之间是如何分配的。研究农业资本家就必然涉及地租问题……于是马克思把目光投到了俄国等国家的土地所有制上,进而揭示前资本主义地租的起源和实质。"

李鸿烈先生在《〈人类学笔记〉中若干理论问题探要》中指出:"充实与完善唯物主义历史观的理论和方法,是马克思晚年从事古代史研究、写作《人类学笔记》的主要动因或目的……对人类历史的研究,一刻也离不开理论思维,离不开唯物史观的理论指导;仅仅依靠实际考察与历史资料来认识人类发展史,在最好的情况下也只能达到自发朴素唯物主义水平,而不能达到唯物史观的高度。"①

中央编译局张奇方先生认为:"马克思生命最后十年的研究,是为了写《资本论》而超越了《资本论》,为了研究俄国农村公社(村社)而突破了公社。显然,更高的目标,应该是定位在完善历史唯物主义这个根本目标上。""如果把《资本论》比作一部杰出的断代史,则'人类学笔记'也许预告着一部以历史唯物主义为指导的、没有来得及最后完成的辉煌的人类社会通史。"② 除此之外,向春玲也指出,马克思转向人类学研究并写作笔记,最重要的原因就是"为了证明他们原来的唯物史观的科学论断,并不断地修正和完善已有的唯物史观"③。

因此,马克思晚年并非是放弃了《资本论》,转向人类学研究,而是收集准备了大量的历史素材用于完成《资本论》第二卷。正如马克思在1879年4月10日致丹妮尔逊的信中写道:"现在我首先要告诉您(这一点请不要对外人说),据我从德国得到消息说,只要那里现行的制度仍然像现在这样严格,我的第二卷就不可能出版。鉴于目前的状况,这个消息并没有使我感到惊奇,而且我还应当承认,它也一点没有

---

① 马克思主义来源研究论丛编辑部:《马克思主义来源研究论丛(第11辑)·特辑:马克思人类学笔记研究论文集》,北京:商务印书馆1988年版,第106页。
② 张奇方:《马克思晚年"人类学笔记"的启示》,载《南京社会科学》1991年第6期,第46页。
③ 向春玲:《人类学与唯物史观》,载《中共中央党校学报》2003年第4期,第29页。

使我感到气愤"①。马克思具体分析了三种情况,其中第二种情况提到"我不仅从俄国而且从美国等地得到了大批资料,这些资料使我幸运地得到一个能够继续进行我的研究的'借口',而不是最后结束这项研究以便发表"②。

二 "柯瓦列夫斯基笔记"的唯物史观研究

随着马克思的"人类学笔记"在《马克思恩格斯全集》第45卷的部分出版,国内理论界就围绕着马克思的唯物史观理论展开了深入研究。"柯瓦列夫斯基笔记"以马克思对农村公社、土地占有制、封建制等问题的研究而著称。艾福成在《马克思晚年对历史唯物主义的发展》一文中提出民族学笔记的内容,概括起来大体可分为四类:"1. 摘录有科学价值的材料,肯定正确的观点。这一点在对待柯瓦列夫斯基和摩尔根的著作上表现最为突出。2. 批驳错误的观点,剔除虚假的材料。如对梅恩和拉伯克的著作摘要。3. 对民族学的科学成果进行加工、改造。对摩尔根的《古代社会》,马克思除作详细摘记外,还改变了原著内容叙述的次序,为自己预计要写的唯物史观著作做准备。4. 进行理论上的提炼、升华。"③ 王晓红、杨巧蓉在《马克思晚年笔记的哲学创新:唯物史观的深化和拓展》一文中详细阐述了马克思晚年笔记在深化和拓展唯物史观的具体表现:"第一,对史前社会组织结构的研究,使马克思突破了先前认为人类全部历史都是阶级斗争史的看法,发现土地公有制是原始社会的特征,而土地私有制则是文明时代的特征,国家和阶级都是历史发展到一定阶段的产物……第二,在原始社会氏族和个体家庭的关系以及母权制和父权制的序列等问题上,马克思修正了以往的看

---

① 《马克思恩格斯文集》第10卷,北京:人民出版社2009年版,第431页。
② 同上书,第433页。
③ 艾福成:《马克思晚年对历史唯物主义的发展》,载《马列主义研究资料》1987年第4辑。

法……第三,关于原始社会中土地公共所有制、未来共产主义的论述,体现出马克思晚年思想的新发展……第四,马克思晚年不仅关注社会生产的不同发展程度,而且十分重视人本身的自然和人的周围的自然的研究,在人、自然和社会的关系问题上做了进一步的探索……第五,马克思针对资产阶级抽象的人性观点,从世界历史的广阔视角概括了人的历史发展和人性的具体社会内容。"①

1. 完善了唯物史观关于从公有制社会向私有制社会转化的理论

马克思恩格斯在1848年出版的《共产党宣言》中认为:"至今一切社会的历史都是阶级斗争的历史"②。在研究了古代社会之后纠正了这种观点,恩格斯在1888年《共产党宣言》英文版中对上述所引证的那句话增加一个注释:"这是指有文字记载的全部历史。在1847年,社会的史前史,成文史以前的社会组织,几乎还没有人知道。……随着这种原始公社的解体,社会开始分裂为各个独特的、终于彼此对立的阶级。"③ 生产资料怎样从公有制转向私有制?阶级是怎样产生的?马克思在晚年系统研究古代社会历史和写作人类学笔记之后才得以彻底地科学地解决这一问题。

第一,马克思在"柯瓦列夫斯基笔记"中摘录了柯瓦列夫斯基关于印度公社土地所有制的解体过程的论述。柯瓦列夫斯基在《公社土地占有制》一书中明确指出,之所以对印度、阿尔及利亚、墨西哥、秘鲁等国的公社及其土地所有制形式产生浓厚兴趣,"首先是因为在这些国家里,土地占有制的古老形式至今还保存着,土地私有制的发展还在我们眼前进行着;其次是因为在这些国家里,已经消失的土地占有形式的

---

① 王晓红、杨巧蓉:《马克思晚年笔记的哲学创新:唯物史观的深化和拓展》,载《江汉论坛》2010年第2期,第42页。
② 《马克思恩格斯选集》第1卷,北京:人民出版社1995年版,第272页。
③ 同上。

残余还非常之多,有助于清楚地阐明土地占有制组织形式的原始状况"①。柯瓦列夫斯基认为,由于西方殖民主义的入侵以及资产阶级的破坏,印度的村社土地所有制逐渐瓦解,小土地所有制和大土地所有制逐步确立,农民被迫依附于地主成为佃户。马克思认同柯瓦列夫斯基的看法并补充说:"一切人反对一切人的战争开始了"②。生产资料私有制是阶级和国家产生的基础。"生产资料私有制的出现、阶级的产生、国家的形成是三位一体的过程,是历史唯物主义关于社会结构理论和历史发展过程理论的一个基本的主题。"③

第二,马克思预测了当时现存的农村公社历史命运与发展前景。他认为,当时现存的农村公社具有公有制和私有制成分"二重性"特征,这种"二重性"决定着它可能存在的两种历史命运:一是因为私有制战胜公有制而导致公社解体;二是因为公有制因素战胜私有制因素而使公社发展成为一个新的社会机体。但是,公社的最终结果还是只能由公社与世界资本主义的发展情况来共同决定。马克思充分利用柯瓦列夫斯基著作里所提供的各个地区原始公社的材料,并对各个公社进行研究得出结论:虽然各大洲当时现存的农村公社具有不同于古代原始公社的新特征,即"二重性",但这些农村公社是由自发产生的社会关系和血缘亲属关系即生产资料公社所有制所决定的古代原始公社演变而来的,而且它们都不同程度地存在着古代原始公社的两种社会关系及其变种的影响,以至于在各个方面都不同程度地保留着古代原始公社的痕迹。马克思尤其批判了柯瓦列夫斯基直接套用西欧农村公社的发展模式来说明其他地区农村公社发展的观点,进而也就否定了把当时现存的农村公社的

---

① 〔俄〕柯瓦列夫斯基:《公社土地占有制,其解体的原因、进程和结果》,北京:中国社会科学出版社1993年版,第3—4页。
② 《马克思古代社会史笔记》,北京:人民出版社1996年版,第98页。
③ 赵家祥:《马克思"古代社会史笔记"的理论贡献》,载《学习与探索》2009年第1期,第4页。

未来发展前景简单归结为资本主义社会的错误观点。①

2. 对于人类社会历史发展道路普遍性与特殊性相统一的研究

社会形态理论是唯物史观基本理论之一。就人类社会发展的总体历史进程而言，人类社会发展遵循五种社会形态依次更替的普遍规律、普遍道路，但是就具体民族、具体国家而言，社会发展又表现出特殊规律、特殊道路。因此，"要把世界历史发展的普遍规律、普遍道路和各民族国家发展的特殊规律、特殊道路结合起来，从而有效地解决当今社会的各种现实问题"②。马克思针对柯瓦列夫斯基关于印度历史上土地关系的变化归为西欧模式的"封建化"观点，做了大量批注，指出历史上并非一切民族都遵循同一条发展道路。黑龙江大学张奎良教授明确指出马克思的"柯瓦列夫斯基笔记"，"这本书承接马克思一生唯物史观的思想积淀，将从前还没有机会澄清的前资本主义社会形态的多样性问题彻底解决，从而与跨越资本主义'卡夫丁峡谷'的设想相接轨，完整地打开了人类历史演进的多样性通道，这是马克思生前为完善唯物史观所做的最后努力，也展示了马克思打通多维历史走向的生花妙笔"③。

荣剑在《马克思的社会历史理论和"晚年笔记"探析》一文中指出："马克思在理论上的伟大贡献就在于他科学地解释了人类社会发展的一般历史进程和基本规律。揭示人类社会古往今来的历史及其规律，是马克思社会历史理论中最基本的要求，这个要求内在地规定了马克思晚年的研究方向……马克思根据土地公有制的崩溃程度、种族和血缘纽带的松弛程度，确立了从亚细亚所有制到古代所有制再到日耳曼所有制

---

① 胡刘、祝莉萍：《马克思晚年笔记的理论旨趣与历史哲学意蕴》，载《哲学动态》2011年第4期，第17—18页。
② 马克思主义来源研究论丛编辑部：《马克思主义来源研究论丛（第11辑）·特辑：马克思人类学笔记研究论文集》，北京：商务印书馆1988年版，第178页。
③ 张奎良：《界定封建制：马克思多维历史走向的最后努力》，载《马克思主义与现实》2011年第2期，第42页。

马克思《马·柯瓦列夫斯基〈公社土地占有制，其解体的原因、进程和结果〉一书摘要》研究读本

依次更替发展的逻辑序列，这三种所有制形式实际上就对应着人类社会发展中得三个主要形态，即原始社会形态、奴隶社会形态和封建社会形态……马克思晚年探索东方社会发展道路发展了他的社会历史理论，认为东方社会可以跨过资本主义社会直接进入到社会主义社会。"① 在《关于跨越资本主义"卡夫丁峡谷"问题——对东方社会发展道路的哲学思考》一文中，荣剑进一步补充了自己的观点："承认人类社会发展的普遍规律并不意味着必须把不同国家的发展道路强制地纳入一个模式中去，充分肯定东方社会区别于西方社会的特殊性质和特殊发展道路，也并不意味着人类社会发展的普遍规律在东方社会中不起任何作用"。②

廖杨先生认为马克思晚年通过人类学和东方社会的研究，唯物史观理论取得两大突破："一是进一步修正和完善了他在 19 世纪 50 年代提出的社会形态理论，从而是为历史唯物主义关于社会形态依次更替（特别是关于私有制从原始公有制社会发展而来）的观点提供了确凿的历史依据；二是修正了他在 19 世纪 50 年代提出的东方社会必须走资本主义道路的结论，阐述了东方社会在新的社会历史条件下跨越资本主义'卡夫丁峡谷'直接进入社会主义的可能性和现实性。"③ 江丹林先生也阐释了马克思晚年关于东方社会发展道路的研究，有助于全面理解马克思的人类社会发展规律。"第一，把握社会历史规律不能采取列举统计和简单归纳的方法……第二，关于社会历史发展中的普遍与特殊、整体与部分、内因与外因……第三，关于历史观与价值观，历史尺度与价值尺度的统一。"④

涂成林在《世界历史视野中的亚细亚生产方式——从普遍史观到特

---

① 马克思主义来源研究论丛编辑部：《马克思主义来源研究论丛（第 11 辑）·特辑：马克思人类学笔记研究论文集》，北京：商务印书馆 1988 年版，第 152—178 页。
② 荣剑：《关于跨越资本主义"卡夫丁峡谷"问题——对东方社会发展道路的哲学思考》，载《哲学研究》1987 年第 11 期，第 20 页。
③ 廖杨：《马克思晚年的人类学转向及其现实意义》，载《贵州民族研究》2000 年第 1 期，第 97 页。
④ 江丹林：《关于东方社会发展道路的几个问题》，载《哲学研究》1990 年第 2 期，第 55—63 页。

殊史观的关系问题》一文中，提出19世纪70年代以后的世界格局为马克思重新阐发其东方社会理论提供了历史机遇。"1877年到1882年间，马克思多次谈到他对俄国形式的分析和发展道路的构想，这些论述加上他的大量笔记、书信和论文，构成他对东方社会的新认识，形成了他基于俄国研究的特殊史观。"① 因此，"马克思已经建立起观察世界历史的双重视野：基于欧洲史观的关于人类社会进化的普适性路径；基于俄国（当时他只能对俄国有研究）特殊历史经验的特殊史观。"② 对此观点，复旦大学谌中和针锋相对地指出："'特殊史观'这个概念本身就存在问题，其所指称的内容更是含混不清。任何一种历史观，都应该理解为对某种历史普遍性的揭示——即使那种认为历史没有任何普遍性的文化相对主义与不可知论，也在揭示某种普遍性，即历史普遍地是没有普遍性……马克思晚年确有一些新的历史陈述——甚至还谈不上'历史概述'，但是，把那些历史陈述认定为一种所谓的'特殊史观'，显然是不合适的。"③ 马克思晚年没有成型的文本、思想，只是开放的、零散的笔记群，因此还不能称之为创立了"特殊史观"。但是，我们不能否认马克思晚年思想的重要意义。晚年笔记中的一系列重要摘要和观点显示了世界历史发展格局下东西方不同的社会发展道路。研究中国特殊的社会历史进程，必须彻底摆脱"普世主义"历史观的影响，既要反对任何形式的"西方中心论"主义，也要反对在马克思主义名义下的各种教条做法。

3. 关于"封建制"和"封建主义"的研究

马克思以西欧社会为依托，揭示的生产力和生产关系矛盾运动规律是科学历史观确立的重大思想成果。根据生产关系的不同性质，人类社

---

① 涂成林：《世界历史视野中的亚细亚生产方式——从普遍史观到特殊史观的关系问题》，载《中国社会科学》2013年第6期，第21—37页。
② 同上。
③ 谌中和：《马克思晚年学术转向的思想史意义》，载《中国社会科学》2016年第5期，第4—21页。

马克思《马·柯瓦列夫斯基〈公社土地占有制，其解体的原因、进程和结果〉一书摘要》研究读本

会划分为原始社会、奴隶社会、封建社会、资本主义社会和未来共产主义社会。马克思从社会经济形态出发，将封建制理解为特定的生产力与生产关系、经济基础与上层建筑的统一体，主要是指西欧的中世纪社会形态。世界历史通常以蛮族入侵，西罗马帝国的灭亡标志着西欧封建社会历史的开启。马克思在马·柯瓦列夫斯基《公社土地占有制》一书摘要中有一段极其重要的批注："由于在印度有'采邑制'、'公职承包制'（后者根本不是封建主义的，罗马就是证明）和荫庇制，所以柯瓦列夫斯基就认为这是西欧意义上的封建主义。别的不说，柯瓦列夫斯基忘记了农奴制，这种制度并不存在于印度，而且它是一个基本因素。[至于说封建主（执行监察官任务的封建主）不仅对非自由农民，而且对自由农民的个人保护作用（参看帕尔格霍夫著作），那么，这一点在印度，除了在教田方面，所起的作用是很小的；罗马—日耳曼封建主义所固有的对土地的崇高颂歌（Boden-Poesie）（见毛勒的著作），在印度正如在罗马一样少见。土地在印度的任何地方都不是贵族性的，就是说，土地并非不得出让给农民！] 不过柯瓦列夫斯基自己也看到一个基本差别：在大莫卧儿帝国特别是民法方面没有世袭司法权。"① 马克思反对柯瓦列夫斯基将亚非美洲各个民族的社会历史演变同西欧机械类比，表明了从实际出发研究各国资本主义以前的社会经济形态及发展规律，丰富和深化了历史唯物主义原理。

张奎良教授认为，消解东方封建制是开辟多维历史通道的关键步骤。马克思高度评价柯瓦列夫斯基《公社土地占有制》一书的重要意义，但不赞成他关于东方存在封建制的论点。"柯瓦列夫斯基作为一个进步学者，在封建制问题上栽跟头，主要原因在于他观察问题表面化，不了解封建制的本质规定。……针对柯瓦列夫斯基的局限性，也为了纠正以往学术界普遍存在的弊病，马克思在《摘要》中破天荒第一次从人的生存视角论述了封建制的三个不可或缺的基本规定。首先，农奴制是

---

① 《马克思古代社会史笔记》，北京：人民出版社1996年版，第78页。

封建制的必要条件。其次，土地为贵族领主所垄断，不得自由买卖，这是封建制的又一重要特征。第三，贵族领主拥有司法审判权是封建制的重要特点，也是农奴对领主的人身依附关系和领主权力过大的集中体现。"①

冯天瑜在《马克思的封建观及其启示》中明确提出马克思的"封建制"（feudalism）是不得滥用的，封建主义具有一些本质特点。认为马克思对封建社会有明确界定，反对以西欧中世纪的 feudalism 套用于同一时期的东方国家，并严厉批评机械类比者。"马克思在《人类学笔记》中正面概括封建主义的本质特点：其一，农奴制，在马克思看来，没有农奴制的封建主义是不存在的；其二，土地归封建主所有，封地不具有可以自由买卖的商品性质；其三，封建主拥有世袭司法权，或领主审判权；其四，权力分散，君主专制集权与封建主义不相兼容。"②

候建新在《"封建主义"概念辨析》一文中从学术史，尤其是从实证分析和理论分析两个方面阐明西欧 feudalism 是欧洲历史发展的产物，只属于欧洲；中国的先秦是封建制，而且符合中文"封建"本意，秦代至清代是皇权专制制度。他认为："马克思关于'亚细亚的'、'古代的'、'日耳曼'的诸种说法，明确表达了各种所有制形式的差异，否定了那种抹杀差异、人为地归并于单线图式的做法。他发现这几种生产方式是不一样的，不过还未来得及对其本质特征做出更确切地概括，所以姑且以地区的、时代的、民族的徽志命名。按照马克思的这一基本思路，feudalism 仅是前资本主义诸种形式中的一种，而且只属于西欧。同理，按此思路，也不存在西欧是封建社会，其他是亚封建社会、准封建社会，或者说惟有西欧是正常的，其他是不正常、发育不良的那种西欧中心主义的观念。"③ 周冬启同样认为"封建制"是一个社会历史概念，

---

① 张奎良：《界定封建制：马克思廓清多维历史走向的最后努力》，载《马克思主义与现实》2011 年第 2 期，第 42—48 页。

② 冯天瑜：《马克思的封建观及其启示》，载《马克思主义与现实》2009 年第 6 期，第 53 页。

③ 候建新：《"封建主义"概念辨析》，载《中国社会科学》2005 年第 6 期，第 173—188 页。

马克思《马·柯瓦列夫斯基〈公社土地占有制，其解体的原因、进程和结果〉一书摘要》研究读本

马克思将它作为资本主义以前的一种生存方式来考察，封建制的生产方式是资本主义产生的一个重要前提。"马克思是在十分严格的意义上使用这一概念的，马克思只把欧洲和日本的中世纪古代社会称之为封建制社会，而对其他地区的古代生产方式则没有这种界定。"①

林甘泉先生在《"封建"与"封建社会"的历史考察——评冯天瑜的〈"封建"考论〉》②一文中提出针锋相对的商榷意见，认为"封建"一词的翻译准确反映了文本原意，"误植"无从谈起。他认为，马克思不同意柯瓦列夫斯基因为印度有"采邑制"、"公职承包制"和"荫庇制"，就认为这是"西欧意义上的封建主义"，柯瓦列夫斯基忘记了印度并不存在农奴制。这个意见是正确的，但是冯天瑜由此引申说，没有农奴制和"非贵族性土地所有制"都不属于"封建主义"，却是对马克思"原论"的误读，是把"西欧意义上的封建主义"曲解成"封建主义"的一般形态，忽视了"封建主义"的多样性。其实马克思并没有否认印度的社会也有"封建主义"的成分。他谈到印度"执行监察官任务的封建主"对农民的"保护作用"，尽管"除了在教田方面，所起的作用是很小的"。柯瓦列夫斯基在《公社土地占有制》一书的另一处说：印度在穆斯林征服者统治下，"农村居民仍然根据公社所有权或私人所有权照旧占有他们的土地。变动多半只涉及到人，而不是涉及到土地。占有者由自由人变为依附人，同时，他们的占有也由对自主地的占有变为封建的占有"③。这也说明，马克思并不完全否认印度也存在封建的土地占有制。但有一点是可以肯定的，马克思只是说印度不存在农奴制和"西欧意义上的封建主义"，并没有说西欧中世纪式的"封建主义"是唯一的"封建主义"形态。④

---

① 周冬启:《"封建"概念的由来与演变》，载《马克思主义与现实》2006年第1期，第182—184页。
② 林甘泉:《"封建"与"封建社会"的历史考察——评冯天瑜的〈封建考论〉》，载《中国史研究》2008年第3期，第145页。
③ 《马克思古代社会史笔记》，北京：人民出版社1996年版，第63页。
④ 林甘泉:《"封建"与"封建社会"的历史考察——评冯天瑜的〈封建考论〉》，载《中国史研究》2008年第3期，第145—160页。

马克垚教授认为:"西方学者把封建作为一个政治、法律制度概括时,所依据的主要是狭小的罗亚尔河、莱茵河之间地区的9到13世纪的材料,是用这些有限材料概括出的简单化的封建主义的理想典型。"① 封建社会由于生产力水平低下,发展缓慢,所以不能太短,应该很长。时间上从9—13世纪拓展到18世纪,空间上从西欧拓展到东欧和亚非,人们所能利用的材料大大丰富了,人们对封建社会的认识都已大大拓展,有必要也有可能拓展封建、封建主义的概念。"如果认为封建是一种社会形态,是大土地所有制和小生产的结合,是农民和地主对立的社会,那么它的普遍性就是没有疑问的,中国和西欧都存在过封建社会,有过封建时代。即使从政治、法律制度方面理解封建主义的西方学者,也有不少认为中国历史上依然存在过封建时代,有过封建社会,不过他们大都把这个时期定为周代至春秋战国时期,把它看的较短而已。只有极少数人才强调西欧封建的独特性,认为世界上其他地方没有封建制度的存在。"②

倪世光则通过梳理"封建制度"概念在西方的生成和演变历程,指出马克思恩格斯在借助旧有的 feudalism 概念基础上做了思路和着眼点不受原始含义限制的全新定义。"马、恩不是以采邑为起点来解释'封建制度'的,这个起点的距离使他们的观念免于落入传统的惯性思维窠臼,也摆脱了'狭义'、'广义'的解释所造成的纷繁复杂的纠缠,并对封建社会的考察提供了更宽阔的视角。"③

关于"封建制"、"封建主义"的社会问题,学界展开了大规模的学术讨论。主要是针对人类社会五大社会形态里的"封建社会"的模式,而以往对所谓封建社会的误解多来自斯大林。一些学者从中国实际出发,比较西欧的封建制,尤其是结合马克思的晚年思想,提出一些崭新的见解,丰富和发展了马克思的社会形态理论。

---

① 马克垚:《中西封建社会比较研究·导言》,北京:学林出版社1997年版,第8页。
② 马克垚:《关于封建社会的一些新认识》,载《历史研究》1997年第1期,第5—16页。
③ 倪世光:《"封建制度"概念在西方的生成与演变》,载《世界历史》2014年第5期,第76—86页。

三 "柯瓦列夫斯基笔记"的主题探索

王东、刘军先生认为:"'人类学笔记'这一称谓歪曲和误读了晚年马克思的理论实质,我们应将之更名为'国家与文明起源笔记'。"①王东、林锋先生在《"人类学笔记",还是"国家与文明起源笔记"——与西方学者的学术对话》一文中指出,西方学者对马克思晚年笔记的人类学笔记称谓和人类学解读模式,是一种在国内外学界中影响巨大、逐渐占据主流地位的笔记称谓和解读模式。他们认为,这一称谓和模式是对马克思晚年笔记的严重误读,是对笔记的理论性质和历史地位的歪曲……并将笔记更名为"国家与文明起源笔记"。

林锋先生在 2008 年第 1 期《人文杂志》上发表的《柯瓦列夫斯基笔记主题新探》,认为柯瓦列夫斯基笔记的主题并非探讨所谓"世界资本主义体系中东方落后国家的发展道路、未来前景问题",而是探索人类原始社会、文明起源问题。"在安德烈耶夫等苏联学者看来,柯瓦列夫斯基笔记是五个笔记中最吻合晚年马克思探索'东方落后国家的发展道路、未来前景'这一主题的笔记,因此,该笔记的主题毫无疑问就是探索上述问题。他们还普遍认为,柯瓦列夫斯基和马克思研究印度、阿尔及利亚、墨西哥、秘鲁等国的公社及其土地所有制形式的主要动机、主要目的,就是为了服务于他们对'俄国公社的未来发展前途问题'的思考和探索"。②然而,探索"原始社会、文明起源问题"才是柯瓦列夫斯基研究印度等国公社及其土地所有制问题的理论初衷与主要目的。③接着,他提出了三个证据:第一,柯瓦列夫斯基研究印度等国公

---

① 王东、刘军:《"人类学笔记",还是"国家与文明起源笔记"——为马克思晚年笔记正名》,载《哲学研究》2004 年第 2 期,第 15 页。
② 林锋:《评马克思"人类学笔记"的苏联解读模式——一个批判性的考察》,载《北京行政学院学报》2009 年第 4 期,第 51—52 页。
③ 林锋:《柯瓦列夫斯基笔记主题新探》,载《人文杂志》2008 年第 1 期,第 36—40 页。

社及其土地所有制问题，是为了探索原始社会、文明起源问题；第二，对"公社及其土地所有制问题"的集中考察，是马克思的原始社会、文明起源研究的重要组成部分，是他探索原始社会、文明起源问题的思想历程中所经历的一个重要阶段；第三，该笔记与写作时间相近的《路易斯·亨·摩尔根〈古代社会〉一书摘要》（简称"摩尔根笔记"）、《亨利萨姆纳·梅恩〈古代法制史讲演录〉（1875年伦敦版）一书摘要》（简称"梅恩笔记"）、《约·拉伯克〈文明的起源和人的原始状态〉（1870年伦敦版）一书摘要》（简称"拉伯克笔记"）、《约翰·菲尔爵士〈印度和锡兰的雅利安人村社〉一书摘要》（简称"菲尔笔记"）晚年马克思集中探索原始社会、文明起源问题的笔记之间存在紧密联系。① 2014年第5期《北京行政学院学报》林锋再次发表《关于"柯瓦列夫斯基笔记"主题的辨析——对学界一种流行观点的批判性考察》、《再论马克思"柯瓦列夫斯基笔记"的主题》（《东南学术》2014年9月）。

叶志坚认为，王东、林锋一文所述马克思晚年笔记写作的思想动机，由于没有联系马克思晚年所处的历史背景、时代主题等综合因素进行考察，因此，也未能真正揭示出马克思晚年笔记写作"思想动机"背后的真实动机。"第一，用'国家与文明起源笔记'称谓，是否就准确而简明地揭示笔记的思想重心、核心问题和主要理论兴趣；第二，'国家与文明起源笔记'称谓，是否就符合各笔记之间的内在逻辑联系和整体性，并与摩尔根笔记的核心地位和内部主题相一致；第三，用'国家与文明起源笔记'称谓，是否就与恩格斯的相关说明和理论活动相吻合；第四，用'国家与文明起源笔记'称谓，是否就揭示出马克思晚年笔记写作的思想动机。"② 因此，"柯瓦列夫斯基笔记的主题并非

---

① 林锋：《柯瓦列夫斯基笔记主题新探》，载《人文杂志》2008年第1期，第36—41页。
② 叶志坚：《"国家与文明起源笔记"称谓质疑——与王东、林锋先生的学术对话》，载《马克思主义研究》2008年第2期，第109—115页。

是探索人类原始社会、文明起源问题。若是那样，不仅会造成对柯瓦列夫斯基笔记主题的误读，而且会降低对柯瓦列夫斯基笔记重要意义的认识。柯瓦列夫斯基笔记主题应是探究东方社会的公社土地所有制和未来发展道路问题。"①

王晓红、杨巧蓉在《马克思"人类学笔记"中的国家理论新探》中认为："笔记中阐述的国家思想，主要包括以下五个方面：国家起源之前的社会制度（氏族）和社会形式（家庭）的研究；国家起源的不同发展道路及原因考察；氏族的衰老和崩溃、政治国家的产生过程探究；国家的本质和职能探究；'国家'的发展与消亡分析。"②

理论的研究应该服务于现实，以便更好地解决问题。孟宪范从文化人类学视角出发，提出马克思的人类学笔记对发展我国文化人类学具有重要启示。"马克思文化人类学笔记具有重大的理论意义和现实意义。它不仅为我们研究马克思的思想提供了宝贵的材料，而且给我国文化人类学的发展以深刻的启示。启示之一，要重视文化人类学……启示之二，应当把经验事实作为文化人类学理论研究的基点……启示之三，要注重发展文化人类学的理论。文化人类学是研究人类文化的科学，是一门关于人类自身知识的科学，具有很强的应用意义，但在我国由于种种原因一直未被重视，与我国目前正在进行的精神文明和物质文明建设的需要极不相称，建设社会主义现代化强国必须研究文化人类学。"③

陈国强在《马克思人类学笔记与原始社会研究》一文中提出："研究古代原始社会是人类学的任务之一，人类学的内容随着时代的发展而发展，它不仅注重古代原始社会问题，还把注意力集中到现代社会的生

---

① 叶志坚：《也谈柯瓦列夫斯基笔记主题——与林锋先生商榷》，载《东岳论丛》2010年第8期，第75页。

② 王晓红、杨巧蓉：《马克思"人类学笔记"中的国家理论新探》，载《临沂大学学报》2011年第4期，第1页。

③ 《马克思主义来源研究论丛（第11辑）·特辑：马克思人类学笔记研究论文集》，北京：商务印书馆1988年版，第330—347页。

产和生活问题。所有人类学者都要关心原始社会的研究，都要重视和应用马克思人类学笔记中有关的重要论述。"①

江丹林先生在《社会人学研究：马克思"人类学笔记"的启示》中也提出了自己的观点："启示之一，在人学的学科性质和研究对象的科学界定上，人学是关于社会历史主体人的整体的哲学，是一门以物质世界发展进程中一个特殊阶段或一种高级物质形态人类的各个方面联结而成的有机整体为研究对象的哲学，它属于唯物史观的一个分支学科……启示之二，在人类理论的内在逻辑展开上，人学作为关于社会历史主体人的整体的哲学，必须着眼于人的发展规律，作总体性的哲学思考……启示之三，在人学的理论来源上，人学作为唯物史观的一个分支学科，它与各门关于人的具体学科的关系，是一般与个别或普遍与特殊的关系……启示之四，在人学的研究方法上，必须坚持整体性的原则。"②

上面介绍了国内外学者对马克思人类学笔记的不同看法，可以说在很大程度上都带有一定倾向性，与这些学者原来对马克思主义所持的不同立场有联系。马克思晚年笔记的称谓问题，的确很值得学术界深入探讨。王东、林锋等先生的研究和探讨为我国马克思晚年笔记研究开辟了一条新道路。因此，新的时代背景下，对马克思这部分思想遗产到底应该怎么看待，我们从其中能汲取什么精神营养，能得到什么理论上的启发，还有待我们中国学者去进行切实的、更加深入的研究。

---

① 陈国强：《马克思人类学笔记与原始社会研究》，载《云南社会科学》1990年第6期，第51页。
② 江丹林：《社会人学研究：马克思"人类学笔记"的启示》，载《学术月刊》1996年第4期，第6—7页。

第三部分　当代解读

第六章 "柯瓦列夫斯基笔记"的基本内容

就"柯瓦列夫斯基笔记"全文来说，篇幅共计106页，约8万字，而马克思加批的比较完整的语句段落，据粗略计算，不过30多处，把马克思自己的话全部算上，也不过90多处。因此，研究马克思的"柯瓦列夫斯基笔记"必须与柯瓦列夫斯基的《公社土地占有制，其解体的原因、进程和结果》一书，以及马克思的《印度史编年稿》、《给查苏利奇的复信》及其草稿，马克思恩格斯关于俄国村社的著作、文章和通信作为一个整体来研究。

一 全书概要

15—17世纪的地理大发现，开启了世界历史的新时代，同时也是由欧洲开启的资本主义殖民体系在全球的推进和扩展的时代。19世纪上半叶，西欧文献中涌现出大量有关中美、北美和南美印第安人，大洋洲群岛和澳大利亚沿岸居民，以及非洲和亚洲各民族的资料。其中，以泰勒（E. B. Tylor, 1832—1917）、摩尔根（L. H. Morgan, 1818—1881）等为代表的古典进化论学派的形成，标志着西方人类学的产生。马克思针对柯瓦列夫斯基《公社土地占有制，其解体的原因、进程和结果》这部较长的著作，一改过去打破原书结构进行摘录的习惯，按着该书的原有结构做了许多批注和评语。之所以如此摘录，是因为从逻辑上讲，柯瓦列夫斯基著作本身的结构框架能够满足解释资本主义以前的社会形态及其发展演进的需要。

马克思的"柯瓦列夫斯基笔记"和柯瓦列夫斯基《公社土地占有制》篇目比较

马克思的"柯瓦列夫斯基笔记"	柯瓦列夫斯基的《公社土地占有制》
Ⅰ.【美洲】 Ⅰ）美洲的红种人（他们的公社土地占有制） Ⅱ）西班牙在西印度的土地政策及其对西印度群岛和美洲大陆公社所有制的瓦解所产生的影响 Ⅱ.【英属东印度】 A）按历史上发生的顺序看印度现代公社土地所有制的各种形式 B）印度本地罗阇时代的土地关系史 C）穆斯林法律及其对印度土地所有制关系所作的改变（穆斯林法律及其在印度土地关系的领域中所作的改变） D）穆斯林统治时期印度土地所有制的封建化过程 E）英国人的专横统治及其对印度公社土地所有制的影响（英国人在东印度的土地政策及其对印度的公社土地占有制的瓦解的影响） Ⅲ.【阿尔及利亚】 A）阿尔及利亚在被法国征服时期的各种土地占有制 B）法国人的专横统治及其对当地集体土地占有制衰落的影响（法国在阿尔及利亚的土地政策及其对当地的公社土地所有制的瓦解的影响）	第一章　红种人的公社土地占有制及其不动产个体化和封建化的过程 第二章　西班牙在西印度的土地政策及其对西印度群岛和美洲大陆公社土地占有制解体所产生的影响 第三章　印度的公社土地占有制，按历史顺序看印度现代公社土地占有制的各种形式 第四章　印度土邦罗阇时代的土地关系史 第五章　穆斯林法律及其在印度土地关系领域中所作的改变 第六章　穆斯林统治时期印度土地所有制的封建化过程 第七章　英国在东印度的土地政策及其对印度公社土地占有制解体所产生的影响 第八章　法国征服时期阿尔及利亚土地占有制的各种形式 第九章　法国在阿尔及利亚的土地政策及其对当地公社土地占有制解体所产生的影响
注：柯瓦列夫斯基的《公社土地占有制，其解体的原因、进程和结果》目录使用的是李毅夫、金地译，中国社会科学出版社1993年版；马克思"柯瓦列夫斯基笔记"使用的是人民出版社1996年出版的《马克思古代社会史笔记》版本。	

二 第一部分主要内容

马克思的"柯瓦列夫斯基笔记"第一部分是柯瓦列夫斯基原著中的前两章,他将原著中的两章的标题分别改写为:"美洲红种人(他们的公社土地占有制)"①与"西班牙在西印度的土地政策及其对西印度群岛和美洲大陆公社所有制的瓦解所产生的影响"②,然后分两小节进行摘录。柯瓦列夫斯基把美洲的原住民称为"红种人",哥伦布称之为"印第安人"。然而,随着科技的发展、考古证据的不断挖掘,以及语言学与人类基因学等研究成果的陆续面世,发现印第安人、红种人都不是美洲最早的原住民。如美国考古学家近日在新墨西哥州、加州和亚利桑那州的多个岩壁上发现了商朝甲骨文,文字篆刻时间比哥伦布发现美洲早了2800多年,因此他认为有可能是商朝人最先发现了美洲大陆。虽然这个问题并非本文的讨论范畴,但是马克思时刻关注科学研究的最新进展并不断丰富和发展自己的理论学说,他的研究视角和研究方法值得我们认真思考和借鉴。

1. 美洲红种人(他们的公社土地占有制)

在柯瓦列夫斯基笔记第一部分第1小节中,马克思首先摘录有关人类社会的原始群状况:"人类社会的原始群状况,没有婚姻和家庭;他们之间的关系是:共同生活和相同的营生(如战争、狩猎、捕鱼);另一方面,则是母亲及其亲生子女之间的骨肉关系。"③后来"由于这种状态逐渐自行瓦解,就发展出氏族和家庭。随着单个家庭的组成,也产生了个人财产,而且最初只限于动产"④。正如马克思所批注与摘录的,

---

① 《马克思古代社会史笔记》,北京:人民出版社1996年版,第1页。
② 同上书,第10页。
③ 同上书,第1页。
④ 同上。

马克思《马·柯瓦列夫斯基〈公社土地占有制,其解体的原因、进程和结果〉一书摘要》研究读本

随着岁月的流逝,人们在举行丧礼时开始烧掉或消灭一切如家畜、妻子、武器、衣服、装饰品等已成为私有财产的东西。各种形式的动产是按怎样的顺序转变为私有财产的呢?

在远古群时期,人类在同自然界的斗争中只有靠联合的力量才能争得生存必需品,产品本身都是群的财产,因此实行财产公有制。财产公有制除了以财产公有为主要内容外,另一重要特点就是共同经营,最早产生在以渔猎为生的民族中。例如部落长或领袖给每个人布置或指定工作,男人从事渔猎,女人和奴隶大部分从事农业。"在整个部落共有的动产中,在不同时期都分出了某些物品,其中有些物品称谓人数多寡不等的、居住在一起并彼此有亲属关系的各个家庭的财产,即氏族财产;另一些则相反,成为单个家庭或私人的财产。"① 单个家庭的形成,同时伴随着个人财产或私有财产的变化。原始公社时期的私有财产只是"动产",如在博托库那人那里,私有财产只有武器(工具)、衣服和装饰品,其余一切东西都是一个或几个共同生活和彼此有血亲关系的家庭的共同财富。随着时间的推移,个人财产的范围由最初的武器、衣物、工具日益扩大发展为个人驯养物、个人猎获物,包括奴隶、妻子、战俘等。② 但是,在私有财产产生的初期,土地没有发生私有化,这是值得注意的。

马克思从土地占有制形式来考察人类原始群状态中的土地所有制形式。"在整个墨西哥和秘鲁定居的红种人部落中,在他们被西班牙人征服以前的时期里,(城市和农村的)土地公社的最古形式是氏族公社"③。这种公社称为"卡尔普里","卡尔普里的土地是全体居民的共同财富。公社的各组成部分,即各个居住区和家庭都取有与公社同样的名称。这种公社的每个家庭都得到一块土地长久使用。这些土地是整个家庭的财产,始终由家长支配。卡尔普里的土地完全不许出让,——不

---

① 《马克思古代社会史笔记》,北京:人民出版社1996年版,第4页。
② 同上书,第2—4页。
③ 同上书,第6页。

论是出卖还是赠送，也不得在临死时立遗嘱而出让。如果某个家庭完全灭绝，则属于它的财产就重新归还公社，由公社的部落长处理，交给最需要土地的家庭使用。"①

大体说来，卡尔普里具有以下三个特点：第一，份地制度逐渐由按亲属等级的划分过渡到按实际耕种情况的划分。由继承法确定的卡尔普里份地，马克思提出确切的说法是由世系权确定的份地，土地占有者如果没有充分理由而两年没有耕种自己的份地，就必须剥夺这些份地而重新分配。分配的方式，根据公社首领的命令，在秘鲁确定份地大小时考虑家庭子女的数量，墨西哥的农村公社实行均等分配。第二，反对新的移民群体进入，并对于迁出到其他卡尔普里去的予以土地收回，以稳定和维护现行的公社土地占有制。严格规定排除新殖民者和临近公社社员分享公社的利益，这是使得古代印加人联盟中的公社团体牢固，并能在社会上保持着古老形式土地所有制的原因。第三，禁止卡尔普里成员耕种外族土地。这个规定表面上是防止了居民的混杂，以及一个家庭和公社成员的转移，实质上是为了抵挡从外面瓦解农村公社的企图，稳定氏族公社的体制。

导致氏族土地占有制瓦解的重要因素是份地形式的出现。份地并不是自开始就有的，直到苏里塔所记述的时代才出现份地。"根据苏里塔［属于各个氏族和家庭的］份地的大小，以领导着某一个个体集团（家庭或居住区）的人物的身份为转移，以该集团本身的需要和生产力为转移。"② 在中美洲大部分地区，也就是在水土和其他一些条件导致文明最大发展的大陆那部分地区，在西班牙人来之前很久，就已开始了不动产的封建化过程。西班牙人的到来只是加速其瓦解的进程。大土地所有制是变革公社土地占有制、通过向封建土地所有制过程中的一种。通过个人占有的途径，官吏等级的许多官员逐渐变成委托他们管理的区内各种地块的世袭所有者。最初这一过程不存在剥夺农村居民，只是把原先

---

① 《马克思古代社会史笔记》，北京：人民出版社1996年版，第7页。
② 同上。

自由的所有者变成依附于国家政权和土地贵族的公社所有者。然而，伴随着大土地所有制的发展，土地等不动产逐渐私有化，损害了公社土地占有者的财产利益。

2. 西班牙在西印度的土地政策及其对西印度群岛和美洲大陆公社所有制的瓦解所产生的影响

"柯瓦列夫斯基笔记"第一部分的第 2 小节也就是柯瓦列夫斯基原著的第二章的内容。马克思在此的摘录集中于两个方面的问题：一是西班牙在西印度群岛的土地政策；二是西班牙的这些政策对西印度群岛和美洲大陆公社所有制的瓦解所产生的影响。"西班牙人的最初政策，目的在于消灭红种人。"① 到了 16 世纪初，殖民者迫于形势和利益的需要，先后推出"瓜分制度"和"监护地制度"。

所谓的"瓜分制度"就是把印第安人变成世袭奴隶供西班牙人使用。这种制度严格规定了每个区分配一定数量的土人到殖民者中间充当奴隶。虽然在最初斐迪南和伊萨伯拉禁止这种做法，但是多米尼加岛的总督博瓦迪利亚却不顾这一禁令，"他计算了每个西班牙人应得若干人（不同年龄和性别的印第安人），命令各部落首领即卡西克向他提供一定数量的印度安人；从每一批这种印第安人中，每一个西班牙人都获得一定数量，有权使用他们从事农业劳动。"② 为此，西班牙政府于 1503 年颁布一道强迫印第安人劳动的法令，并冠冕堂皇的解释为设法"使他们皈依基督教"。"根据瓜分制度，整个墨西哥在 16 世纪下半叶被划分为 80 个区。"③

柯瓦列夫斯基记述了吉罗拉莫·本佐尼在《新大陆的历史》中所描述的最残忍、令人发指的追捕红种人的过程。"所有在追捕时被驱[被捉]的土人，都用烧红的铁打上烙印。然后船长将其中一部分留给

---

① 《马克思古代社会史笔记》，北京：人民出版社 1996 年版，第 10 页。
② 同上书，第 11 页。
③ 同上。

自己，剩下的分配给士兵；士兵们彼此之间拿奴隶赌输赢（彼此之间用奴隶作赌注），或者将奴隶卖给西班牙殖民者。用酒、面粉、糖和其他生活必需品换得这种商品的商人们，将奴隶运往西班牙殖民地中对奴隶的需求最大的那些地方。（马克思在手稿空白处写到'需求和供给'）在转运的时候，这些不幸者一部分由于缺少饮水和船舱空气恶劣而死亡；造成空气恶劣的原因则是由于商人们把全部奴隶塞在船的底层，既没有给他们留下可坐的地方，也没有足够呼吸的空气"。① 同样根据本佐尼的记载，许多天主教传教士本身关心自己发财致富，远远超过让印第安人信奉天主教。他们之间矛盾重重、斗争不断。1531年，教皇保罗三世于谕旨宣布印第安人是"人"，因而是"摆脱奴隶身份的自由人"②。1542年5月21日，查理五世颁布法律宣称："无论战时或平时，任何人都无权将印第安人当作奴隶而加以召集、训练、捕捉、出卖和交换，也无权将他们养为奴隶。"③ 同样，1546年10月26日法律也明确禁止出卖印第安人为奴，这就预示着西班牙人对于红种人的土地政策开始转化为监护地制度，瓜分制度被取代。

"监护地制度"宣布印第安人为"自由人"，承认他们的土地财产不可侵犯，并允许他们在自己内部事务中有较大的自治。但是，要求散居的印第安人按照村落定居，并规定印第安人的土地是整个部落的财产，管理权依旧归世袭部落首领，但是分配监护地的权力却属于各省省督。监护地不许以出卖、抵押或赠予的方式转给他人，而只能由父传子。"监护者"有权向印第安人征收"适当的"实物和货币贡赋。

其次，由查理五世和菲利普二世建立的"皇家印度事务委员会"负责在西印度群岛和美洲大陆各地区实施各种法律。一方面执行保护相关土著人的法律，一方面惩处违反这些法律的殖民者。马克思高度评价只有查理五世和菲力浦二世这种治国大人物才能做出这种事情，即对这

---

① 《马克思古代社会史笔记》，北京：人民出版社1996年版，第12页。
② 同上。
③ 同上。

些坏蛋（"监护者"）的监督。当然，实行瓜分制度也好，监护制度也罢，都是在承认西班牙殖民当局最高统治的前提下，强占殖民地的领土，宣布为西班牙所有。殖民者或是划区独占，或是在各级占领者之上、之外再增派监督员，都是为了尽可能多地使钱财、税贡进入国库和殖民者的私囊。

但是，过重的货币税和实物税导致土著居民的迅速消失，以及私有者群体人数的日益增加，农村公社逐渐解体。按照西班牙1575年法律规定印第安人只应缴纳适度的土地成果税，以供养他们中间的传教士和酬劳监护者。这种"适度的税"怎么会使得印第安人不堪忍受呢？马克思一阵见血地指出，这是由定期地不断重新计量他们的公社土地以不断增加税额造成的，这些监护者成了"地主"。这还不够，菲力浦三世于1609年法律规定："从整个国家利益考虑，特允许把印第安人实行强制性分配，用之于耕种土地、繁殖牲畜以及开采金矿、银矿、水银矿、绿宝石矿等等。[即使在黑人人数过剩的情况下，矿山的开发没有印第安人——他们不愿意在那里劳动——参加，也会遇到极大的困难。]"①按照殖民者的要求，一大部分人去从事这些苦役劳动又占去了很多播种、割草和收获期间必需的田间劳动力，许多公社的土地未能耕种，成为"荒芜土地"。殖民者又利用这种情况从当局那里把这些"荒芜土地"据为己有。从监护者有权用自己的亲信代替不合他们心意的首领时，管理权的氏族性质就在消失。此外，监护者为了加强自己的政策，还挑起印第安人和他们的首领之间，印第安人各村落和各部落之间的纠纷加以利用。"随着氏族性质的公社解体，它作为单纯的农村公社也在许多地方瓦解了，因为已经彼此孤立的人都力求成为私有者。"②

在此部分的摘录中，马克思尤其注意西班牙人的政策对西印度群岛和美洲大陆公社所有制的瓦解所产生的影响。"早在16世纪中叶，在墨西哥和秘鲁的许多地方，农村公社已不复存在了。但它还没有完全消

---

① 《马克思古代社会史笔记》，北京：人民出版社1996年版，第18页。
② 同上书，第20页。

失。它存在于查理二世的立法中:'公社财产包括由该居留地的印第安人占有之财产,这种财产应当用之于公,保存在该地并应予以增加。'公社也出现在现代旅行者的记述中。"① 马克思认为,农村公社之所以能够在广泛范围内保存下来,"其原因一方面是由于印第安人眷恋这种最适合于他们的文化阶段的土地所有制形式,另一方面是由于在殖民者的立法中(与英属东印度不同)没有使公社成员能够出让属于他们的份地的法令"。②

三 第二部分主要内容

第二部分实际上是马克思"柯瓦列夫斯基笔记"的主干部分,它包括了柯瓦列夫斯基原著的第三至七章,共计5章的丰富内容。参照李毅夫、金地译的《公社土地占有制,其解体的原因、进程和结果》一书来看,这5章共计有94页,而其余4章加起来也不超过61页。而若以马克思《古代社会史笔记》一书中的柯瓦列夫斯基笔记部分来进行计算,柯瓦列夫斯基笔记的第二部分内容占了75页,而第一部分和第三部分内容加起来只有46页。马克思用"Ⅱ.英属东印度"③的标题作为统揽,然后分为(A)、(B)、(C)、(D)、(E)5个小节进行摘录。围绕公社土地所有制这一核心问题,马克思大量摘录、集中考察了与这一核心问题紧密联系的,诸如公社演变、土地制度、社会性质及其发展道路等重要问题。

1. 按历史上发生的顺序看印度现代公社土地所有制的各种形式

柯瓦列夫斯基认为没有一个国家如同印度那样具有如此多种形式的

---

① 《马克思古代社会史笔记》,北京:人民出版社1996年版,第21页。
② 同上书,第21—22页。
③ 同上书,第22页。

土地关系。柯瓦列夫斯基按照时间顺序对各种复杂的土地关系进行梳理，并提出了具体五种形式。马克思在摘录后对这一过程进行了概括性的复述与补充修订，"总之，过程如下：（1）最初是实行土地共同所有制和集体耕种的氏族公社；（2）氏族公社依照氏族分支的数目而分为或多或少的家庭公社［即南方斯拉夫式的家庭公社］。土地所有权的不可分割性和土地的共同耕作制在这里最终消失了；（3）由继承权［即由亲属等级的远近］来确定份地因而份地不均等的制度。战争、殖民地等等情况人为地改变了氏族的构成，从而也改变了份地的大小。原先的不均等日益加剧；（4）这种不均等的基础已不再是距同一氏族首领的亲属等级的远近，而是由耕种本身表现出来的事实上的占有。这就遭到了反对，因而产生了：（5）公社土地或长或短定期的重分制度，如此等等。起初，重分同等地包括宅院（及其毗连地段）、耕地和草地。继续发展的过程首先导致将宅旁土地［包括毗连住所的田地等等］划为私有财产，随后又将耕地和草地划为私有财产，从古代的公共所有制中作为beauxrestes（美好时代的遗迹——编者注）保存下来的，一方面是公社土地［指与已变成私有财产的土地相对立的］［或者原先只是附属地的土地］，另一方面则是共同的家庭财产；但是这种家庭在历史发展的过程中也越来越简化为现代意义上的私人的（单个的）家庭了"。①

（1）实行土地共同所有制和集体耕种的氏族公社

作为一种远古的形式，氏族公社成员共同生活、共同耕地并用共同的收益满足自己的需要。在印度枢密院的一项决定中是这样说的："任何氏族成员不仅不能指出公社的某一块土地归他所有，而且也不能指出某一块土地归他暂时使用。共同经济的产品收归公共仓库以满足整个公社的需要。"② 这种公社土地占有形式只在印度北部和西北部的某些地区保存下来，土地也只是由最近的亲属即不分居家庭成员共同所有和共同经营，并非完全意义上的"共同生活"、"共同耕种"。马克思认为，

---

① 《马克思古代社会史笔记》，北京：人民出版社1996年版，第36—37页。
② 同上书，第26页。

确切地说，就是由于出现了把共同经济分为更加互相隔绝的各个部分的实际必要性，结果是从全氏族的土地中逐渐分出了一些特殊的地方，这些地方只限于某一个支系的成员共同占有。也就是说，只限于某一个不分居的大家庭的成员们共同占有。正是因为在各居住地（村落）范围以内财产关系个体化趋势不可避免地得以加强，不可分的氏族所有制逐渐消亡，新形式的所有制产生。

（2）氏族公社依照氏族分支的数目而分为或多或少的家庭公社

马克思将这种公社称为南方斯拉夫式的家庭公社。氏族公社存在的一个重要基础就是道德——血缘关系。随着时间的发展以及氏族人员人数的增加，确定距始祖的亲属等级越来越困难，再加上暴力的变革，氏族逐渐分裂。一个较大的氏族分社依照氏族分支分裂成几个较小的家庭公社，土地所有制的不可分割性和土地的共同耕作制最终消失。

（3）由继承权［即由亲属等级的远近］来确定份地因而份地不均等的制度

柯瓦列夫斯基认为，因为在各个村落范围内财产关系的个体化趋势，不可分的氏族公社所有制逐渐消亡，产生了根据亲属等级的远近来确定份地大小的形式。这种制度势必导致不均等，主要盛行于印度西北各省，尤其是本捷尔坎德和旁遮普。虽然这种制度并非建立在终身和世袭原则下，但是又最终成为终身和世袭。马克思认为，公社并没有改变原有的分配，只是把原来属于氏族全体成员共同使用的没有开垦过的土地的某些地段，划分给那些要求扩大份地的共同占有者。这种不均等份地制度的一大特点就是属于各个家庭个体的份地只是相对的，不包括公社的全部土地。公社的大部分土地，如森林、沼泽地和牧场，也有适用于农业的地段等，仍然归全体氏族成员共同占有和使用。

（4）由耕种本身表现出来的事实上的占有批准份地

氏族之间的暴力战争、殖民等情况使得某些氏族灭绝，他们的份地一部分被夺走，一部分重新变为荒地。这就使得过去按照亲属等级远近确定份地的制度不可实行，原先的不均等日益加剧。因此，份地的或大或小都由某个家庭事实上的占有也就是按照实际占有情况批准份地。公社不存在所谓的固定份地，只要一直耕种这块土地，就是土地的占有者。如果有块土地一直不被耕种的话，就会被视为"荒芜土地"而重新分配。这种土地制度是印度公社最主要的土地占有制类型。

（5）公社土地或长或短定期的重分制度

土地是原始社会时期人类最重要的生活来源。由于最适宜耕种的土地面积有限，许多人既反对由亲属等级远近确定的不均等份地制度，也反对按照实际耕种情况确定份地的制度。每当人口增加而适于耕种的土地不足时，致使公社成员现有土地分配不均，便提出重新分配土地的制度。重新分配没有定期性，但是在土地不多的地方，重新分配的时间比较短，可以是10年、8年、5年，甚至每年重新分一次。这种形式不仅出现于同一个公社或村落，而且可能牵扯两个或两个以上彼此有亲属关系的村庄之间，以及与农民住宅相毗连的土地。"每个公社及其每一个分支、区（昆德）的土地，都按照公社或其所属单位现有的公社占有者的人数而分成若干份地，每个公社占有者都领受自己的专用土地，其肥力和用途都各不相同。"① 由于土地的优劣，要使份地保持均等，必须保证每个占有者既能均等使用易于耕种灌溉的土地，又能均等使用不宜灌溉的土地。这种土地制度不适宜广泛的模仿和推广，因此很快就停止。

2. 印度本地罗阇时代的土地关系史

罗阇是印度早期吠陀时代对于雅利安人部落军事首领的名称。它与长老会议"萨巴"、部落成员会议"萨米提"共同构成雅利安人军事民主制权力机构的三要素。随着社会历史发展，印度战争频繁发生，使得罗阇权势不断加强，财富也比之前增多，职位往往可以父子相袭，从而演变成为世袭君主，罗阇也演变成为王的称呼。

---

① 《马克思古代社会史笔记》，北京：人民出版社1996年版，第34页。

(1) 在公元前 9 世纪的印度，与整个氏族和村的土地所有制并列的还有家庭土地共有制，表明氏族公社和农村公社已经逐步自行解体

柯瓦列夫斯基之所以认为公元前 9 世纪的印度一方面存在公社土地占有制，一方面同时产生了私人土地占所有制的痕迹，是基于其在《摩奴法典》中的发现。在《摩奴法典》第 9 卷第 20 款中曾提到"协作社"，即联合起来人人出力以促进共同事业成功。"这些协作社的存在，就说明印度从远古时代以来不但盛行公社土地占有制的原则，而且也盛行氏族团体的成员共同经营土地的原则；这些协作社的产生只有一种情况可以说明，即氏族团体在耕种土地方面的事实上的公社协作制，已被移植于自愿的、以契约为基础的联合［在这种联合中实行共同所有和协作］。"① 在《摩奴法典》时代土地共同所有制是占统治地位的形式，可是关于栅栏、关于有人掠夺他人田地等的记载，证明已经产生了私有制的痕迹。除此之外，这部法典还记录了家庭财产的转让并非通过赠予或立遗嘱的方法，而是通过出卖的方法，只需要得到同族人、亲属和邻人的同意即可，这就表明从公社土地的个体份地产生了单独占有地。

(2) 从公元前 9 至 5 世纪到公元 5 至 6 世纪，这个时期印度土地关系最重要的特征就是公社的氏族团体和农村团体被用之于行政和司法目的。

在《耶遮尼雅瓦勒基雅》和《那罗陀》两部法典中，农村公社社员要用公社团体或亲属会议的名称来体现，而中央行政机关将警察职权和司法职权（治安的责任）委托给公社团体或者亲属会议。这就意味着，本来属于独立的氏族和公社组织变成国家最下级的警察和保安机构。正如马克思所批注的，由氏族团体和农村团体"它们原先所掌握的社会职能——司法和警察——现在成为由国家托付、责成和规定的了。"② 即从这时候起，自古以来维系他们的那种连带或联合保证就变成了共同对国家负责的关系。这样以来，先前由公社或氏族团体（犯罪

---

① 《马克思古代社会史笔记》，北京：人民出版社 1996 年版，第 41 页。
② 同上书，第 42 页。

者近亲）向罪行或罪过的受害人亲属所承担的赔偿（赎罪金），现在成为向国家（政府当局）所缴纳的罚金，作为公社未能缉捕到罪犯的失职罚金。如在《耶遮尼雅瓦勒基雅》法典第 2 卷第 271 款中规定，如果在村界以内发现罪犯踪迹，村长要实行坐罪。若是罪犯踪迹在乡邻村村界内发现，该村村民都要承担连带责任，缴纳罚金。如果罪犯踪迹在 5 个或 10 个村中发现，所有村落都必须承担金钱责任。

除了执行治安和纳税职责外，氏族公社成员还执行民事和警事诉讼，也参加处理所谓不应诉争的案件等等。第一类是关于个人或整个公社破坏占有地地界的诉讼。同俄国法律一样，印度法律规定地界是不受时效限制的。据《摩奴法典》、《耶遮尼雅瓦勒基雅法典》记载，若是整个公社之间发生地界诉讼，由国王法庭判决。对于目的在于日后夺取他人财产的行为，如故意取消某种地界标志的行为的控告由公社法庭处理。第二类是由公社大会审理的诉讼，比如因践踏禾苗、攫取他人果实、砍伐他人树木、擅自修筑堤坝等侵犯个人社员或整个公社的财产权的行为。第三类是由公社法庭审理的案件，是享有充分权利、不受专业法庭审理的人们之间所发生的各种民事诉讼案件。如果在判决时他们认为不需要求助于神意审判，都提交公社法庭审理。刑事裁判权大概专属于国王法庭。对于所谓不应诉争的案件由公社大会裁判。如不动产的买卖，在争得邻人同意后可以出卖，并在公社大会上将这种出卖公之于众。

（3）公元 5—6 世纪，在印度占主导地位的形式显然已经是农村公社、支配公社团体土地的权力逐渐被民族首领所取代、家庭所有制等三种主要形式

农村公社。在这个时期，印度农村公社的个体份地不是按照距离始祖的亲属等级而定，而是按照事实上的占有而定。也就是说，按照实际耕种的土地情况决定。这也就是为什么法典中经常提到的不是血缘亲属，而是邻人，这种邻人的会议就是村民大会。另外，立法者在两部法典中都特别重视事实上的占有，即实际耕种情况。

随着时间的流逝，支配公社团体土地的权力逐渐被民族首领所取代。印度公社土地占有制曾经规定如果"垦殖（耕种）无人耕种的地段，每次都必须得到未耕土地（所谓荒芜地）的所有者即公社成员或公社首领（首长）的允许，这一点在《摩奴法典》中就已经作为取得土地私有权的方式肯定下来；后期所有法典也都谈到这一层。"① 随着时间的流逝，唯一的改变就是必须经民族首领的同意，而不是像过去那样经公社原来所有者的同意。而且，距部落在最初某一地区定居时间越久，变成了民族首领的那些部落首领（领袖）的权力也增长得越大，主要表现在财产关系、制定法律虚构等方面，凭借法律虚构民族首领成了本民族所占全部土地纵然不是事实上的、也是法律意义上的最高所有者。

家庭所有制。公元5至6世纪的印度，除了公社所有制，家庭所有制也在缓慢的自行解体。最初存在着不受亲属等级限制的亲属互相负责制。在这个时期，这种责任制只限于下行系列的三个等级和旁系的两个等级。也就是儿女只是彼此负责，只是为父亲、祖父和伯叔辈负责。反过来氏族成员的每一人也只是为其余的人负责。事实上，不分居家庭的人员构成只限于少数亲属和他们的妻子、儿女。血缘关系之所以削弱，根本原因在于个人可以凭借自己劳动而不花费家庭任何公共财物而获得属于自己的财产立法规定中。另一方面，如马克思所说"僧侣贼徒在家庭财产个体化过程中起着主要作用"②，这一点与其他民族情形类似。例如在日耳曼—罗马世界的各民族中，赠送教士也是第一种处理家庭财产的方式，先于其他各种出让不动产的方式。

3. 穆斯林法律及其对印度土地所有制关系所做的改变

公元712至714年，穆罕默德·宾·卡西姆率领穆斯林军队先后攻陷印度第巴尔（今卡拉奇附近）、尼伦（今查拉克附近）、婆罗门阿巴

---

① 《马克思古代社会史笔记》，北京：人民出版社1996年版，第47页。
② 同上书，第52页。

德（今海德拉巴附近）和木尔坦等城镇。由于居住和统治印度的穆斯林是阿布·哈乃斐学派（他是四个正统逊尼派之一的教长，他的可兰经注疏《塞涅德》在正统穆斯林中间具有法律效力）的信徒，因此穆斯林法律对印度土地所有制的关系产生了或多或少的影响。

（1）征服者对被征服者土地所有制的关系的学说属于哈乃斐学派的基本教义之一。被征服者如果不改信伊斯兰教，就应当缴纳基哲特或奇哲亚（"人头税"）。穆斯林强调宗教信仰，他们要求对被征服者一定要再三劝导异教徒该信伊斯兰教。"阿布·哈乃斐学派在这方面是和其余三个（正统）法学家——马立克、沙斐仪和罕百里的意见一致的：即阿拉伯人中的偶像崇拜者或叛教者应当消灭；与此相反'信仰圣经的民族'——只有希伯来人、基督教徒、玛吉教徒和多神的拜火教徒被承认是这类民族——如果被征服后不肯改信伊斯兰教，则普遍课以人头税。"①

（2）动产被认为全部归征服者所有，不动产一部分仍然留在被征服者手里。被穆斯林征服的国家，动产全部收归其所有。土地作为不动产仍然留在先前的公社占有者或私人占有者手中。不动产的来源是征服，分为免税的土地和纳税的土地。其中，接受伊斯兰教的占有者的土地，以及被正教徒征服后分配给征服者穆斯林的土地，都算作免税的土地；留在被征服居民手里的土地，要被课以地亩税。

（3）部分不动产被分配给穆斯林。在《海代牙》中说，穆斯林征服一个国家之后，伊玛目（领袖）有权将该国土地（不动产）分配给穆斯林。分配的土地有两种形式：一种是教田，即宗教、慈善和公益机关的固定的私有财产；一种为军功田，是由伊玛目分配给军队成员的土地。

①教田。一种是作为寺庙财产的土地，即把收益用作维持寺院和宗教学校运行的土地；另一种是作为慈善和公益机关财产的土地，即用来

---

① 《马克思古代社会史笔记》，北京：人民出版社1996年版，第57页。

维持该地区所建立的伊玛尔（贫民收容所）、医院、公墓、桥梁和水井等费用的土地。

②采邑田（军功田），阿拉伯法学家伊本-贾马把征服以后伊玛目有权分配的土地分为三类：

Ⅰ．第一类军功田是把土地或有一定收入的项目分配给受田人，作为其完全独有的财产。这一类土地包括三种："（1）还没有被任何人耕种过的地段，（2）被原占有者抛弃的土地，（3）现在虽然仍被异教徒耕种，但在征服敌国以前已被伊玛目答应分给穆斯林军队某个成员的土地。"① 被课以地亩税的土地归整个正教徒社会享用，不再由伊玛目分配。事实上，需要指出的是，由伊玛目可以分配的这一类土地"通常"都是荒地（即无主的土地），其目的在于扩大耕种面积，也就是扩大征收地亩税的土地面积，从而增加国家收入。第一类军功田表明，在穆斯林统治时期他们所征服的各国，尤其是在印度，存在着在征服以后由部落首领和民族首领将荒地授予最初加以开垦的人所有的习惯。

Ⅱ．第二类军功田：伊玛目允许受田人对分配给他的土地享有某些权利。比如，"（1）他可以从拨给他的土地上获得部分农产品，或者是（2）份地领受者可以获得地亩税所提供收入的全部或一部分。"② 赋予这种享用权只是限定一定时期，最长为终身享用。他去世以后，享用权不能世袭，只能交还国库。在最优惠的情况下，亡人的家庭也仅仅只能从当局获取终身赡养费。

Ⅲ．第三类军功田：有权与领地管理机关一起拥有一些设施的享用权所带来的收益。比如采矿工业、盐、石硫黄等矿产地的收益，以及道路、集市、磨坊等的收益。其中，集市、道路设施的享用权是以征收某种款项的方式实现。第三类军功田与第二类军功田的目的一样，但是与第一类军功田的目的完全不同。后两类军功田的目的在于以固定的收入给穆斯林军官作报酬。按照通例，只有武士、重骑兵才能领受这类土

---

① 《马克思古代社会史笔记》，北京：人民出版社1996年版，第59页。
② 同上书，第61页。

地。"伊玛目可以破例，这只限于对他的亲信、法官以及给政府做了特殊贡献的一些人。被赋予这种军功田（第二和第三类）并没有物权的性质［不是实际的权利］，而只是使受田者能够暂时地、最多是终身地享用某个地区向国库缴纳的实物税或货币税的一部分或全部。"①

（4）在绝大多数情况下，军功田的授予绝不是剥夺农村居民，而是使国库损失了某些地区的税收。农村居民依然根据公社所有权或私人所有权占有土地，变动只涉及人，而不涉及土地。这样占有者由自由人变为依附人，他们的占有也由对自主地的占有变为封建的占有。马克思批注柯瓦列夫斯基整个这一段都写得非常糟糕："最后这一点仅仅对于领受了第二类或第三类军功田的伊斯兰教徒才有意义，而对于印度教徒至多在下述程度上有意义，即他们不是向国库，而是向国库授予权利的人缴纳实物税或货币税。纳地亩税并没有把他们的财产变为封建财产，正如 impot foncier（法国的地亩税）不曾把法国的地产变为封建地产一样。"②

4. 穆斯林统治时期印度土地所有制的封建化过程

公元711年，穆罕穆德·卡西姆开始征服印度西北部的信德，开启穆斯林入侵印度的序幕。卡西姆被哈利发瓦立德一世（倭马亚王朝）杀害以后，阿拉伯人在信德的统治完结，30年后没有留下什么痕迹。11世纪，伊斯兰教才开始真正对印度——旁遮普等地的实际征服。穆斯林在印度的统治起起伏伏，直到19世纪40年代，决定印度命运的英国变为欧洲强国。经过一番斗争，英国人取得了优势，把法国的存在削弱到只剩下几个小殖民点。在穆斯林统治时期，印度土地所有制的封建化受到很大制约，这表明穆斯林的统治对印度奴隶制和封建制的许多理念产生了影响。

（1）12世纪以前印度土地所有制的基本状况

---

① 《马克思古代社会史笔记》，北京：人民出版社1996年版，第62页。
② 同上书，第63页。

信德是阿拉伯人在印度的一个占领区。《列王纪》详细记述了征服者如何对待土地所有权，"遵照先知的遗训"：①被征服的居民被课以人头税（柯瓦列夫斯基提出更正确的说法是户籍税）、地亩税和什一税，穆斯林只交什一税；②接受穆罕默德教的印度土著免征人头税、地亩税；③被征服居民的土地和财务都没有被剥夺，对所有人民不分信仰保留其动产和不动产；④税收一般由印度世袭包税人（即"婆罗门"）继续负责征收，有些个别地区则把税收由卡西姆赐给他的战将作为军功食邑；⑤军功田的占有者从欧美尔时代就被剥夺了从事任何其他行业的权利，只能服兵役（只有卡西姆的近卫军，也就是较高级军官才能分到这种食邑）；⑥完全保留曾经在信德实行的一切民法。"涉及财产、契约、债务等等的一切诉讼，仍像以前一样，由村长会议根据成文法，更多地是根据习惯法，通过仲裁审理。"①

(2) 13世纪以后印度的封建化过程

1206年，库特布乌丁夺取德里，并宣布自己是第一个穆斯林王（1206—1210年）。他对土著居民征收赋税，一部分由当地罗阇负责，令其每年以定额贡赋形式缴纳，一部分由包税人专门负责征收。沙姆斯乌丁（1211—1236年，德里的第三个奴隶王）已经把村和区分赐给他的将领，以提供一定数量的战士作为条件，也就是说，把将领变成了"军功田领有者"。如此一来，将领就得到了向这些村和区中的土地所有者征收赋税的权利，而这些赋税原先是缴入国库的。虽然流入个人腰包，却没有改变土著土地占有者的占有关系。军功田占有者如不履行规定的军事义务，那么军功田将被收回。所以，如同西欧的采邑占有者一样，军功田占有者也力图将其特权变为世袭的并独立于苏丹的特权。军功田占有者追求独立，经常瓜分苏丹权力和国家财产，而且在举行军事检阅时托故不到，每一次都是用贿赂的办法使自己的僭越行为得到承认。

---

① 《马克思古代社会史笔记》，北京：人民出版社1996年版，第65页。

1351—1388年，菲罗兹·图格卢克确定了把军功田从最初被赏赐的人永远传给其继承者的制度。马克思认为这都是完全自然的，因为1206—1288年间君临德里的都是奴隶王。对于印度的封建化过程，马克思在柯瓦列夫斯基笔记中评注为："根据印度的法律，统治权不得在诸子中分配；这样一来，欧洲封建主义的一个主要源泉便被堵塞了。"①

（3）14世纪印度出现比较发达的具有封建意蕴的柴明达尔（土地所有者）

在穆斯林诸汗的统治下，或者说在罗阇统治下，在印度的阿富汗、古吉莱特、德干、摩腊婆、孟加拉等国家中进行着内战，发展着采邑制度和包税制度，损害了政治和行政的统一。在孟加拉有了充分发达的柴明达尔制度，即由财政官员包税区和村的税收制度。作为印度的一种土地制度，就是当地居民无须直接向国库缴纳，而是把税缴给中介人柴明达尔。柴明达尔除了负责从委托给他们的那个区征税，还有权给当地居民增派附加税，作为自己的酬劳。除此之外，还执行一系列警察职务。整批的区和省仍然留在印度的罗阇手里，罗阇们得到柴明达尔的称呼，其余各区柴明达尔则由穆斯林官员担任。

这种具有封建意蕴的柴明达尔在15世纪已经很发达，原因主要有："第一，实行了由财政官员包征'区和村'税收的公职承包制；第二，充分发展的军功采邑制度；第三，柴明达尔对小土地所有者的兼并；第四，产生了把所有权转给大土地所有者，而以给小土地所有者保留世袭使用权为条件的荫庇制；第五，产生了大批依附于柴明达尔的采邑领地。"② 印度土地所有制的变化一方面是由暴力所引起的，一方面也是势所必然的变化。柴明达尔也仅仅具有封建意蕴，还不算真正意义上的封建制。马克思在批注中严厉批评柯瓦列夫斯基将其与西欧意义上的封建主义类比，"别的不说，柯瓦列夫斯基忘记了农奴制，这种制度并不

---

① 《马克思古代社会史笔记》，北京：人民出版社1996年版，第68页。
② 曹典顺：《马克思〈人类学笔记〉研究读本》，北京：中央编译出版社2013年版，第114页。

存在于印度，而且它是一个基本因素。"① 所以印度"所谓封建化只发生于某些区，在其他大多数区，公社的和私人的财产仍然留在土著占有者的手中，而国家公务则由中央政府所任命的官吏办理。"②。

5. 英国人的专横统治及其对印度公社土地所有制的影响

1600 年，英格兰女王授予英国人的东印度公司在印度贸易的特许状。随着时间的变迁，东印度公司逐渐从一个商业贸易企业变成印度的实际主宰者。英国议会于 1784 年立法规定统治印度的最高权威是政府而并非东印度公司，以整顿"东印度公司的事务"和英国"在印度的领地的事务"。1849 年，英军占领印度全境。印度 1857 年爆发反英大起义，次年英国通过《改善印度管理法》，取消东印度公司，由印度事务大臣接管其全部职权，并成立以印度总督为首的印度政府。印度在英国人的专横统治下，公社土地所有制逐渐解体，土地关系发生重要变化。

第一，1793 年，孟加拉总督康沃利斯勋爵（1786—1793 年）通过《关于承认印度柴明达尔永为世袭土地所有者》的法案，下令进行第一次土地登记，土地被承认为柴明达尔的私有财产。柴明达尔极力压榨农民，掠夺大量土地和财产，中饱私囊，农民受到更甚的屈辱和压迫。

第二，1812 年，以法律形式肯定（农民与柴明达尔之间的）"自由契约"，政府不加干涉。"土地整理"的后果，一方面激起农民举行一系列地方性起义，一方面是各省土地很大一部分很快转入少数拥有游资并愿意把它投入土地的城市资本家手中。柴明达尔对农民地产的掠夺，激起农民起义的后果是一些柴明达尔被驱逐，一些地方东印度公司以所有者资格取而代之等。因此，城市资本家仍旧留在城市，与农村居民没有任何联系，他们一般将地产分为各个地段短期出租给最殷实的农村居

---

① 《马克思古代社会史笔记》，北京：人民出版社 1996 年版，第 78 页。
② 同上书，第 79 页。

民,以及城市小资本家(小高利贷者)。马克思认为,自土地登记以来,任何有利于农业的事情都没有做,是一出滑稽剧。

第三,1826年,省督门罗在马德拉斯地区模仿法国的小块土地所有制,称为菲尔德瓦尔(田野所有制),这种制度破坏了同村各个占有者之间的团结纽带。"因为在这种形式下,政府不是同某个农民所有者订约,而是同某块田野的暂时占有者订约。每一个地段必须缴纳一定数量的货币税,纳税的义务由暂时耕种这块田野的人承担。他可以随时放弃他的地段,从而不再缴纳货币税。而如果他不缴纳货币税,政府就勒令他马上滚开。"① 这种土地所有制并没有严格意义上的私有财产,财产本是以占有者的出让权为前提的。马德拉斯的这种制度破坏了同村各个占有者间的团结纽带,这种纽带既表现在实行缴纳田赋的连环保,也表现在合力建设一些提高土地生产率的农业设施。另外,这个制度还破坏了公社社员之间的相互责任,由于不及时纳税即可把地段转让给任何其他人,经常是纯粹的外人,也就人为地破坏了公社的人员组成和建立在邻里关系上的公社团结原则。因此,过不了几年,公社团体就不留任何痕迹。

第四,任意歪曲农村公社的性质,被强制分割为新的公社所有制,从根本上破坏了印度传统的公社—氏族团队的生命攸关原则。1822年,依据省督麦肯齐的规定对既定的土地登记册复查,使政府不是像先前那样直接同农村公社的各个占有者订立契约,而是同整个公社订立契约,至少在那些农村公社或多或少保存完好的地方是这样。"于是,公社所有制原则上得到了承认;实际上承认到何种程度,过去和现在总是要看'英国狗'认为怎样做才对自己最为有利。"② 关于纳税方面,他们不是去同整个公社打交道,而是同公社的各个分支打交道,同时又让公社在分支成员无力纳税时担负金钱责任。农村公社被分割为面积小得可怜的分区,共同责任制只限于少数家庭之间,同时大多数公社和分区的耕地

---

① 《马克思古代社会史笔记》,北京:人民出版社1996年版,第85页。
② 同上书,第91页。

分割为各个家庭的私有财产,削弱了互相帮助和互相支持的原则。地广人多的公社,基于血缘关系、比邻而居而产生的利害一致结合在一起,特别有能力减轻旱灾、瘟疫以及其他自然灾害所造成的后果。也就是遇到事故,每个人都可以指望全体。然而,这种情况,在农村公社被强制分割以后就完全消失了。

第五,高利贷的发展。"在一切实行非资本主义生产并以农业为主的国家里,都可以看到高利贷的发展"。① 印度人由于接触欧洲文化,奢侈之风蔓延开来。他们往往耗费自己收入的一半举办婚礼等,并因此举债,付出高利贷的利息。高利贷者在土地制度演变中起了重要作用。与公社毫不相干的资本家侵入公社内部,导致公社的宗法性质消失,公社首领的影响消失。"公社占有者不是被逐出自己先前的土地,就是仅仅作为佃户留在原地,与全村毫无关系的城市高利贷者的土地所有权,取代了公社土地所有权。"② 除此之外,在个人的公社份地出让方面,政府往往也起着直接的作用。英国官员们自己都承认,在西北各省进行土地登记时,由于过高的土地课税,公社所有者宁愿把自己的份地出让反而更有利,结果导致份地的占有权迅速易手。在这个过程中,最得利的不是公社首领而是与公社毫不相关的资本家。公社团体的瓦解过程,并不以确立小农所有制为限,不可避免地将导致大土地所有制。"由于与公社毫不相干的资本家阶级侵入公社内部,公社的宗法性质就消失了,同时公社首领的影响也消失了;一切人反对一切人的战争开始了。"③

四 第三部分主要内容

马克思在第三部分以"(Ⅲ)阿尔及利亚"为标题分两小节:(A)阿尔及利亚在法国被征服时期的各种土地占有制;(B)法国人的

---

① 《马克思古代社会史笔记》,北京:人民出版社1996年版,第98页。
② 同上书,第95页。
③ 同上书,第98页。

马克思《马·柯瓦列夫斯基〈公社土地占有制，其解体的原因、进程和结果〉一书摘要》研究读本

专横统治及其对当地集体土地占有制衰落的影响，摘录了柯瓦列夫斯基原著中的最后两章。

1. 阿尔及利亚在被法国征服时期的各种土地占有制

除印度以外，阿尔及利亚保存下来的古老形式的土地所有制痕迹最多。"阿拉伯人、土耳其人、最后还有法国人长达若干世纪的统治——如果不算最近的一个时期，即从官方说从 1873 年法律以来的时期——都没有能够摧毁血缘组织和以血缘组织为基础的地产不可分和不可出让的原则。"① 个体和集体的土地所有制一直是阿尔及利亚占统治地位的土地所有制形式。个体土地所有制是在罗马法的影响下产生的，至今仍存在于土著的柏柏尔人中，并且在构成城市居民主体的摩尔人和希伯来人中占据主要地位。居住在北部地中海沿岸等地的柏柏尔人中的一部分，被称为卡比尔人保存着氏族所有制和公社所有制的许多痕迹，不分居的家庭生活，严格遵守家庭财产不可出让的原则。这种以氏族土地所有制为首的各种集体土地所有制形式都是由阿拉伯人带来的。7 世纪后半叶阿拉伯人入侵阿尔及利亚，没有实行什么殖民，也就没有影响到当地的制度。一直到 11 世纪中期，柏柏尔的统治者之一自愿臣服于巴格达的哈里发，影响了阿尔及利亚占统治地位的土地所有制形式。

一种是阿拉伯移民带来的集体土地所有制。经过几个世纪的移民，阿拉伯人与土著居民在北非整个沿海地区逐渐混合。北非高原的大牧场从阿拉伯人最初移居开始直到柯瓦列夫斯基研究这里的公社土地占有制，大牧场都归部落共同占有，不可分割。"氏族所有制在这些阿拉伯人中代代相传；只有在下述情况下它才发生变化：①由于氏族（逐渐）分为不同的分支；②由于有外部落成员加入氏族。由此产生的结果是：从氏族牧场中分出了一些面积较小的地段；在某些地方，氏族所有制被比邻所有制，换言之，即公社所有制代替。"②

---

① 《马克思古代社会史笔记》，北京：人民出版社 1996 年版，第 101 页。
② 同上书，第 103 页。

一种是在阿拉伯人影响下发展起来的集体土地所有制。在卡比尔人中，受阿拉伯人影响发展起来的土地占有制度不同于阿拉伯人土地占有制度的地方是，卡比尔人的土地占有制距离原始形式的氏族所有制比较远。在卡比尔中间也实行缴纳实物税和服役的连环保，集体出资购买公牛、山羊、绵羊等，肉在各个家庭之间分配，氏族在司法上和行政上实行自治。但是，"另一方面，在卡比尔人中，可耕地的权利的主体只是家庭，而且是不分居家庭。因此土地是不分居家庭的财产；不分居家庭包括父亲、母亲、儿子，儿子的妻子、子女和子女的儿女（即孙子女）、伯叔、姑婶、侄辈和从兄弟辈。家庭财产通常由全体家庭成员推选的年长者管理。他买卖、租佃土地，安排播种和收割，订立买卖契约，掌管家庭开支和收取家庭进项；他的权力决不是无限制的；凡是比较重要的事情，特别是在买卖不动产的时候，他都必须征询全体家庭成员的意见。在其他方面，他在处理家庭财产时是不受限制的。如果他的活动损害了家庭的利益，家庭有权撤换他并任命新的管理者代替他。不分居家庭的家务完全由年长妇女掌管或者由最有管理才能的妇女掌管（可与克罗地亚人比较），后者每次是由全体家庭成员选出的。妇女们也往往轮流执行这种功能"。①

家庭向每一个家庭成员提供劳动工具、猎枪以及从事商业或手工业所必须的资本。每个家庭成员都向家庭贡献自己的全部劳动成果，个人财产（指的是动产）男子只限于衣服，妇女只限于旧衣破布和出嫁时得到的装饰品。每月分一次食粮，肉类不定期分配。分配的时候，家庭之父严格遵守各个成员一律平等的原则。除此之外，卡比尔人还奉行血族复仇制度，即每个人都可以用自己的生命抵偿家庭其他任何成员所犯的杀人罪。正是由于卡比尔人的不分居家庭既是人身的联合，也是财产的联合，生命力比较强。虽然家庭之父临终时都告诫自己的子女不要分家，但实际上往往有分出和分家的。"分出比分家更常见，按照习惯法，

---

① 《马克思古代社会史笔记》，北京：人民出版社1996年版，第104页。

每个家庭成员都可以要求分出。这种情况下，分给他的那一部分家庭财产，是按照合法的继承制度应该属于他的那一部分，此外还有他交给家庭使用的全部个人财物。在实行分出以后，家庭公社依旧过着不分居的生活。"① 因此，如果说卡比尔人存在土地私有制，那也只是作为氏族的、公社的和家庭的私有制逐渐瓦解过程的例外产物。

2. 由内部原因所引起的各种集体形式的土地占有制的解体

马克思认为："如任何地方一样，各种集体形式的土地占有制的解体是由内部原因引起的；在阿尔及利亚的卡比尔人和阿拉伯人中，这种解体过程由于16世纪末土耳其对该地的征服而大大加速。"② 土耳其人按照自己的法律，把土地通常保留在占有土地的氏族手里。但是，在此之前也存在一直由氏族占有的很大一部分荒地，成为国有财产，由土耳其政府出资耕种。事实上，大部分国有土地被交到佃户手里，一部分必须每年向国库缴纳一定数额的货币税，一部分向领地管理当局承担一定的实物税和役务。土耳其人除去拥有常备地方民军外，还建立军事移民区以防叛乱。马克思批评柯瓦列夫斯基将这种军事移民区命名为"封建的"，柯瓦列夫斯基的理由竟然是认为在某种情况下会从军事移民区发展出某种类似印度的札吉的东西。

"作为国有土地和军事移民的土地而被占领的领土面积，由于没收确实叛乱的或被怀疑叛乱的氏族的财产而一代一代扩大起来。被没收的土地，大部分都由当局通过贝克（或贝伊）公开拍卖，促进了土地私有制（最早由罗马人开端）的发展。买主大部分是土耳其居民中的私人，这样就逐渐产生了一大类私人土地占有者。"然而，土耳其的统治并没有导致印度斯坦那样的封建化（在大莫卧儿统治衰落事情）。阿尔及利亚军政权力的强大的中央集权制阻碍了这种情况的发生，这种中央

---

① 《马克思古代社会史笔记》，北京：人民出版社1996年版，第105页。
② 同上书，第106页。

集权制排除了地方官职世袭占有和占有者变成几乎不受（德伊）土耳其统治者制约的大土地所有者的可能性。

3. 法国人的专横统治及其对当地集体土地占有制衰落的影响

法国于1830年开始统治阿尔及利亚。在法国资产者看来，消灭土著不可分割的集体财产，确立土地私有制是政治和社会领域内任何进步的必要条件。因此，虽然法国历届政府彼此更迭，手段层出不清，但目的就是使阿尔及利亚的土地变成可以买卖的对象，将这种财产最终转到法国殖民者手中。正如法国议员安贝儿在1873年6月30日讨论新法案的会议上所说："提交你们讨论的法案，只不过是一座大厦的最后工程，这座大厦的基础已有一系列命令、法令、法律和参议院决议所奠定，它们就整体和每个细节来说都是要达到同一个目的——在阿拉伯人中确立土地私有制。"①

首先，法国人在征服阿尔及利亚部分地区以后所关心的第一件事情，就是借口穆斯林普遍奉行的伊玛目有权宣布土著的土地为国家教田的学说，将大部分被征服的领土收为（法国）政府的财产。"路易-菲力浦作为伊玛目的继承人，或者更确切些说，作为被征服的德伊的继承人，当然不仅夺取了国有领地，而且也夺取了所有其他尚未耕种的土地，包括公社的牧场、森林和荒地。"② 马克思严厉地批判到："只要非欧洲的（外国的）法律对欧洲人'有利'，欧洲人就不仅承认——立即承认！——它，就像他们在这里承认穆斯林法律一样，而且还'误解'它，使它仅仅对他们自己有利，就像这里所出现的情况那样。"③ 法国人十分贪婪，只要阿拉伯人和卡比尔人的部落不能用书面文件证明自己的所有权，就不承认他们对某块地段的要求。这样一来，一方面使得原

---

① 《马克思古代社会史笔记》，北京：人民出版社1996年版，第110页。
② 同上书，第111页。
③ 同上。

来的公社所有者降低到政府土地的暂时占有者地位；另一方面，氏族所占的领土很大一部分遭到暴力掠夺，并且由欧洲殖民者移居。这就是法国所实行的民屯制度，将土地分成两部分，一部分留个氏族成员，一部分由政府掌握以便欧洲殖民者定居。然而，"大部分法国的买地人（私人）根本无意耕种土地，他们只进行零售的转卖土地的投机；用异常低廉的价格买进，用相当高的价格转卖，——这看来就是'把他们的资本作了有利的投放'"①。无耻的法国政府承认一切非法的出卖都属有效，从而使破坏习惯法的行为合法化。政府这样做，除了为考虑殖民者的利益考虑之外，更是想通过破坏公社—氏族习俗的办法来削弱它所统治的居民。但是，在大多数情况下，阿拉伯人都能够把他们已出卖的或被夺走的全部土地买回来，一部分买自欧洲殖民者，一部分买自政府本身。因此，法国人在阿尔及利亚所实行的民屯制度以全盘失败告终，公社—氏族土地所有制仍然具有充分的生命力。

其次，通过法律认可在氏族土地所有权的框架内建立私有制，承认土地自由转让权。"1863年4月22日的参议院决议所追求的就是这一目的。这项决议在法律上承认了氏族对它所占的土地的所有权，但是这种集体财产不仅应该在各个家庭之间进行分配，而且也应该在各个家庭成员之间进行分配。"② 1863年参议院决议的第2条规定：确立属于每一氏族的土地的地界；将所有氏族占有地在各个家庭之间进行分配，不宜耕种的土地除外，这些土地应当仍然是各个家庭的共同财产；在一切适宜的地方都通过分配家庭土地的方法建立私有制。政府的目的就是削弱氏族首领的影响并促使氏族瓦解，建立私有制是加速氏族团体瓦解的最有力手段。"因为这种分解——类似从古老的日耳曼马尔克分离出自由的、半自由和不自由的公社那种过程——在法国人到来以前很久，即在土耳其统治阿尔及利亚的时期就已开始了。"③ 氏族首领失去以前的

---

① 《马克思古代社会史笔记》，北京：人民出版社1996年版，第112页。
② 同上书，第113页。
③ 同上。

家长性质后，家庭之父的权威提高，具有了法律承认的官方的、政治的性质，氏族逐渐瓦解。而且不知不觉地造成（不同家庭）氏族血亲感情渐渐削弱，单个的分支与共同的主干分离，近亲们组成了单独的定居点（村落）；每一顶帐幕都成了具有特殊利益的中心，本血缘集团的中心，带有利己的和相对狭隘的要求。"这样，氏族就不再是一个范围广大的家庭了，它成了散居在氏族土地上的一切定居点的集合体，成了一种帐幕联盟，即一种官方性和政治性都比以前有限得多的联盟。"①

再次，借助于承认个人拥有出让私有财产的自由，逐渐消灭集体所有制。1873年"乡绅会议"关心的第一件事情就是如何采取更为有效的措施来掠夺阿拉伯人的土地。"乡绅"对于消灭集体所有制意见完全一致，争论的仅仅是采用什么样的方法，而且他们还通过所谓永恒不变的政治经济学规律的外衣掩盖这种欺诈勾当。马克思批判了法国政府的无耻谎言，尖锐地指出："瓦尼埃先生用来遮掩这种旨在剥夺阿拉伯人的措施的美容膏，有如下述：（1）阿拉伯人自己就常常表示希望着手分配公社土地；（2）每一个阿拉伯人自由处理归他所有的地段的制度，使他能够在万不得已时用出卖或抵押土地的办法来获得他所缺少的资本；（3）在那些没有准备并且对此有反感的居民中建立土地私有制，应成为改进耕作方式从而提高土地生产率的万应灵丹。"② 这种旨在剥夺阿拉伯人的各种法案，一方面保证了法国殖民者得到尽量多的土地；另一方面割断了阿拉伯人和土地的自然联系，摧毁了本来就逐渐瓦解的氏族团体的最后力量。为了加速原有氏族土地转到殖民者的手中的进程，法律规定，即使不完全废除氏族赎取的权利（所谓的氏族赎取权指的是氏族每个成员都可以赎取某个成员卖出的土地的权利），也要把它限制在法国民法典所承认的享有优先赎回权的那些亲属等级之内。最后，为了增加国有领地，1873年法案又宣布一直由阿拉伯氏族共同使用、没有在各氏族之间加以分配的荒地，都属于国家财产。马克思抨击

---

① 《马克思古代社会史笔记》，北京：人民出版社1996年版，第115页。
② 同上书，第117—119页。

到:"这是直接的掠夺!正因为如此,对神圣不可侵犯的'财产'十分温情的'乡绅会议',才不加任何修改地通过了粗暴侵犯公社财产的法律草案,并且一定要在1873年当年就付诸实施。"[1] 至此,阿尔及利亚赖以生存的社会基础——血亲制度被消灭。通过把土地所有制个人化,也达到了政治目的——消灭这个社会的基础。

---

[1]《马克思古代社会史笔记》,北京:人民出版社1996年版,第121页。

第七章 "柯瓦列夫斯基笔记"的重要理论观点

一 马克思关于封建制的本质论说

长期以来，学界把马克思晚年思想或是归于"慢性死亡"，或是将它们说成是"不可饶恕的学究气"，严重影响了马克思晚年思想的研究和挖掘。事实上，马克思晚年除了写作"人类学笔记"这5本书的摘录外，还写了《历史学笔记》、《资本论》第2卷的20个手稿，搜集了大量美国殖民主义统治的史料，并考察和梳理了意大利、英国、爱尔兰、美国这样一些西方国家从封建社会向资本主义过渡的历史等。这些笔记材料看起来十分庞杂、分散，甚至扑朔迷离，但仔细分析可以看出马克思是要把中年时期通过对资本主义分析而得出的社会发展规律，放到全部社会历史领域当中检验其普遍适应性。例如，马克思在1879年10月和1880年10月之间写作《马·柯瓦列夫斯基〈公社土地占有制，其解体的原因、进程和结果〉一书摘要》中逐条批驳了柯瓦列夫斯基关于东方存在"封建制"的论点，明确反对把亚、非、美洲各古老民族的社会历史演变同西欧社会做机械类比。1881年3月，马克思在给俄国女革命者查苏利奇的回信中强调从封建主义社会向资本主义社会的过渡这种历史必然性"明确地限于西欧各国"，各个国家只能根据各国的历史特点做出选择。

马克思严格界定"封建制",主要是为了阐明西欧资本主义制度是怎样从封建主义转化而来的,从而揭示资本主义社会经济机制的产生过程。他立足西欧中世纪特定的社会政治、经济状况,阐述了封君封臣、农奴制、领主垄断土地、庄园采邑制、契约关系等封建制的表现,表明封建主义是旧社会剧烈解体的结果。马克思对于西欧封建主义制度的研究,完全符合当时的社会经济研究的标准概念。但是,马克思的研究重心并非在于封建主义的特征,而是着重阐述西欧封建主义如何转化为资本主义。

1. 西欧封建关系首先体现为基于土地所有制的契约关系

封建土地所有制是封建制度的基础,封君封臣是封建生产关系的前提。"在欧洲一切国家中,封建生产的特点是土地分给尽可能多的臣属。同一切君主的权力一样,封建主的权力不是由他的地租的多少,而是由他的臣民的人数决定的,后者又取决于自耕农的人数……"① 因此,每一个封建关系在表面上都是一种契约关系,大大小小的封建采邑制遍布西欧大陆,形成分散的社会联合体。恩格斯在论述封建所有制时,同样把采邑制和领主制视作"基础",认为这类制度都带有人身依附性的"隶属关系"。正是封建制帮助西欧摆脱了奴隶制,每个人都获得一定的人身权和财产权,虽然十分有限,但却在一定程度上使权力分散。每一个采邑庄园既是封闭的经济单位,又是独立的一个社会政治实体。与奴隶不同,农奴拥有土地使用权,领主不能随意出卖农奴,农奴在庄园中的生活权利不能剥夺。农奴作为土地上的生产者对领主的人身依附是封建制度的基础,与这种人身依附并存的是一种契约关系。因此,马克思在晚年笔记中写下最长的一段批注,对柯瓦列夫斯基提出了严厉批评:"由于在印度有'采邑制'、'公职承包制'(后者根本不是封建主义的,罗马就是证明)和荫庇制,所以柯瓦列夫斯基就认为这是西欧意

---

① 《马克思恩格斯文集》第5卷,北京:人民出版社2009年版,第824页。

义上的封建主义。别的不说，柯瓦列夫斯基忘记了农奴制，这种制度并不存在于印度，而且它是一个基本因素。"① 除此之外，马克思更尖锐地抨击了菲尔将东方公社和社会关系看作是封建主义的做法，讽刺他说"菲尔这个蠢驴把村社的结构叫做封建的结构"②，并严厉斥责梅恩将英国在印度的殖民统治给以美化的言论，认为正是英国的殖民统治造成了印度公社所有制衰落的"主要的（主动的）罪人"③。马克思指出，西方殖民统治不但没有加速东方社会融入世界一体化的进程，反而瓦解了其本身的内部结构，造成社会秩序的混乱，这种殖民化不可能发展成资本主义。

2. 西欧封建制度催生城镇市民社会，为资本主义的转化提供可能性

马克思认为西欧封建制内部派生出资本主义的因素是由于城市的产生，或者更准确地说是城市商人和工匠的产生。马克思强调了12世纪城镇争取自治运动的重要性，认为它具有一种"革命的性质"，使得城市共同体能够保持较高程度的行政自主性。正如厉以宁所指出的，西欧封建社会的城市既是集市贸易的产物，也是社会流动的产物，西欧资本主义则起源于封建社会中的城市。④ 无论是由于自然、政治、军事等原因，使得农民同土地分离，家臣同贵族分离，并转变为潜在的自由劳动者为资本主义萌芽创造了条件。各种贸易尤其是世界贸易的发展推动了城市手工业的扩大，使得城市之间新兴出劳动分工制作商，逐渐摆脱西欧封建制各种束缚，成为资本主义制度发展的决定因素。马克思认为，资本主义生产是随着商业交换的扩大和城市手工业的发展，通过两大途径而产生：第一种就是商人阶层的一部分人从纯粹的贸易领域转到直接

---

① 《马克思古代社会史笔记》，北京：人民出版社1996年版，第78页。
② 同上书，第385页。
③ 同上书，第94页。
④ 厉以宁：《资本主义的起源——比较经济史研究》，北京：商务印书馆2003年版，第68页。

马克思《马·柯瓦列夫斯基〈公社土地占有制,其解体的原因、进程和结果〉一书摘要》研究读本

生产领域;第二种个别生产者自己积累资本,并逐步扩展到包括贸易在内的其他领域,这是一种"真正革命化的道路"。西欧资本主义的最初萌芽正是在城市的兴起过程中,伴随着工商业的繁荣而出现和发展的。

就政治制度而言,马克思、恩格斯反对滥用"封建",历来把东方国家称之为"专制主义"或"东方专制主义",将其与西欧封建主义严格区分开来。马克思在1853年7月22日写的《不列颠在印度统治的未来结果》第一次明确提出了"亚洲式的社会"、"亚洲社会"概念,并将其和"西方式的社会"、"西方社会"相区别[1],并认为东方专制主义与西方封建主义不相容。"东方各民族为什么没有达到土地私有制,甚至没有达到封建的土地所有制呢?我认为,这主要是由于气候和土壤的性质,特别是由于大沙漠地带,这个地带从撒哈拉经过阿拉伯、波斯、印度和鞑靼直到亚洲高原的最高地区。在这里,农业的第一个条件是人工灌溉,而这是村社、省和中央政府的事。"[2] 马克思在6月10日写的《不列颠在印度的统治》一文,利用了恩格斯的这一思想,但也指出了另一个重要的原因,即生产力水平低下。他指出:"节约用水和共同用水是基本的要求,这种要求,在西方,例如在佛兰德和意大利,曾促使私人企业结成自愿的联合;但是在东方,由于文明程度太低,幅员太大,不能产生自愿的联合,因而需要中央集权的政府进行干预。"[3] 马克思强调指出,君主专制与封建等级制是不一样的,就西欧社会而言,君主专制是封建等级制向近代资本主义转化的过渡阶段。然而,"根据印度的法律,统治者的权力不得在诸子中分配,这样一来,欧洲封建主义的主要源泉之一便被堵塞了。"[4] 统治权不得在诸子中分配,能够保证中央集权的传承延续,也正是以印度为代表的东方国家不同于西欧主权分割的封建制所在,同时是东方社会没有产生资本主义的重要原因。

---

[1] 《马克思恩格斯选集》第1卷,北京:人民出版社1972年版,第768页。
[2] 《马克思恩格斯全集》第28卷,北京:人民出版社1973年版,第260—263页。
[3] 《马克思恩格斯选集》第1卷,北京:人民出版社1972年版,第762页。
[4] 《马克思古代社会史笔记》,北京:人民出版社1996年版,第68页。

"如果拿一个扩大的中世纪西欧封建社会来和东方封建社会进行比较，我们则会看到，在主要方面，它们是相同的、可比的。在经济方面，农业是主要的生产部门，人力、畜力为重要动力，也有简单的机械。工商业有相当的发展，而且是越来越发展，说封建时代是自然经济的统治，可能并非事实。在生产关系方面，则普遍是大土地所有制和小生产的结合。在政治方面，这封建时代，无论中国还是西方，国家形态主要是君主制的统治，其发展的趋向也是君主的力量越来越强大，官僚机构越来越健全。"①

马克思对于"封建制"、"封建主义"有严格的界定，反对以西欧中世纪套用东方社会，并严厉批评机械类比。他坚持历史发展道路普遍性和多样性相统一的学术理念，多维度、多视角、全方位地展示了人类社会大系统极其复杂的发展历程，而并非斯大林所表述的没有差异的、单一的五种社会形态依次递进的进化图示。国内学界关于"封建制"、"亚细亚生产方式"的讨论主要集中在史学领域。郭沫若在《中国古代社会研究》中提出中国历史的四阶段：西周以前的原始共产制、西周时代的奴隶制、春秋以后的封建制及近百年来的资本制。从中国历史来看，"大抵在西周以前就是所谓'亚细亚的'原始公社社会，西周是与希腊罗马的奴隶制时代相当，东周以后，特别是秦以后，才真正地进入了封建时代。"② 翦伯赞则批评"郭沫若对中国历史发展阶段的划分，陷入公式主义的泥沼……在方法论上限于全盘的错误。"③ 杜畏之同样批评了这种机械地类比方法，认为历史的发展毫无规律性可言，"氏族社会可以生育一个亚细亚的社会，如在古代的近东，亦可生育一个古代社会，如在希腊与罗马，又可以生育一个封建社会，如在纪元前十二十三世纪之中国，还可以生育一个特殊的社会组织，如南美洲印加帝国下

---

① 马克垚：《中西封建社会比较研究》"导言"，北京：学林出版社1997年版，第10页。
② 《郭沫若全集·历史编》第1卷，北京：人民出版社1982年版，第154页
③ 翦伯赞：《历史哲学教程》，石家庄：河北教育出版社2000年版，第183页。

的社会系统。"①

马克思在《笔记》中好像避免把这些国家叫作封建国家，至少他自己从不使用这样的词句，他只限于使用"非资本主义"这一概念。例如，他在写到印度时使用了实行"非资本主义生产并以农业为主的国家"②的说法；在写到阿尔及利亚时使用了"非资本主义生产方式的国家"③的说法。总之，他反对柯瓦列夫斯基根据一些非本质的特征把这些国家的社会比附为西欧的封建社会形态。这就是马克思在《笔记》中对这些"非资本主义"国家的社会性质的看法。

马克思的上述这些看法概括地规定了封建制的本质，这是他的《笔记》中的一个比较引人注目的地方。像这样集中地规定封建主义的本质特点，在他以前的著作中是没有的。他的这些概括深刻地体现了唯物史观的精神，因为他是根据对作为经济基础的社会生产关系的分析做出这些规定的，他不仅分析了作为生产资料的土地所有制的性质，而且也着重地考虑到直接生产者的人身依附地位的性质，具有严格的科学性和普遍的意义。特别是，他是在研究印度的古老历史时，在批评柯瓦列夫斯基的"封建化"的论断时这样做的。这说明，马克思不仅在考察西欧以外的资本主义起源的问题时坚持辩证唯物主义的具体历史态度，否定那种把他所阐述的"历史必然性"变成某些历史哲学的宿命观，而且在考察西欧以外的前资本主义社会形态时，也坚持实事求是，从实际出发的唯物主义立场，根本谈不到有所谓五种生产方式说的模式。这应该是马克思晚年在他的《笔记》中给我们留下的宝贵启示。

实际上，认真研读马克思著作，尤其是晚年论著，便会发现"封建制"、"封建主义"作为前资本主义的政治制度、生产方式，只是特属于西欧社会。中国封建制度的历史发展和西欧有许多差异，例如中国以前的国家封建制度（所谓国有土地）与地主私有土地制度同时并存，

---

① 杜畏之：《古代中国研究批判引论》，载《读书杂志》1932年第2卷第2、3期合刊。
② 同上书，第300页。
③ 同上书，第323页。

并相互斗争。然而，作为人类历史发展长河中的一种社会形态，我们不能把"封建制"、"封建主义"简单地当成一种政治制度、生产方式，而要兼论其社会、经济等内容。封建社会作为东西方国家和民族社会发展的必经阶段，是不以人的意志为转移的普遍规律。

二 土地关系的发展形态

在世界资本主义市场形成之前，不同社会的发展模式和发展道路是封闭的、分散的，具有多样性、复杂性。研究前资本主义的人类社会发展道路，土地占有制关系是绕不开的核心概念和范畴。实际上，也正是马克思给柯瓦列夫斯基提示了"公社土地占有制"这个题目。柯瓦列夫斯基根据墨西哥和秘鲁、印度和阿尔及利亚，即美、亚、非三大洲的材料，致力于揭示公社以及公社成员对主要传统生产资料——土地关系的普遍发展规律。在柯瓦列夫斯基的书中，公社不仅是一系列欧洲国家的农民，而且是几大洲的许多民族，是大部分人类的一种古老的社会经济存在方式。这种方式是现实存在的，尽管复杂多样、充满矛盾，总体又是统一的。柯瓦列夫斯基在自己著作的长篇《导言》中提出了这样一个观点，即全世界所有地区的公社土地所有制在不同程度上都经历了与西欧一样的封建化过程。"我一次又一次地研究过我们通常称之为封建化过程的那种复杂历史过程中的重要因素。封建化过程，并没有构成某个民族或种族绝无仅有的特点。如果说这一过程对于日耳曼—罗曼世界以外古老生活方式的解体所产生的影响，至今没有弄清楚的话，那只是因为西欧大多数历史学家和法学家，对于欧洲东部以及世界其他地区土地关系的发展进程，都还不了解的缘故。"[①] 因此，他出版这一著作以在某种程度上填补这一研究的空白。

[①] 〔俄〕柯瓦列夫斯基：《公社土地占有制，其解体的原因、进程和结果》，李毅夫、金地译，北京：中国社会科学出版社1993年版，第9页。

马克思《马·柯瓦列夫斯基〈公社土地占有制，其解体的原因、进程和结果〉一书摘要》研究读本

1. 殖民国家的土地政策破坏了原有的公社土地占有制

马克思在摘录"西班牙在西印度的统治"这一节时，就指责了西班牙土地政策对西印度群岛和美洲大陆公社所有制瓦解所产生的影响。"西班牙人最初的政策，目的在于消灭红种人。他们把现有的黄金等等掠夺一空之后，就使印第安人注定从事矿场劳动。随着金银价值的下降，西班牙人就转而从事农业，把印第安人变成奴隶。迫使他们为西班牙人耕种土地……在此以前，总督们在西印度群岛和美洲大陆就已实行瓜分制度（这种制度把一定数量的土人分配到殖民者中间去当奴隶）……根据瓜分制度，整个墨西哥在16世纪下半叶被划分为80个区。在这种制度下，以前的部落首领和村长在公社和区的范围内实行内部治理的权利以及获得一定数量实物税的权利便消失了。"① 从15世纪开辟新航路到16世纪，欧洲人对殖民地的政策都可以称之为"灭绝政策"。除了用战争和沉重的强制劳动消灭了大部分居民后，还先后实行"终身监护"和"世袭监护"制度，目的就是把大部分土著居民变成农奴。这些政策虽然对公社土地占有制的影响是间接的，但却是决定性的。"人为地削弱了公社氏族生活的中的宗法性质，增强了土著居民希求财产关系个体化的愿望，并由于欧洲殖民者私人强占土地而使公社土地面积大大减少。"②

针对英国人在东印度的专横统治，马克思详细摘了柯瓦列夫斯基著作的第七章，强烈谴责了英国人给被压迫的国家和人民带来的沉重灾难。英国统治者在印度人为地破坏公社所有制，扶植大土地所有制，实行"土地整理"（对农民的公社地产和私有地产进行掠夺）等政策，不仅根本没有在农业中发展什么资本主义经济，而且"任何有利于农业的事都没有做"。由于英国统治者破坏了公社土地所有制，使得公社所有

---

① 《马克思古代社会史笔记》，北京：人民出版社1996年版，第10—11页。
② 〔俄〕柯瓦列夫斯基：《公社土地占有制，其解体的原因、进程和结果》，李毅夫、金地译，北京：中国社会科学出版社1993年版，第13页。

者分裂成了"原子","也就人为地破坏了公社的人员组成和公社的建立在邻里关系上的团结原则"①,他们由此而失去了原有的公社和其他各种统一体的依托,逼迫"农民举行一系列的地方性起义"②。加上侵入公社的"高利贷者尽其所能在公社社员中支持并挑起新的纠纷",使当地居民深陷无休止的"法律战争"之中③。

法国人在阿尔及利亚的土地政策的突出特点表现在:第一,确立土地私有制是在经济和社会领域内实现任何进步的必要条件;第二,将地产从土著居民手中进一步转移到殖民者手中。不管殖民者采取了何种手段,其目的始终只有一个:消灭不可分割的公社财产,将其变成自由买卖的对象,从而有助于财产最终转移到法国殖民者手中。"确立土地私有制,(在法国资产者看来)是政治和社会领域内任何进步的必要条件。把公社所有制'这种支持人们头脑中的共产主义倾向的形式'继承予以保留,无论对殖民地或者对宗主国都是危险的;分割氏族占有地受到鼓励,甚至明令实行,首先是作为削弱经常准备起义的被征服部落的手段,其次是作为把地产从土著手中进一步转移到殖民者手中的唯一途径。这个政策,法国人从 1830 年到现在尽管历届政府彼此取代,却始终不渝地奉行着。手段有时改变,目的始终是一个:消灭土著的集体财产,并将其变成这样买卖的对象,从而使这种财产易于最终转到法国殖民者手中。"④ 在各个地方随着氏族生活的解体,殖民国家的土地政策在许多地方导致了农村公社的彻底瓦解。

2. 土地关系史是研究社会形态的主要内容

没有哪一个国家像印度那样具有如此众多形式的土地关系。柯瓦列夫斯基的《公社土地占有制,其解体的原因、进程和结果》涉猎了众

---

① 《马克思古代社会史笔记》,北京:人民出版社 1996 年版,第 86 页。
② 同上书,第 83 页。
③ 同上书,第 99 页。
④ 同上书,第 109—110 页。

多的土地关系变迁史,尤其是印度土地罗阇时代的土地关系的演变历程。"立法文献离我们的时代越近,其中承认公社土地所有制是印度土地关系的主要形式的证据就越多。这里的原因是:起初差不多完全被排除于法典以外的习惯法(地方法),逐渐越来越多地被吸收到婆罗门的成文法中。"① 研究土地关系史,能帮助我们了解在土地的占有和利用中,各阶级、阶层、社会团体等和个人之间的特殊生产关系。"无论是印度远古的法律汇编(《摩奴法典》),还是较晚的立法文献(《述祀法论》、《那罗陀法论》、《密陀婆罗》和《毗诃跋提法论》),都直接或间接地提供了一些材料,可以证明氏族、公社和宗法家族团体的存在。"② 在《那罗陀法》编纂时期,印度就存在着两种类型的公社:一种是氏族公社,一种是农村公社。

马克思在摘录中通过"(A)按历史上发生的顺序看印度现代公社所有制的各种形式"③ 和"(B)印度本地罗阇时代的土地关系史"④ 两个层面进行考察。从公元前9世纪一直跨越到莫卧儿帝国时期(1526—1761年),具体阐述了印度土地制度从公有向私有的发展过程的五个阶段:"(1)最初是实行土地共同所有制和集体耕种的氏族公社;(2)氏族公社依照氏族分支的数目而分为或多或少的家庭公社(即南斯拉夫式的家庭公社),土地所有权的不可分割性和土地的共同耕作制在这里最终消失了;(3)由继承权(即有亲属等级的远近)来确定份地因而份地不均等的制度;(4)这种不均等的基础已不再是距同一氏族首领的亲属等级的远近,而是由耕种本身表现出来的事实上的占有;(5)公社土地或长或短定期的重分制度,如此等等。起初,重分同等地包括宅院(及其毗邻地段)、耕地和草地。继续发展的过程首先导致将宅旁土地(包括毗邻住所的田地等等)划为私有财产,随后又将耕地和草地

---

① 《马克思古代社会史笔记》,北京:人民出版社1996年版,第37页。
② 〔俄〕柯瓦列夫斯基:《公社土地占有制,其解体的原因、进程和结果》,李毅夫、金地译,北京:中国社会科学出版社1993年版,第63页。
③ 《马克思古代社会史笔记》,北京:人民出版社1996年版,第25页。
④ 同上书,第37页。

划为私有财产，共同的家庭在历史的发展过程中也越来越简化为现代意义上的私人的个体家庭了。"① 柯瓦列夫斯基主要通过历史唯物主义的方法，第一次试图对于印度物权方面的变化做出历史性的说明，阐释《摩奴法典》、《述祀法论》和《那罗陀法论》以及更加晚近的法律注疏和法律汇编。

马克思基本同意柯瓦列夫斯基从印度土地制度的公有和私有的二重性以及由土地公有制向土地私有制的过渡来看待印度的土地制度。但是，与柯瓦列夫斯基不同的是，马克思从完全不同的角度来领会他所搜集的珍贵资料。马克思认为，决定公社土地占有制这些类型的连续更替过程的，既不是居住在公社土地上的有亲属关系者和外来人之间不可避免的斗争，也不是乡村居民自我组织中的氏族原则和邻居原则的全面矛盾，更不是土地继承占有制和自由占用、实际耕作原则的特殊竞争，而是由于生产力的客观发展进程，使得以工业为主导的生产方式逐渐取代以农业为主的国家。公社土地所有制被强制瓦解在这些地区带来的极其不利后果就是高利贷的猖獗。马克思在"柯瓦列夫斯基笔记"中指出："在一切实行非资本主义生产并以农业为主的国家里，都可以看到高利贷的发展"②，"与全村毫无关系的城市高利贷者的土地所有权，取代了公社土地所有权"③。而这些国家要从高利贷资本发展转化为工业资本则是漫漫长路，困难重重。"高利贷和商业一样，是剥削已有的生产方式，而不是创造这种生产方式，它是从外部和这种生产方式发生关系。高利贷力图维持这种生产方式，是为了不断重新对它进行剥削：高利贷是保守的，只会使这种生产方式处于日益悲惨的境地。"④

---

① 《马克思古代社会史笔记》，北京：人民出版社1996年版，第36—37页。
② 同上书，第94页。
③ 同上书，第95页。
④ 《马克思恩格斯全集》第25卷，北京：人民出版社1974年版，第689页。

3. 土地所有制的演变过程与社会性质

农业社会的性质主要是由土地所有制性质决定的。马克思在摘录柯瓦列夫斯基原著的第三章时，首先将其原标题的"土地占有制"改为"土地所有制"。柯瓦列夫斯基不顾所有制的社会本质而将所有制关系的实物方面和正式法律方面绝对化，马克思反对他把所有制和财产、土地所有制和土地关系或占有混为一谈。因此，除去极少数地方马克思没有改动外，大部分都改成了"公社所有制"。虽然仅一字之差，却具有十分重要的意义。也就是，否定了西方资产阶级的那些东方学家们所主张的"国家是唯一的所有者"这一观点。柯瓦列夫斯基把国家的最高所有权当作唯一的所有权而持不承认的态度，他把这种最高所有权说成是西方殖民主义者为了掠夺公社土地、根据旅行者的错误记述而进行的捏造。"在法国人、英国人、西班牙人、意大利人或德国人看来，每一块土地不是属于私人就是属于国家。这样的观念，完全符合在罗马法熏陶下形成的西欧法律概念，它已逐步改变了日耳曼—罗马世界各民族原来的法律观点，即使不是在农村居民中，那也是在社会中上层阶级中完全消除了以往人们关于土地作为公社占有和使用对象的记忆。"① 实际上，柯瓦列夫斯基的"占有"概念既不符合实际情况，又不符合逻辑。他既然不承认国家是唯一的所有者，就不应把公社说成是"占有者"的。在国家的最高所有权问题上，马克思认为柯瓦列夫斯基的这种观点缺少根据。西方殖民主义者的歪曲不在于他们肯定国家对全部土地的最高所有权，而在于他们把国家说成是"唯一所有者"②，从而否定公社所有制。柯瓦列夫斯基只承认国家对它直接掌握的土地的所有权，但他却不能解释国家为什么能有权支配全部土地。因此，他只能用法学家的眼光把这种情况解释为"民族领袖"凭借"法律虚构"对公社土地的

---

① 〔俄〕柯瓦列夫斯基：《公社土地占有制，其解体的原因、进程和结果》，李毅夫、金地译，北京：中国社会科学出版社1993年版，第116页。

② 《马克思古代社会史笔记》，北京：人民出版社1996年版，第37页。

侵夺，因此国家仅仅是"法律上的最高所有者"①。显然从法理上对土地所有制做这种解释是苍白无力的。马克思在"柯瓦列夫斯基笔记"中表明，他否定的是国家对土地的唯一所有者的地位，而不是专制国家对全部土地的最高所有权。他在摘录过程中的一条评注中指出："英属东印度居民十分痛恨的这种一再进行的土地登记，在那里至少还有这样的意义：国家作为他们的地主想要定期提高地租"②，也就是对国家最高所有权的确认。在《资本论》中，马克思表述的观点基本没有改变，"国家就是最高的地主。在这里，主权就是在全国范围内集中的土地所有权。但因此那时也就没有私有土地的所有权，虽然存在着对土地的私人的和共同的占有权和使用权"。③

柯瓦列夫斯基笔记第二部分"II.英属东印度"部分的（C）、（D）、（E）和第三部分"阿尔及利亚"涉及对亚、非等一些古老国家的公社土地所有制的演变过程，认为这些变化是封建主义性质的。马克思认为："柯瓦列夫斯基整个这一段都写得非常糟糕。"④ 马克思之所以重视对军功田有关资料的摘录，是因为在柯瓦列夫斯基看来，军功田特别是地亩税促进了印度的封建化。柯瓦列夫斯基认为，在穆斯林征服者统治之下，军功田的授予使先前的土地"占有者由自由人变为依附人，同时，他们的占有也由对自主地的占有变为封建的占有"⑤。作为欧洲中心论者的柯瓦列夫斯基，照搬西欧模式，认为印度的封赠军功田（采邑），实行"公职承包制"和"荫庇制"，就是西欧意义上的封建主义。对此，马克思写下了晚年笔记中最长的一段批注，对柯瓦列夫斯基提出了严厉批评；"由于在印度有'采邑制'、'公职承包制'（后者根本不是封建主义的，罗马就是证明）和荫庇制，所以柯瓦列夫斯基就认为这是西欧意义上的封建主义。别的不说，柯瓦列夫斯基忘记了农奴制，这

---

① 《马克思古代社会史笔记》，北京：人民出版社1996年版，第37页、第47—48页。
② 同上书，第17页。
③ 《马克思恩格斯全集》第25卷，北京：人民出版社1974年版，第891页。
④ 《马克思古代社会史笔记》，北京：人民出版社1996年版，第63页。
⑤ 同上。

种制度并不存在于印度,而且它是一个基本因素。(至于说封建主不仅对非自由农民,而且对自由农民的个人保护作用,那么,这一点在印度,除了在教田方面,所起的作用是很小的);(罗马—日耳曼封建主义所固有的对土地的崇高颂歌,在印度正如在罗马一样少见。土地在印度的任何地方都不是贵族性的,就是说,土地并非不得出让给平民!)不过柯瓦列夫斯基自己也看到一个基本差别:在大莫卧儿帝国特别是在民法方面没有世袭司法权。"① 对于资产阶级学者菲尔将印度村社结构看作是西欧封建社会结构,马克思则毫不客气地对之展开了批判和嘲弄:"菲尔这个蠢驴把村社的结构叫作封建的结构。"② 那么,像印度这样的一些亚、非古老国家究竟是什么性质的社会呢?马克思把印度视为"实行非资本主义生产并以农业为主的国家"③,而将阿尔及利亚视为"非资本主义生产方式的国家"④。由此可见,马克思反对柯瓦列夫斯基根据一些非本质的特征把亚、非一些古老国家的社会与西欧的封建社会形态相比附,这也是马克思在柯瓦列夫斯基笔记中对这些国家社会性质的揭示。

以印度为例,由土地公有制转化为土地私有制经历了极其缓慢的过程,一直到莫卧儿帝国时期,仍然带有一些由土地公有制向土地私有制转化的特征。但是,早在印度哈巴拉文化时期(公元前2700—前1500年),就产生了土地私有制的萌芽,直到公元前6—前4世纪,佛教文献中有许多反映土地私有制的记载。⑤ 恩格斯在《〈反杜林论〉的准备材料》中明确讲道:"所有印度日耳曼民族都是从公有制开始的。几乎在所有这些民族那里,公有制在社会发展进程中都被废除,被否定,被私有制、封建所有制等等其他形式所代替。"⑥ 在1876—1878年,恩格

---

① 《马克思古代社会史笔记》,北京:人民出版社1996年版,第78页。
② 同上书,第385页。
③ 同上书,第94页。
④ 同上书,第117—118页。
⑤ 参看季羡林《罗摩衍那初探》,外国文学出版社1979年版,第7章。
⑥ 《马克思恩格斯全集》第20卷,北京:人民出版社1971年版,第673页。

斯在完成的《反杜林论》中提出："一切文明民族都是从土地公有制开始的，在已经经历了某一原始阶段的一切民族那里，这种公有制在农业发展的进程中变成了生产的桎梏。它被废除，被否定，经过了或长或短的中间阶段之后转变为私有制。但是在土地私有制本身导致的较高的农业发展阶段上，私有制又反过来成为生产的桎梏——就目前无论小地产或大地产方面的情况都是这样。因此就必然地产生出把私有制同样地加以否定并把它重新变为公有制的要求。但是，这一要求不是要恢复原始的公有制，而是要建立高级得多、发达得多的共同占有形式。"① 由土地公有制到土地私有制，再到更高形式的土地公有制是一切民族土地所有制形式演变的共同规律。

4. 农村公社土地占有制的二重性结构

事实上，如印度一样的国家的农村公社及土地公有制，存在的时间比较长，范围比较广。与原始类型的公社不同，既有公有制的因素，又有私有制的因素，这就是马克思所说的农村公社的二重性。马克思利用柯瓦列夫斯基细心挑选和整理的属于各殖民地国家的大量的民族学资料，对作为世界现象并在漫长时间里存在的农村公社获得了相当完整的概念。马克思在较早期的著作中主要分析农村公社与集权专制制度结合在一起，长期抑制着私有制和商品经济的发展，形成东方社会十分稳定的社会结构，在亚、非一些古老国家存在了几千年之久。而在"柯瓦列夫斯基笔记"及其他晚年著作中，马克思关注的则是古老国家公社的历史能动性。他充分利用柯瓦列夫斯基著作里所提供的各个地区原始公社的材料，并对各个公社进行研究得出结论：虽然各大洲当时现存的农村公社具有不同于古代原始公社的新特征，即"二重性"，但这些农村公社是由自发产生的社会关系和血缘亲属关系即生产资料公社所有制所决定的古代原始公社演变而来的，而且它们都不同程度地存在着古代原始

---

① 《马克思恩格斯选集》第3卷，北京：人民出版社1995年版，第480—481页。

公社的两种社会关系及其变种的影响,以至于在各个方面都不同程度地保留着古代原始公社的痕迹。①

马克思认为,农村公社的私有制因素并不单单是公社的破坏性因素,它对公社还起着辅助的作用,因为公有制使公社基础稳固,而一定程度的私有制则使个人获得发展,两者相辅相成,从而使农村公社具有强大的生命力。一方面,农业公社的二重性是具有强大生命力的源泉,因为"公有制以及公有制所造成的各种社会关系,使公社基础稳固,同时,房屋的私有、耕地的小块耕种和产品的私人占有又使个人获得发展,而这种个人发展和较古的公社条件是不相容的"②。另一方面,这种二重性又是农业公社逐渐解体的根源。"撇开敌对的环境的一切影响,仅仅从积累牲畜开始的动产的逐步积累(甚至有像农奴这样一种财富的积累)、动产在农业本身中所起的日益重大的作用以及与这种积累密切相关的许多其他情况,……都是起破坏经济平等和社会平等作用的因素,并且就在公社内部产生厉害冲突,这种冲突先是使耕地变为私有财产,最后变成私人占有森林、牧场、荒地等等这样一些已经变成私有财产的公社附属物。"③ 马克思尤其批判了柯瓦列夫斯基直接套用西欧农村公社的发展模式来说明其他地区农村公社的发展道路,进而也就否定了把当时现存的农村公社的未来发展前景简单归结为资本主义社会的错误观点。农业公社的最终结果还是只能由公社与世界资本主义的发展情况共同决定。马克思在《资本论》第3卷第47章讲到劳动地租时指出:"如果不是私有土地的所有者,而像在亚洲那样,国家既作为土地所有者,同时又作为主权者而同直接生产者相对立,那么,地租和赋税就会合为一体,或者不如说,不会再有什么同这个地租形式不同的赋税。在这种情况下,依附关系在政治方面和经济方面,除了所有臣民对这个国

---

① 胡刘、祝莉萍:《马克思晚年笔记的理论旨趣与历史哲学意蕴》,载《哲学动态》2011年第4期,第17—18页。
② 《马克思恩格斯全集》第19卷,北京:人民出版社1963年版,第434页。
③ 同上书,第434—435页。

家都有的臣属关系以外，不需要更严酷的形式。在这里，国家就是最高的地主。在这里，主权就是在全国范围内集中的土地所有权，虽然存在着对土地的私人的和共同的占有权和使用权。"① 马克思关于农村公社的二重性的理论是全面的、具体历史的，体现了历史辩证法精神。

马克思的"柯瓦列夫斯基笔记"中我们可以发现，农村公社中的私有制因素既不无条件对公社起着破坏的作用，也不无条件具有新生事物的属性。在当时英、法等宗主国的资本主义已暴露出危机的情况下，在亚、非国家发展公社中的私有制因素取代公有制并不意味着社会的进步。例如，当柯瓦列夫斯基谈到法国殖民当局认为在阿尔及利亚"确立土地私有制是政治和社会领域内任何进步的必要条件"②的时候，马克思特意加上"在法国资产者看来"③ 这样一个说明，强调这是资产阶级的偏私看法。法国资产阶级认为建立土地私有制是"改进耕作方法从而提高土地生产率的万应灵丹"④，马克思取笑他们企图依据资产阶级的"所谓永恒不变的政治经济学规律"的外衣⑤，来掩盖欺诈勾当和贪婪，为消灭公社土地所有制辩护。因此，马克思在给俄国革命者维·伊·查苏利奇的复信第一稿中，特别警告有必要估计到这种情况，"我们在阅读资产者所写的原始公社历史时必须有所警惕。他们是甚至不惜伪造的。例如，亨利·梅恩爵士本来是英国政府用暴力破坏印度公社行动的热心帮手，但他却伪善地要我们相信：政府维护这些公社的一切崇高的努力，碰到经济规律的自发力量都失败了！"⑥ 马克思在第三稿中确认，社会总体在自己的发展中从公有制发展到私有制，自发地"跨越"公社只限于西欧各国。"我之所以注意这一推论，仅仅因为它是以欧洲的经验为根据的。至于比如说东印度，那么，大概除了亨·梅恩爵士及其

---

① 《马克思恩格斯全集》第25卷，北京：人民出版社1974年版，第891页。
② 《马克思古代社会史笔记》，北京：人民出版社1996年版，第110页。
③ 同上书，第109页。
④ 同上书，第119页。
⑤ 同上书，第117页。
⑥ 《马克思恩格斯文集》第3卷，北京：人民出版社2009年版，第581页。

同流人物之外,谁都知道,那里的土地公有制是由于英国的野蛮行为才被消灭的,这种行为不是使当地人民前进,而是使他们后退"。①

正如马克思所说,"农业公社制度所固有的这种二重性能够赋予它强大的生命力。它摧毁了牢固然而狭窄的血缘亲属关系的束缚,并以土地公有制以及公有制所造成的各种社会联系为自己的稳固基础;同时,各个家庭单独占有房屋和园地、小地块耕种和私人占有产品,促进了那种与较原始的公社机体不相容的个性的发展。但是,同样明显,就是这种二重性也可能逐渐成为公社解体的萌芽。除了外来的各种破坏性影响,公社内部就有使自己毁灭的因素。"② 然而,由于英、法等所谓宗主国的人为干涉和破坏,亚、非拉国家公社所有者失去了他们的旧世界,也没有获得一个新世界。不仅没有获得能保证人们获得全面发展的新世界,而且也没有获得可称为资本主义那样的新世界。过去的旧的农村公社世界虽然有很多缺陷,但人们在那里却"由血缘关系、比邻而居和由此产生的利害一致结合在一起,能够抗御各种变故……遇有事故,每一个人都可以指望全体"③。在某种程度上,这样的全体甚至能给人带来满足和乐趣。而现在却不同了,公社所有者已经分裂成为彼此利害冲突的"原子",每个小集团和个人都有自己特殊的利益和利己的、狭隘的要求。侵入公社的高利贷者又极力加剧这些冲突。"公社团体的瓦解过程,并不以确立小农所有制为限,而且不可避免地导致大土地所有制。如上所述,由于与公社毫不相干的资本家阶级侵入公社内部,公社的宗法性质就消失了,同时公社首领的影响也消失了;一切人反对一切人的战争开始了。"④ 这种"一切人反对一切人的战争"使得亚非拉国家公社所有者具有比资本主义国家更为可悲的性质。马克思指出,这些"导致破产的诉讼以及使印第安人失掉反抗西班牙人的最后力量的内部

---

① 《马克思恩格斯文集》第3卷,北京:人民出版社2009年版,第584页。
② 同上书,第586页。
③ 《马克思古代社会史笔记》,北京:人民出版社1996年版,第92页。
④ 同上书,第98页。

纠纷，成了可以说是印第安人的'政治'生活的唯一表现"，他们失去了反抗外国压迫的"最后力量"。① 这一切，实际上就是马克思所描述的亚、非、拉殖民地国家的人民在公社瓦解之后的历史命运。这些国家100多年以来的苦难奋斗、失败和成功的历史，从各个方面证明了马克思这些话的重大意义。

---

① 《马克思古代社会史笔记》，北京：人民出版社1996年版，第20页。

第八章 "柯瓦列夫斯基笔记"的现实意义

通过上述对柯瓦列夫斯基笔记的大致梳理、概述,马克思在此着重研究的是亚、非、美洲等古老国家的公社演变、土地制度、社会性质及其发展道路等问题。这实际上就蕴含着思考和探讨落后国家的发展道路、未来前景等问题,否则很难设想,马克思在此后的《给维·伊·查苏利奇的信》、《共产党宣言》1882年俄文版序言等重要著述中,对俄国未来的发展前景、社会革命道路等问题会有那么多深刻思考与闪光思想。马克思既坚持人类社会历史发展道路的普遍性,更强调各个国家、地区和民族的特殊性。他将资本主义社会历史形态放到人类历史长河中研究,并将这一形态与其之前的社会形态或在比较不发达国家内和这些形态同时并存的那些形态加以比较和研究,指出资本主义社会是在西欧历史上一步步发展成熟起来的。从世界历史来看,西欧首先发展出资本主义,实现了现代化,而在俄国和东方这些非欧世界却从未产生和经历过资本主义,直到今天还在现代化的道路上摸索前进。事实上,纵观马克思的生平著作,存在着两条不同的研究路径。"一条是对资本主义社会及政治经济学的研究(西欧社会的研究),另一条是对前资本主义社会及人类学的研究(东方社会的研究)。正是在人类学研究的基础上,马克思创立了社会形态理论。马克思的社会形态理论包含着两个不同的维度:一个是欧洲社会形态演化的维度:氏族公社、亚细亚所有制、奴隶制、封建制、资本主义所有制、未来共产主义所有制;另一个是东方社会形态演化的维度:氏族公社、亚细亚所有制、社会主义所有制(跨越'资本主义制度的卡夫丁峡谷')、未来共产主义所有制。"① 因此，不能把东西方社会的发展模式与道路混为一谈。

首先，打破传统的、简单的、僵化的社会发展单线历史进化论，走向多维社会历史观。在马克思主义创立初期，马克思恩格斯主要关注的是社会形态背后的物质内容及其社会发展的统一性，强调在资本主义时代，东方具有从属于西方的特性。"资产阶级使农村屈服于城市的统治。它创立了巨大的城市，使城市人口比农村人口大大增加起来，因而使很大一部分居民脱离了农村生活的愚昧状态。正像它使农村从属于城市一样，它使未开化和半开化的国家从属于文明的国家，使农民的民族从属于资产阶级的民族，使东方从属于西方。"② 但这并不代表马克思是西方中心论主义。他在晚年研究中国、印度等国家的过程中，逐渐认识到亚洲社会结构不同于西欧社会。马克思在给俄国革命者查苏利奇的复信及其草稿中四次强调指出，不能将《资本论》中关于西欧资本主义起源的概述套用其他国家的发展道路，《资本论》中关于资本主义起源的论述必须明确地限定在西欧各国。③ 因此，西方的先例在东方不能完全说明问题。历史哲学理论的最大长处就在于超历史，使用一般历史哲学理论这一万能钥匙是永远达不到这种目的的。基于此，我们不能套用西方的经验和做法来看待他国的传统社会结构，每个国家的传统社会结构都有其自身的特殊性，具体问题具体分析是唯物辩证法的基本原则。

中国的社会发展道路不同于马克思基于西欧研究所提出的历史演进图示。实际上，在资本主义生产方式产生之前，世界历史上存在的几种主要社会形式之间也存在着巨大差异。即使是大体相同类型的内部也存在差别，如古典类型的希腊与罗马不同，亚细亚社会也并非一模一样，即便是同属东方社会的印度和中国也大不相同。马克思的观点"明确地

---

① 俞吾金：《社会形态理论与中国发展道路》，载《上海师范大学学报（哲学社会科学版）》2011年第2期，第5—10页。
② 《马克思恩格斯文集》第2卷，北京：人民出版社2009年版，第36页。
③ 《马克思恩格斯文集》第3卷，北京：人民出版社2009年版，第570、583、589页。

说，原始公社制度的发展，有三条或四条线路，各自代表一种在它内部已经存在或隐含于其中的社会劳动分工形式，他们是：东方形式、古代形式、日耳曼形式和斯拉夫形式，后者的提法有些晦涩，以后就没有进一步讨论，不过它与东方形式有密切关系"①。西方的资本主义大工业开创了世界历史的先河，引导了全球化的世界历史发展趋势。然而"工业较发达的国家向工业较不发达的国家所显示的，只是后者未来的景象"②。所以，人类社会历史发展有共同的规律，但不同地区不同民族由于历史条件的差异，具体的发展道路多种多样、千差万别。极为相似的事变发生在不同的环境中会引起完全不同的结果，社会发展具有多样性的特征。从根本上来看，社会发展是统一性和多样性的辩证统一。

其次，力求从历史发展规律的高度研究世界历史。纵观马克思一生哲学思想的发展，研究世界历史都紧紧联系对于社会发展规律的探求。通过对世界历史的探讨，从总体上厘清社会形态的内在联系及演进序列，从宏观世界历史高度概括出人类社会发展的"五形态"理论。正是借助于柯瓦列夫斯基、摩尔根等人关于人类原始历史研究的新成果和一些新材料，马克思解开了"史前社会"之谜。原始社会表现为一系列不同的、标志着依次更迭的时代的类型。在给维·伊·查苏利奇的复信初稿中，马克思明确指出："正像在地质的层系构造中一样，在历史的形态中，也有原生类型、次生类型、再次生类型等一系列的类型。"③亚细亚公社、古代公社、日耳曼公社都是原始社会的最后阶段。马克思于1879年10月到1880年10月写作柯瓦列夫斯基著作的笔记，1880年底到1881年3月初，写作摩尔根著作的笔记，而马克思给维·伊·查苏利奇复信的日期是1881年3月8日。从这样的时间顺序可以得出结论，马克思在回信中所阐述的观点，在一定程度上实际反映了他对上述

---

① 郝镇华：《外国学者论亚细亚生产方式》（上册），北京：中国社会科学出版社1981年版，第9—10页。
② 《马克思恩格斯文集》第5卷，北京：人民出版社2009年，第5页。
③ 《马克思恩格斯文集》第3卷，北京：人民出版社2009年，第581页。

两本书进行细致考证研究的成果。

基于人类社会历史发展规律的研究和探求,马克思晚年更深切关心的问题是亚、非国家的农村公社的发展道路问题。虽然世界历史的形成归因于资本主义的创造,但是世界历史的未来并不必然走向资本主义。虽然在"柯瓦列夫斯基笔记"中马克思没有直接透露他对农村公社发展道路的看法,但是在给查苏利奇的复信和草稿中曾明确指出农村公社的命运取决于它所处的历史条件,即"一切都取决于它所处的历史环境"①。古代日耳曼人的农村公社在罗马帝国的废墟上蜕变出西欧的封建制度,但这并非固定的历史模式。19世纪70年代,马克思在深入研究了俄国农村公社后得出结论说,俄国的农村公社既可能被资本主义瓦解,也可能在一定的历史条件下取得新生,"不经受资本主义制度的一切苦难而取得它的全部成果"②。

柯瓦列夫斯基用实证材料证明了公社决不是历史上的怪事,也不是局部地区发展中的弯路,更不是曾经到过遥远国度和南方海岛上的欧洲人杜撰出来的。柯瓦列夫斯基是有根有据地揭露批判欧洲列强对新大陆、亚洲和非洲殖民地土著居民的所谓"开化者使命"的反人道实质的首批资产阶级学者之一。例如,他用事实材料证明了,在美洲西班牙领地上对印第安人的极端残酷剥削,英国人对印度乡村中农业和手工业的传统结合进行的有目的的破坏,目的是给自己的工业"清出"销售市场,法国在阿尔及利亚为了安置移民而对阿拉伯人部落的土地实行的强制让渡,这些都只给宗主国的统治阶层和本地的高利贷者和酋长带来利益。马克思详细地摘录了揭露殖民主义剥削本质的事实,指出殖民当局和地方剥削分子到处对传统的集体主义劳动和生活方式的破坏最终目的都是一样的。柯瓦列夫斯基认为殖民地的公社的主要内部敌人是高利贷者、富农、投机商人以及本地与敌人合作的暴发户和传统领袖,这些社会人物都是殖民当局和它强加的经济关系的产物,马克思则强调指出

---

① 《马克思恩格斯文集》第3卷,北京:人民出版社2009年,第574、586页。
② 同上书,第464页。

英国人和法国人在殖民地的活动具有资产阶级性质。他写道:"英国政府利用（已有法律批准的）'抵押'和'出让'，极力在印度西北各省和在旁遮普瓦解农民的集体所有制，彻底剥夺他们，使公社土地变成高利贷者的私有财产。"① 接着又补充道:"证实阿尔及利亚存在高利贷者的类似活动，在那里，国税重担是他们手中的进攻武器。"②

实际上，各种原始社会制度能否存在下去，以及它们同人类的前进发展是否可以"并存"？关于这个问题，柯瓦列夫斯基和摩尔根存在根本不同的观点。柯瓦列夫斯基预言在殖民主义统治下它们必然走向灭亡，强调外在的和外国因素通过实行私有制和人剥削人的方式，严重破坏了传统公社社会的基础。与此相反，摩尔根则相信，作为资本主义道路的人道选择，古代民族的"自由、平等和博爱的复活"③ 是可能的。针对这两种不同观念，马克思在给查苏利奇的复信草稿中通过对现实社会经济内容进行创造性的、辩证唯物主义的"扬弃"而卓越地解决了。马克思指出，《资本论》中在分析西欧资本主义生产的产生时提出，不适用于俄国这样一个继续存在公社的地方，他写到公社在俄国社会新生中的作用时说:"……我根据自己找到的原始材料对此进行的专门研究使我深信:这种农村公社是俄国社会新生的支点;可是要使它能发挥这种作用，首先必须排除从各方面向它袭来的破坏性影响，然后保证它具备自然发展的正常条件。"④ 因此，"柯瓦列夫斯基笔记"是我们探讨马克思晚年世界历史思想发展的重要源泉。世界历史的出现，并不仅仅意味着各个国家、民族经济联系的加强，实质上反映了自16世纪以来尤其是西方工业革命以来，在世界范围内出现的以现代工业和科学技术为主要动力所引起的从传统农业社会向现代工业社会的巨大转变。这种世界联系的确立彻底打破了传统社会封建的、宗法的和田园诗般的关系。

---

① 《马克思古代社会史笔记》，北京:人民出版社1996年版，第118页。
② 同上。
③ 同上书，第192页。
④ 《马克思恩格斯文集》第3卷，北京:人民出版社2009年版，第590页。

"生产的不断变革,一切社会状况不停的动荡,永远的不安宁和变动,这就是资产阶级时代不同于过去一切时代的地方。一切固定的僵化的关系以及与之相适应的素被尊崇的观念和见解都被消除了,一切新形成的关系等不到固定下来就陈旧了。一切等级的和固定的东西都烟消云散了,一切神圣的东西都被亵渎了。"① 在世界历史条件下,资产阶级把"一切民族甚至最野蛮的民族都卷到文明中来了","它使开化和半开化的国家从属于文明的国家"。② 世界历史创造了一种崭新的文明形态,推动了历史的巨大进步。

再次,反对把亚、非、美洲各古老民族的社会历史的演变同西欧机械类比,坚持各个国家民族和地区的特殊性。 马克思在写作柯瓦列夫斯基笔记的过程中,一再批判柯瓦列夫斯基不顾东方社会的社会现实,尤其是由农村公社的存在所造成的东方社会结构的特殊性,将西欧社会的封建化机械地生搬硬套到以印度为代表的东方国家。通过对印度村社的长期深入研究,马克思不同意柯瓦列夫斯基将印度历史上发生的土地关系的变化看作是如同西欧的封建化过程。"在欧洲一切国家中,封建生产的特点是土地分给尽可能多的臣属。同一切君主的权力一样,封建主的权力不是由他的地租的多少,而是由他的臣民的人数决定的,后者又取决于自耕农的人数……"③ 因此,每一个封建关系在表面上都是一种契约关系,大大小小的封建采邑制遍布西欧大陆,形成分散的社会联合体。恩格斯在论述封建所有制时,同样把采邑制和领主制视作"基础",认为这类制度都带有人身依附性的"隶属关系"。正是封建制帮助西欧摆脱了奴隶制,每个人都获得一定的人身权和财产权,虽然十分有限,但却在一定程度上使权力分散。每一个采邑庄园既是封闭的经济单位,又是独立的一个社会政治实体。与奴隶不同,农奴拥有土地使用权,领主不能随意出卖农奴,农奴在庄园中的生活权利不能被剥夺。农

---

① 《马克思恩格斯选集》第1卷,北京:人民出版社1995年版,第275页。
② 同上书,第277页。
③ 《马克思恩格斯文集》第5卷,北京:人民出版社2009年版,第824页。

马克思《马·柯瓦列夫斯基〈公社土地占有制,其解体的原因、进程和结果〉一书摘要》研究读本

奴作为土地上的生产者对领主的人身依附是封建制度的基础,与这种人身依附并存的是一种契约关系。因此,马克思在晚年笔记中写下最长的一段批注,对柯瓦列夫斯基提出了严厉批评,除此之外,马克思更尖锐地抨击了菲尔将东方公社和社会关系看作是封建主义的做法,讽刺他说"菲尔这个蠢驴把村社的结构叫作封建的结构"①,并严厉斥责梅恩将英国在印度的殖民统治给以美化的言论,认为正是英国的殖民统治造成了印度公社所有制衰落的"英属印度的官员们,以及以他们为依据的国际法学家亨·梅恩之流,都把旁遮普公社所有制的衰落仅仅说成是经济进步的结果……实际上英国人自己却是造成这种衰落的主要的(主动的)罪人"②。

马克思对柯瓦列夫斯基著作所作的笔记,为记录、揭露和抨击西方殖民主义者对殖民地人民所犯的历史罪行提供了丰富翔实的历史文献。马克思指出,西方殖民统治不但没有加速东方社会融入世界一体化的进程,反而瓦解了其本身的内部结构,造成社会秩序的混乱。"那里的土地公有制是由于英国的野蛮行为才被消灭的,这种行为不是使当地人民前进,而是使他们后退"③,这种殖民化不可能发展成资本主义。马克思这个阶段关于西欧资本帝国对这些公社的破坏观点显然不同于他1853年在关于印度的著名论文中对当地公社命运的观点,他曾认为,英国人不管手段和目的如何卑鄙,破坏印度的农村公社,客观上毕竟实现了一次社会革命,推动了印度的社会发展。在他1879—1880年对柯瓦列夫斯基著作所作的笔记中,自始至终都严厉谴责外国殖民主义者破坏原始公社的野蛮行为。由此可见,马克思并不认为这些国家的农村公社的瓦解像西方殖民主义者所说的那样,是社会进步的需要。他认为这些国家的农村公社如果能像俄国的农村公社一样保存下来,兴许可以待新生。但这些国家所处的历史环境毕竟与俄国不同,它们是"外国征服

---

① 《马克思古代社会史笔记》,北京:人民出版社1996年版,第385页。
② 同上书,第94页。
③ 《马克思恩格斯文集》第3卷,北京:人民出版社2009年版,第584页。

者的猎获物"①，失去了当时历史所能提供给一个民族发展的最好机会，在西方殖民主义者的长期破坏下已经土崩瓦解。

马克思坚持世界历史的立场，表征着社会发展道路的"统一性"、"规律性"。规律是人类社会历史的总体联系和发展趋势，道路则是由具体国家、具体民族的特定发展历程而决定。规律在各个国际、民族以及这些国家、民族的不同发展阶段上所实现的方式不同，形成的道路也就不同。因此，规律具有普遍性、一般性，道路具有特殊性、差异性。我们既不能用规律的普遍性对每个国家的发展道路生搬硬套，也不能用道路的特殊性抹杀规律的普遍性，二者既有联系又有区别。事实上，狭义的"封建主义"只是指一种政治、法律体系，还存在广义的"封建主义"。马克思在他全部关于研究东方社会的文章中从未使用狭义的"封建主义"称谓，主要是突出东西方发展道路的差异性。但是，这并不能影响我们使用"封建社会"这一概念研究东方社会历史发展道路。"在西方学者那里，布洛赫虽然不是马克思主义者，可是也使用封建社会一词。无论你对历史发展阶段采取什么分法，三分法、五分法，还是传统、现代两分法，都得承认在工业社会以前的相当长的一段时间内，在亚欧大陆上的主要国家和地区，其社会结构基本上是相同的。在经济方面，农业是主要的生产部门，人力、畜力为主要动力，也有简单的机械；工商业有相当的发展，不过生产在许多方面还是自给自足的；财产关系普遍地是大土地所有制和小生产的结合，地主和农民的对立是不争的事实；国家形态主要是君主制，其发展的趋向是君主的势力越来越大，官僚机构越来越健全，可是分裂割据仍然是现实的存在。意识形态领域占统治地位的是宗教，当然理性、科学也在发展之中。"② 因此，广义的"封建主义"是和土地制度、社会生活、农民生产、意识形态联系在一起，更宽泛些讲，我们可以将地主统治、农业经济、专制压

---

① 《马克思恩格斯文集》第3卷，北京：人民出版社2009年版，第605页。
② 马克垚：《中国有没有封建社会》，载《光明日报》2014年11月25日。

迫，以至陈旧落后的东西都称之为"封建"。这是各个国家和民族在前资本主义时代普遍性的社会、经济特征，在此普遍性下，如何联系马克思的封建制、封建社会理论，结合各个国家、民族、地区的特殊性，解决广大发展中国家走向现代化是一个切实的重要问题。正如马克思在《给〈祖国纪事〉杂志编辑部的信》中明确表明："一定要把我关于西欧资本主义起源的历史概述彻底变成一般发展道路的历史哲学理论，一切民族，不管他们所处的历史环境如何，都注定要走这条道路，——以便最后达到在保证社会劳动生产力极高度发展的同时又保证人类最全面的发展这样一种经济形态。但是我要请他原谅，他这样做，会给我过多的荣誉，同时也会给我过多的侮辱。"①

最后，坚定中国特色社会主义道路自信、中国特色社会主义理论自信、中国特色社会主义制度自信，实现中华民族的伟大复兴。 近代以来，中国社会各种力量面临欧风美雨、西学东渐、时代巨变，为解决"中国向何处去？"这一时代课题，进行了一次又一次的尝试，产生了多种多样的文化选择以及社会思潮。先进知识分子从器物层面的变革到制度层面的变革，再到文化和思想观念层面的变革，最终选择了用马克思主义作为观察国家命运的工具，开启了中国历史的新篇章。马克思主义从传入中国，就是不断经历中国化，引领中国走向现代化的过程。中国特色社会主义的选择和确立就是带领我国走向现代化的历程。

中国的现代化历程是在西方现代工业文明已经高度发达，并由现代化转向后现代化的过程中才开始起步的。西方经历了几百年的发展历程，我国却仅仅用了30多年，时空压缩的特征造成了中国社会文明转型过程中极为复杂的情况。因此，在中国改革过程中出现许多与广大群众的利益直接相关的深层次问题，诸如官僚腐败问题，弱势群体的利益问题，上学难、就业难、看病难、买房难问题，公平与效率的关系问题，贫富差距悬殊问题，等等，这些问题对政府决策、社会发展、民情

---

① 《马克思恩格斯文集》第3卷，北京：人民出版社2009年版，第466页。

民意等产生了重要影响。尤其是对正处于世界社会主义运动低潮阶段的中国来讲，如何继续推进中国特色社会主义伟大事业，从而为人类未来更美好的社会制度探索提供中国方案。基于马克思主义方法论、中国具体实际国情、当今世界局势，理性给以新的科学解答，既要反对任何形式的"崇洋媚外"倾向，也要反对在马克思主义旗号下的各种教条式的僵化做法。在世界多极化、经济全球化、文化多样化的历史背景下，全面客观认识当代中国与外部世界。马克思反对"竖起任何教条主义的旗帜"，反对"宣布一些适合将来任何时候的一劳永逸的决定，要求把应有与现有结合起来，把哲学批判和政治斗争结合起来，在批判旧世界中发现新世界"①，从而解决"往何处去"的历史课题。

马克思的唯物史观在考察社会历史发展过程中更为强调生产力的决定作用，但同时肯定多重因素的相互关联。在研究东方各民族为什么没有实现土地私有制，甚至没有达到封建的土地私有制时，马克思指出了其中一个重要原因：生产力水平低下。生产力的决定作用是指长时段的、大尺度的历史范围内的主导作用，而并非是历史的每一个具体阶段都由经济基础决定。"在生产方式这个概念中，我们将指明的不是什么应归属为经济的内容（或者说，严格意义上的生产关系），而是不同结构和实践的特定结合，这种结合表现为如此众多的方面或层面，表现为特定生产方式如此众多的领域结构。也正如恩格斯扼要表述的那样，生产方式是由经济、政治、意识形态和理论的不同层面或方面组成的。"② 实质上，物质生产、精神生产以及其他因素的相互联系构成有机整体，他们的相互作用决定了现代社会的起源与发展。"归根到底由经济所起的作用在真实的历史中恰恰是通过经济、政治、理论等交替起第一位作用而实现的"。③ 因此，1949—1978 年，中国特色社会主义的建设和发

---

① 《马克思恩格斯文集》第 10 卷，北京：人民出版社 2009 年版，第 7 页。
② 〔加拿大〕艾伦·梅克森斯·伍德主编：《民主反对资本主义——重建历史唯物主义》，吕薇洲、刘海霞、邢文增译，重庆：重庆出版集团 2007 年版，第 54 页。
③ 〔法〕阿尔都塞：《保卫马克思》，北京：商务印书馆 2006 年版，第 208—209 页。

展着重指社会经济形式、生产方式的重大变革,即改变旧的生产方式、经济形式,尽快摆脱贫穷落后,实现现代化;1978年以来是指社会结构或社会经济、政治、文化体制的全面变革,即现代化又不能脱离传统,在传统的框架内充分发挥其主动性,利用传统提供的资源逐步建立起符合本国国情、适应现代社会要求的新体系。

我国正处在并将长期处于社会主义初级阶段,社会公平、公正的实现不是一蹴而就的,而是一个长期奋斗的过程。从社会主义初级阶段这一最大的社会实际出发,既要遵循当前社会差距的客观性与现实性,把追求效率、提高效率放在重要位置,又要兼顾社会公平、公正的必然性和目的性,坚定不移地在发展中实现效率与公平、差距与公正的辩证统一。中国特色社会主义的实践证明,坚持效率与公平、差距与公正的辩证统一,既是中国特色社会主义制度产生的现实依据,又是中国特色社会主义制度必须努力完成的现实任务。正如吴晓明教授所讲:"马克思的历史唯物主义首先是以历史为原则的唯物主义"①,而"历史恰恰就是人的具体生存形式不断彻底变化的历史"②。极为相似的事变发生在不同的环境中会引起完全不同的结果,而历史本身并不具有自己的目的性,目的性是人的特点。"历史什么事情也没有做,它'并不拥有任何无穷尽的丰富性',它并'没有在任何战斗中作战'!创造这一切、拥有这一切并为这一切而斗争的,不是'历史',正是人,现实的、活生生的人。'历史'并不是把人当做达到自己目的的工具来利用的某种特殊的人格。历史不过是追求着自己目的的人的活动而已。"③ 历史的客观规律性体现在各种现象之间的因果关系,这种因果关系存在于人的活动之中。"'人民生活'决不是外部反思的抽象原则可以任意处置或裁减的单纯的'质料',而是历史的真正发源地,并因而被揭示为历史原

---

① 吴晓明:《马克思的历史道路理论及其具体化承诺》,载《哲学研究》2013年第7期,第3—13页。
② 〔匈〕卢卡奇:《历史与阶级意识》,北京:商务印书馆1992年版,第280页。
③ 《马克思恩格斯文集》第1卷,北京:人民出版社2009年版,第323页。

则的存在论基础。"① 因此,只要我们进一步坚定中国特色社会主义道路自信、理论自信、制度自信,毫不动摇地坚持、与时俱进地发展中国特色社会主义,就一定能实现中华民族的伟大复兴,从而更好地造福于全国各族人民。

---

① 吴晓明:《马克思的历史道路理论及其具体化承诺》,载《哲学研究》2013 年第 7 期,第 3—13 页。

第四部分 经典著作选编

卡·马克思

马·柯瓦列夫斯基《公社土地占有制，其解体的原因、进程和结果》（第一册，1879年莫斯科版）一书摘要

（Ⅰ）美洲红种人（他们的公社土地占有制）

（общинное землевладение）

人类社会的原始群状态，没有婚姻和家庭；他们之间的关系是：共同生活和相同的营生（如战争、狩猎、捕鱼）；另一方面，则是母亲及其亲生子女之间的**骨肉关系**。

后来，从这种**原始群状态**中，由于这种状态逐渐自行瓦解，就发展出氏族和家庭（第26页）。

随着单个家庭的形成，也产生了**个人财产**，而且最初**只限于动产**（第27页）。

这种远古的（原始群状态），不应到已定居的部落中去寻找，而应到**游动的捕鱼者和狩猎者**中去寻找（捕鱼和狩猎是蒙昧人的**相同的营生**，最初，他们使用**弓和箭**，既用来狩猎，也用来捕鱼）（捕鱼只是到后来才用网和钓具），参看阿蓬《在热带地区》（同上页）。

在美洲大陆，北美的**东达科塔人**和巴西的**博托库多人**处于相当远古的状态。**达科塔人**（Дакота）（见**魏茨**）在猎取水牛的时候，经常转移住地。如果这种动物的肉不够整个部落食用，就采取吃人的办法（**最老**

马克思《马·柯瓦列夫斯基〈公社土地占有制，其解体的原因、进程和结果〉一书摘要》研究读本

的同部落人被杀死）（第 28 页）。他们的狩猎物**不是私有财产**，而是**整个狩猎者集团的共同财富**。每人都获得"相等的"一份。**不存在畜牧业**。总之，甚至**食物最初也不是私有财产**（第 29 页）。食物最初也是在个人之间而不是在家庭之间分配，例如博托库多人就是这样（第 29 页）。在达科塔人（Дакота）那里，被认为是**私有财产**的，只有他们身上穿的**衣服**，还有他们在同有机界和无机界的斗争中当作工具使用的比较原始的武器。在博托库多人那里，私有财产也只有武器

‖（相当于工具）、‖

衣服和装饰品（украшения）。他们的其余一切东西，都是一个或几个共同生活和彼此有血亲关系的家庭的共同财富（第 30 页）。（又见脚注，特别是**班克罗夫特**）。在现在比博托库多人等等处在高得多的阶段上的部落中，**武装和衣服**自古以来也是私有财产，**其证明是**，他们至今仍然保存着**在死者坟墓上烧掉他的衣服和武器**的习俗（许多红种人都是这样）（见**脚注**）（同上页）。［随着岁月的流逝，人们在举行葬礼时开始烧掉或消灭一切已成私有财产的东西，例如家畜、妻子、武器、衣服、装饰品等等。见第 30 页脚注 2。］

　　大部分动产属于整个部落这种情况，在**动产个人化的过程完成后**的许多世纪，仍然表现在这样一种权利上

‖（更确切一些说：社会**实践**上），‖

即**贫困的家庭可以向富裕的邻人要求强制性的帮助**①。［班克罗夫特所说的帮助穷人的钱（在**爱斯基摩人**中）；在**红种人**中；在**秘鲁居民**中］（第 30、31 页）。

　　各种形式的动产是按怎样的顺序变成私有财产的呢？（第 32 页）

---

　　①　原为"力所能及的帮助"，《摘要》中不确切地写为 Zwangshilfe（强制性的帮助）。——编者注

在爱斯基摩人中（林克），（1）**个人财产**：**衣服，小船**（лодка）**及其附属物，捕鲸**（кит）**所必需的工具**、шило（锥子、钻孔器）以及**鲸鱼皮制成的绳索**。

（2）**家庭财产**：这种财产的主体是**一个到三个住在一起的家庭**。其客体——**帐幕**（палатка）及其附属物，用于捕鲸的**大船**（装有桅杆和甲板的 Ладья），雪橇以及足够**公共炉灶**的全体人员食用两三个月的**食物储备**（第32页）。

（3）**公社**①**财产**：过冬用的**木建筑物**，捕鲸业的产品，产品的数量**足供联合建造该建筑物并且集体居住其中的所有家庭衣食之需**，也足供在漫长的冬夜作**住房照明之用**（第33页）。

在**巴西的红种人**中，**住房**也属于**家庭财产**；在部落频繁转移住地的情况下，住房并不是"**不动**"产，它属于**建造它的一个或几个家庭**。在努特加人中，住房也属于联合建造住房的几个家庭（第33页）。

要判定在蒙昧人中什么东西是**个人财产**，必须考察哪几种财物在**埋葬死者时必须毁掉**（第33页）；在某些蒙昧人中，只毁掉**武器和衣服**；在另一些蒙昧人中，还加上死者的**男女奴隶**，死者的**诸妻或一妻**；还有些蒙昧人则要毁掉死者栽培的**果树和喂养的家畜**（第34页）。

在游动的而不是定居的**远古群的状态**下，在只以**渔猎为生的民族**中，**财产**

‖（还不存在"不动产"）‖

的最古老形式是财产共有制，因为**他们在同自然界的斗争中没有协作是不行的；他们只有靠联合起来的力量才能向自然界争得他们生存所必需的东西**（同上页）[**产品本身作为共同产品都是群**的财产]。

在整个部落共有的动产中，在不同时期都分出了某些物品，其中有些物品成为人数多寡不等的、居住在一起并彼此有亲属关系的各个家庭

---

① 柯瓦列夫斯基原文作："公共"。——编者注

马克思《马·柯瓦列夫斯基〈公社土地占有制,其解体的原因、进程和结果〉一书摘要》研究读本

的财产,即氏族财产;另一些则相反,成为单个家庭或私人的财产。氏族财产和家庭财产,其对象都是家庭或氏族成员共同劳动得来的物品,例如共同兴建的建筑物,共同准备的储藏品,等等;还有共同经营所使用的工具;家庭或氏族成员为谋得他们共同占有的某种物品而使用的工具。武器和衣服最早成为私有财产的对象。随着时间的推移,私有财产的范围由于个人的私人活动创造的物品为个人据为己有而日益扩大。个人亲手栽培的树木,他自己"驯养的"动物等等,或他用暴力抢夺来的物品

‖ [jus Quiritum!], ‖

首先是奴隶和妻子,就是这样的物品(第35页)。

在(原始)美洲,由于除骆马和羊驼以外缺乏可供驯养的动物而很少有畜牧业,而且畜牧业也只是存在于中美[在美洲的中部地区(всреднейееполосе)],这种情况就使美洲这部分地区成为美洲文化的中心(第36页)。因此,许多红种人不得不依旧从事渔猎;野生的某些食用(粮食)植物,特别是玉蜀黍,使他们有可能还在由游动的生活方式过渡到定居生活方式以前,就获得植物类的食物。这种情况,反映在他们的财产关系的发展中,阻碍着财产关系的个体化并使动产和不动产的①或多或少受着限制的公有的古老形式保持了数千年之久(第36页)。

不过,上面所说的主要以打猎为生的红种人,同时也从事农业。居住在美国西北部盛产野生稻类草原上的部落,不费任何劳动来播种,就能获得足够的植物类的食物。相反,大部分红种人,即居住在北美的红种人,在继续过着游动生活的同时也从事农业,在夏季耕种一小块草原土地:他们在地里种上玉蜀黍,而在收获以后,又重新从事狩猎业(звериный промысел)(第37页,参看该页脚注1)。在某些地方,部

---

① 柯瓦列夫斯基原文作:"动的和不动的物品的"。——编者注

落耕种的地段满一年便被抛弃,在另一些地方,则在事先清除了草莽、灌木和森林的土地上继续播种,直到地力完全耗尽为止(第37页)。在这些部落里,**从事共同经营**是极常见的现象。**部落长**(部落领袖{Stammvorsteher})给每个人指定工作;妇女和奴隶大部分从事农业,男人则从事渔猎(第38页)。[**关于共同耕种土地、保存和分配产品,参看班克罗夫特著作**第1卷第658页。]

摩尔根(《**血亲制度……**》第173页)指出,**由于人口增长和不可能相应地扩大所占地区**,例如达科塔人,**和大部分美洲部落一样**,不得不**或者过渡到农业**和畜牧业,**作为基本的营生**,或者就从地面消失(第38页,脚注4)。这就是北美、中美和南美的状况(同上页)。

当**新墨西哥**、墨西哥和**尤卡坦**的居民最初接触到欧洲人的时候,情况也是这样,即农业已成为他们的基本营生(同上页)。

与过渡到作为基本营生的农业相联系的,是某个民族(народность)在一旦选定的**居住地**上最初**比较长期地定居下来**,随着时间的推移,则**最终定居下来**。居住地"**通常**"不是没有人烟的地方,而是**外族部落的居民**已长期占据的地方,这些居民只是被迫才让出他们定居的(耕种的?)土地;他们在初期只成为**依附于胜利者**的**奴隶阶级**,随着时间的推移,他们逐渐争得了**与占统治地位的部落平等的权利**;被征服部落最初往往在人数上占大多数(它们有时从新的战俘奴隶中得到补充),有时经过若干世纪的努力,**最终**争得了土地关系在有利于自己的条件下的改变。由此产生的**土地所有制形式**极其多样(第39页)。

在**整个墨西哥和秘鲁的定居的**红种人部落中,就在他们被西班牙人征服以前的时期里,(城市和农村的)**土地公社的最古形式**——[这是我们从阿隆索·苏里塔的记述中得知的,——他的记述最初发表于1840年的太诺—孔庞的法文译本中,见《Voyages, relations et mémoires originaux pour servir a' l'hisCtoire de la découverte de l'Amérique》,巴黎

马克思《马·柯瓦列夫斯基〈公社土地占有制，其解体的原因、进程和结果〉一书摘要》研究读本

版，第Ⅱ卷]——是**氏族公社**①，这种公社以家庭份地的同时存在为前提，**家庭份地的大小则以某一家庭之属于某个继承人**（继嗣）**集团为转移**。在红种人中没有雅利安部落的**各种亲属等级**；享有继承的是**集团**，每一集团由死者的直系和旁系的同等近亲组成（第39、40页）。这种**公社**称为**卡尔普里**……"**卡尔普里**的土地是全体居民的共同财富。公社的各组成部分，即各个居住区和家庭都取有**与公社同样的名称**。这种公社的每个家庭都得到一块土地长久使用。这些土地是整个家庭的财产，始终由家长支配。卡尔普里的**土地完全不许出让**，——不论是出卖还是赠送，也不得在临死时立遗嘱而出让。如果某个家庭完全死绝，则属于它的财产（владения）就重新归还公社，由公社的部落长处理，交给最需要土地的家庭使用"（第40页。摘自苏里塔）。

显然，这里的意思是说，**从大的氏族团体中分离出了人数较少的亲属集团，即部落分解成了氏族和家庭**。无论是整体，或是部分（卡尔普里的地方分支）都取有居住于该地的氏族姓氏。每个集团是不动产等等的权利的主体（第41页）。根据祖里塔（苏里塔？②），[属于各个氏族和家庭的]**份地的大小，以领导着某一个个体集团**（家庭或居住区）**的人物的身份为转移，以该集团本身的需要和生产力为转移**（第41页）。**家长的"身份"**又取决于他距**第一个真正的或虚构的卡尔普里始祖的远近程度，——因而是受继承法调节的**（第41、42页）。所以各个血亲家庭公社拥有不均等的、由继承法

‖ [确切些说，由世系权] ‖

确定的份地（第42页）。在苏里塔所记述的时期里，显然已经发生了从按亲属等级的**划分**向按**实际耕种情况**的划分的过渡。因此他才谈到需要、生产力，等等。**实际耕种是**（土地的）**任何占有**的条件；谁如果

---

① 《摘要》原文作：Geschlecht so б щин a。——编者注
② 这里的问号表示柯瓦列夫斯基原文误将西班牙姓氏苏里塔（Zurita）拼成祖里塔（Зурита）。——编者注

没有充分理由而两年没有耕种自己的份地,就根据公社首脑的命令剥夺他的份地。在**秘鲁**,确定份地大小时考虑子女的数量。当墨西哥或秘鲁被征服的时候,我们在任何地方都没有发现**均等的**份地(第42页)。**现在**,墨西哥的**农村公社**允许实行**公社全体成员**均等享用属于公社的不动产**的原则**;**萨尔托里乌斯说**,**分配是均等地和定期地反复进行的**,不过通常**有一部分公社土地始终不进行分配**,用来作为米尔的耕地(мирские запашки)(第42、43页)。

相反,在**苏里塔**时代:在墨西哥和秘鲁(这些地方反对**新的移民**定居,因为他们加入原有公社占有者的行列,迟早要导致**实行定期的和均等的重新分配**),公社找到了一个可靠办法,就是严格遵守**绝对排除新殖民者**和**邻近公社社员**享受公社利益这一规则(第43页。见同页脚注2,摘自苏里塔的记述)。谁迁移到其他**卡尔普里**去,谁就失掉自己的地块,这块地就再度归还给公社,等等(同上页)。这就是在古代印加人联盟中的**公社团体牢固**和在社会上保持着古老形式的土地所有制的原因(同上页)。

禁止卡尔普里成员耕种外族土地也是为了这一个目的。苏里塔说,这就防止了居民的混杂,也防止了一个家庭和公社成员转移到另一个家庭和公社去(第44页脚注1)。这也是抵挡**从外面瓦解农村公社**的企图的堤坝。这些企图是在**墨西哥**和**秘鲁**开始的**不动产封建化**过程产生的,——在这个过程中,象在任何地方一样,**民族的首长**(**首领**)和新兴贵族成员起了主要作用。**外来征服者部落的由选举产生的首领**(**墨西哥、特兹卢克和特拉科班**的国王起初就是这样的首领),逐渐变成了**世袭的全民族**——**僧俗**——**最高领袖**(第44页)。在秘鲁,不向任何人**缴纳任何税捐**的公社,现在必须一方面**向政府**、另一方面向**僧侣缴纳实物税**;而且每一方都得到公社所属土地的三分之一的产品。这样做的结果,就是在每个公社范围内**划出一定的地段**,一部分划给太阳神,另一部分划给印加王。此外,随着时间的推移,还划出**特殊的地块**,把收入作为供养贫病者之用(同上页)。

马克思《马·柯瓦列夫斯基〈公社土地占有制,其解体的原因、进程和结果〉一书摘要》研究读本

上面所说的情况,在某种程度上也适用于**阿兹特克人联盟**(见班克罗夫特,第 2 卷第 223 页及以下各页)。

在墨西哥、巴拿马地峡和秘鲁联盟的整个地区内,除**官家领地**以外,还有征服者部落的领袖建立的**封建领地。在这些领地范围内(在其内部)**(在管区内)农村居民虽然依旧继续共同占有土地,但同时必须拿出自己的一部分实际收入,向自己的主人、**从征服的时候起就已产生的土地贵族**的成员,缴纳实物税;与(苏里塔)称为皮皮利钦(пипилицин)的**各氏族首领**{Stammhäuptern} 一起同属于土地贵族的,还有统治者的亲信,在**中央或地方行政机关担任某种职务**的人员;根据苏里塔的说法,后者只是某个管区的**终身享用者**。他们中间无论**高级人员**或**低级人员**,都从国君那里获得了要求居住在他们领地(поместья)上的农民缴纳**一定实物贡赋和税捐**的权利。农民耕种他们的土地,给他们送柴送水等(第 45 页)。某一个这样的官员死后,政府就任命另一个官员;但在挑选这种人员的时候,**死者的长子**通常首先被任用,这就奠定了既**继承职务本身**又继承与职务有关的**土地**这样一种**长子继承权的原则**(苏里塔)(第 45、46 页)。总之,在**中美洲大部分地区**,即在水土和其他一系列条件导致了文明的最大发展的大陆那一部分地区,在**西班牙人到来以前很久,就已开始了不动产的封建化过程。最初这一过程不在于剥夺农村居民**,而在于把**原先的自由的所有者变成依附于国家政权**①**和土地贵族**的公社所有者。不过,通过个人占有的途径,官吏等级的许多成员就逐渐变成了委托他们管理的区内的各种地块的世袭所有者。这也就奠定了**大土地所有制发展的基础**,而损害了公社土地占有者②的财产利益。**西班牙人的到来,只是加速了后者的瓦解**(第 46 页)

---

① 柯瓦列夫斯基原文作:"官家"。——编者注
② 柯瓦列夫斯基原文作:"土地占有者公社"。——编者注

（Ⅱ）西班牙在西印度的土地政策及其对西印度群岛和美洲大陆公社所有制的瓦解所产生的影响

西班牙人最初的政策，目的在于**消灭红种人**（第47页）。他们把现有的黄金等等掠夺一空之后，就使**印第安人**注定从事矿场劳动（第48页）。随着金银价值的下降，西班牙人就转而从事农业，**把印第安人变成奴隶**，迫使他们为西班牙人耕种土地（同上页）。

由于查理五世的忏悔神父加尔西亚·德·洛艾萨的**帮助**，殖民者终于争得了一项把印第安人变成西班牙移民的世袭奴隶的敕令；该敕令于1525年在马德里颁布（第49、50页）。

在此以前，总督们在西印度群岛和美洲大陆就已实行**瓜分制度**（这种制度把一定数量的土人分配到殖民者中间去充当奴隶）。1496年10月20日，西班牙船只把三百名印第农人奴隶运送到了加的斯。斐迪南和伊萨伯拉禁止了瓜分制度。**多米尼加岛**的总督博瓦迪利亚却不顾这一禁令，在**殖民者的坚决要求**下让步，他计算了每个西班牙人应得若干人（不同年龄和性别的印第安人），命令各部落首领即卡西克向他提供一定数量的印第安人；从每一批这种印第安人中，每一个西班牙人都获得一定数量，有权使用他们来从事农业劳动。1503年，根据同一个**博瓦迪利亚**的坚决要求，**西班牙政府**颁布了一道**强迫**印第安人**劳动**的法令；博瓦迪利亚把这一法令解释为把他实行的**瓜分制度推广到岛上的全体居民**；每个西班牙人都可得到更多数量的土人，条件是要设法"使他们皈依基督教"。这种制度很快就表明对殖民者是如此有利，以致在西印度占有地产的**西班牙宫廷**的许多**高官**，都纷纷申请供给他们一定数量的土人，以从事田间劳动（第50、51页）。

根据瓜分制度，整个墨西哥在十六世纪下半叶被划分为八十个区。在这种制度下，**以前的部落首领和村长在公社和区的范围内实行内部治理的权利以及获得一定数量实物税的权利**便消失了，关于这种制度的详细情形见第51页［摘自目击者威尼斯人吉罗拉莫·**本佐尼**的叙述，载

马克思《马·柯瓦列夫斯基〈公社土地占有制，其解体的原因、进程和结果〉一书摘要》研究读本

《新大陆的历史》，1565年威尼斯版] 以及第52页（阿科斯塔《印度的自然和道德史》，1591）。

　　本佐尼在描述追捕红种人的时候，顺便说："所有在追捕时被驱［被捉］的土人，都用烧红的铁打上烙印。然后船长将其中一部分留给自己，余下的分配给士兵；士兵们彼此之间拿奴隶赌输赢（彼此之间用奴隶作赌注），或者将奴隶卖给西班牙殖民者。**用酒、面粉、糖和其他生活必需品换得这种商品的商人们，将奴隶运往西班牙殖民地中对奴隶的需求最大的那些地方**①。在转运的时候，这些不幸者一部分由于缺少饮水和船仓空气恶劣而死亡；造成空气恶劣的原因则是由于**商人们把全部奴隶塞在船的底层，既没有给他们留下可坐的地方，也没有足够呼吸的空气**"（第52页脚注1）。根据同一个本佐尼的记载，**天主教传教士**本身关心**自己发财致富**，更甚于关心使**土人投入天主教会的怀抱**（第52、53页）。

‖于是就吵嚷起来：‖

圣雅各教士团的僧侣反对把印第安人变为奴隶。**结果，在1531年，教皇保罗三世**的谕旨宣布印第安人是"人"，因而是"摆脱奴隶身分的自由人"。1524年设立的半数由高级僧侣代表人物组成的**皇家西印度事务委员会**主张印第安人自由。**查理五世**颁布了1542年5月21日法律，该法律宣称："无论战时或平时，任何人都无权将印第安人当作奴隶而加以召集、训练、捕捉、出卖和交换，也无权将他们养为奴隶"；同样，1546年10月26日**法律**也禁止出卖印第安人为奴，等等（第53页）。西班牙殖民者对于这些法律的反抗（同上页）。

‖**拉斯·卡萨斯、唐·胡安·苏马拉加**及其他天主教主教同这些狗东西的斗争（第54页）。于是**贩卖黑人**就成了给殖民者主子安排的"代替办法"（同上页）。‖

---

① 手稿空白处马克思写有："需求和供给"。——编者注

156

瓜分制度，换言之，即将印第安人变为奴隶，现在则代之以**监护地**制度。印第安人不仅被宣布为"自由人"，而且承认他们的**土地财产**是不可侵犯的，允许他们在自己内部事务中有颇大的自治。(1551 年 3 月 21 日、1560 年 2 月 19 日、1565 年 9 月 13 日、1568 年 11 月 10 日的法律以及 1573 **年**的法律，即所谓的《*Ordenanza de poblaciones*》①；根据这项法律，散居的印第安人应该按村落定居下来。村落周围的土地交给他们无限制地使用。按照 1560 **年 2 月 19 日**法律，"印第安人保留**自古以来属于他们的土地和财产等等**"。该法律这样说："希望印第安人自愿地迅速地回到那些过去他们曾经占有土地和播种地而后又被夺走的村落里去。兹命令：在这些地方不实行任何变动，印第安人仍象以前那样占有这样地方，耕种并使用这些地方。"第 55 页脚注 3。)

给予印第安人的土地被认为是**整个部落的财产**，称为"*bienes de comunidad*"②（例如**在** 1619 **年** 2 **月** 13 **日**的法律中），管理权依旧掌握在卡西克即世袭部落长（首领）的手中。[1614 年 7 月 19 日法律和 1628 年 2 月 11 日法律。] 后一个法律规定："**从发现印度的时候起，就有在卡西克占有地内儿子继承父亲的这种习惯存在。兹命令：对这种情况不作任何改变，总督、各个省的委员会和省督不得随意剥夺和转让给另一些人，继承按照原有的法律和习惯办理**"（第 56 页）。但一些村落却由西班牙殖民者的"*encomenderos de los Indios*"③ 监督。[1552 **年** 8 **月** 11 **日**法律："监护者有保护土地之责。" 1554 **年** 5 **月** 10 **日**法律："监护者对**人**和**地产**负责，**注意其不受任何损害**。" 1551 年 5 月 9 日法律："监护者如**玩忽执行**[天主教]**教义规定**，则无权征税，如妨碍执行，则应剥夺权利并驱逐出省。"（同上页）]

分配监护地的权力属于**各省省督**。(1558 **年** 12 **月** 15 **日法律**，1580 **年** 4 **月** 1 **日和** 7 **月** 23 **日的法律**。) 最初征服者的后代有获得监护地的优

---

① 《居住法》。——编者注
② 公社的财产。——编者注
③ 印第安人监护者。——编者注

马克思《马·柯瓦列夫斯基〈公社土地占有制，其解体的原因、进程和结果〉一书摘要》研究读本

先权："监护地转交给**发现**、平定（!）国土**并移居其上的人的后代**。"（1568年11月28日法律。）**在家和出家的僧侣**以及西班牙政府的**官员**则被除外。（1532年3月20日、1542年11月20日、1551年3月1日和1563年的法律。）监护地不许用出卖、抵押或赠予的方式转给他人，而只能按下行序列由父传子。（1541年10月7日、1580年5月7日等等，以及1628年4月13日的法律。）"**监护者**"有权向印第安人征收"**适当的**"**实物和货币贡赋**，作为他们替印第安人**建造教堂**的补偿和执行他们担负的各种职能的报酬（1575**年法律**），这些贡赋的数量不时地用计量公社土地的方法来确定。征税（сборы）和监督印第安人缴纳实物贡赋（повинность）的事宜，则由**公社社长（首领）**办理。后者无论在这方面，或在其他一切方面，都完全听命于"**监护者**"，如果向农村征收的税缴纳得稍有怠慢，"监护者"有权免去他们的职务。超过习惯所规定的数额而提出的任何**货币要求**，都被认为是违法的勒索。为了防止这种情况，西班牙政府专门任命了一些 "*protectores de los Indios*"①（1619年2月13日菲力浦三世的法律，该法律在十七世纪下半叶得到了**查理二世的确认**）（第57、58页）[**见第58页脚注2**，1619年2月13日**法律**，该法律对于何者应作为公共财产包括到公社财产中，对于**不属于印第安人公社财产**的物品，例如**金、银、宝石**等等都有规定]。

其次，查理五世和菲力浦二世建立的"**皇家印度事务委员会**"负责采取措施在西印度群岛和美洲大陆各地区实施各项法律，并负责监督执行有关保护土人的法律和惩处违反这些法律的人（第58、59页）。**这些法律本是为了对付殖民者而颁布的，而殖民者却成了对付自身的这些法律的执行人**

‖只有查理五世和菲力浦二世这种治国大人物才能做出这种事情！对这些坏蛋（"监护者"）的监督‖

---

① 印第安人保护者。——编者注

又委托给**西班牙官员**（**总督、省督**和印第安人保护者）。干预美洲部落的内部关系的权利所产生的结果，是**削弱甚至破坏了公社的习惯**（第60页）。[从大批文件（**太诺—孔庞的书**）中可以看出，**监护地制度并没有中止**印第安人迅速绝灭的过程]。十六世纪中期墨西哥皇家委员会成员**阿隆索·苏里塔**，十七世纪前二十五年的秘鲁总检察长**奥尔蒂斯·德·塞万提斯**，都同样证实了土著居民迅速消灭（第60、61页）。["他们被课以过重的货币税和实物税，因而抛弃自己的住宅和土地，逃往森林，等等。许多人以自杀了结生命"（**苏里塔**）。**塞万提斯**也谈到了这种情况，用他的话说就是："西班牙人只能勉勉强强找到他们所必需的农夫和牧人"，等等，见同上页。]根据西班牙行政当局的较好人物的说法，产生这种绝灭的**原因在于**："**监护者的**" "**滥用职权**"（！），"对各部落土地和占有地的计量制度，以及对他们课以**过重的税额**……"（第61页）。**西班牙政府**承认**公社**对所耕种的土地的**所有权**，但只承认公社对**土地登记时期正在耕种**的土地有这种权利。其余一切土地被宣布为"**荒芜**"**土地**，而作为荒芜土地，则成为**当局自由处理的对象**，于是当局就将其慷慨赠予殖民者。**这些家伙玩弄阴谋，伙同**被委派登记和计量公社土地的专员（如果专员例外地"正直"，则**反对之**），请求当局分给他们"荒芜土地"，用阴谋撵走"规规矩矩的"专员，用新的专员代替他们，这些新专员常常"把即使已经**耕种**、只是暂时**休耕的公社土地也看作荒芜土地**"（第61、62页）。如果公社首长（старейшины）对此提出抗议，说明被夺去的土地是留给后代、留给公社无地居民等等的**备用土地**，那么这种抗议总是没有结果的，"被认为是敌视西班牙人的"。甚至他们的耕地也常"以下列借口"被夺走：印第安人耕种这种土地只是为了"**托词**" "**把土地保留在自己手里，防止欧洲人占有**。由于这种制度，——苏里塔在报告中说——西班牙人在某些省里把自己的占有地扩展到使土人根本无地可耕的地步"（第62页）。

在**没有能够这样完全剥夺**[1]**印第安人土地的**地方，则向他们的土地征收与他们的**收入额**不相称的实物税和货币税，这也达到了同样的结果。印第安人撤下这些土地，**迁到欧洲人未曾居住和无法到达的森林和沼泽地带**（第62页）。苏里塔在同一《报告》中顺便谈到："印第安人的全部财产用来缴纳应负担的捐税都不够。可以看到这样一些红种人，他们的全部所有物（财产）不足一比索（20雷阿尔＝5法郎），靠**打零工过活**……没有钱养家……印第安人只有费尽力气才能得到**衣服这样的奢侈品**……他们大部分人陷入绝望境地，因为没有钱购买必要的食物养家……不久前我在旅行中，得悉**许多印第安人绝望自缢**，但事先向妻子儿女吐露，他们走这一步是由于**无法缴纳应负担的捐税**"（第62、63页）。

按照1575年法律，印第安人只应该缴纳**适度的土地成果税**，用这些税供养他们中间的教士和**酬劳监护者**［酬谢给予他们的"保护"！］。

‖这种"**适度的税**"怎么会使印第安人不堪忍受呢？‖

这是由**定期地不断重新计量**他们**公社土地**的**制度**造成的。

‖［**英属东印度**居民十分痛恨的这种一再进行的土地登记，在那里至少还有这样的意义：国家作为他们的**地主**想要定期提高**地租**。这在西班牙人中没有任何意义，在这里，给予教士和**监护者**的薪俸应该是一成不变的。监护者并不是地主。］

苏里塔对于这一过程作了如下的描述：‖

"近来，确定了一种只要监护者稍微声明一下归他监护的印第安人能够**比现在缴纳更多的税捐**就修改土地计量册的惯例。各个省的委员会（audiencias）根据1540年6月19日和1543年8月14日**的法律**，每一次都为此目的任命新的专员，而且监护者总是坚持从他们的亲信中挑选

---

[1] 柯瓦列夫斯基原文作："使丧失土地"。——编者注

新专员。如果监护者头一次没有达到这一目的,则玩弄阴谋,设法使印第安人自己拒绝接受委派的专员,并按照监护者的意图让印第安人自己要求任命另一人为专员。如果监护者不满意第二次所任命的专员,则继续玩弄阴谋,直到**他的人**获得任命为止。为了把已获任命的专员控制在自己方面,监护者竭力使他相信,他之被选中应完全归功于监护者。与此同时,他也竭力**拉拢所有地方官员,并经常为此目的贿买他们**。专员赴任以后,用3—15天的时间对指定给他的区内的公社土地,进行登记和计量,他所根据的材料则是由当地监护者预先贿买的官员提供给他的,在这期间,他以及随从他的一帮下级官员和仆役都是由土著居民供养的。土地计量册编写好以后,就呈报各个省的委员会批准。到这时印第安人才知道对他们的土地课税太重,并申请予以降低。他们的要求被转达给监护者;因此①开始了诉讼;**诉讼持续两三年;在这期间,印第安人按照专员所作的计量纳税**。诉讼的结果通常是派遣新专员,但是单单这个新专员及其全部随员的供养费,就使印第安人花费超过两年税捐总额的代价。**归根到底是要承认**监护者贿买的所有地方当局都支持的**第一次计量是正确的**。印第安人始终是没有理的;在长期拖延的诉讼以后,印第安人的处境还是和以前一样,所不同的只是:**现在他们被诉讼费用和行政费用弄得完全破产了"**(第63、64页)。

但是使印第安人丧失旧的占有地和向他们课以重税,这还不够。1609年5月26日菲力浦三世的法律规定:"从整个国家利益考虑,特**允许把印第安人实行强制性分配,用之于耕种土地、繁殖牲畜以及开采金矿、银矿、水银矿、绿宝石矿等等**。"[即使在黑人人数过剩②的情况下,矿山的开发没有印第安人——他们不愿意在那里劳动——参加,也会遇到极大的困难。]按照殖民者的要求,在**秘鲁**,印第安居民必须提供**农村居民的**1/7,在新西班牙,则为4%;法律也规定了**期限**,超过了期限殖民者就不得强迫印第安人劳动,不过这项法律忘记确定**劳动时**

---

① 柯瓦列夫斯基原文作:"此后"。——编者注
② 柯瓦列夫斯基原文作:"现有人数"。——编者注

数，也没有采取任何措施来监督在这种苦役地**对待工人的方式**（第65页）。[见苏里塔对被迫受雇的印第安人在法律强加给他们的整个期限内的状况所作描述（第65页）。监护者对待被迫从事矿山劳动等等的印第安人的这种方式，使他们迅速死绝（同上页）。]这些苦役劳动同时**占去了播种、割草和收获期间必需的**田间劳动人手。因此，**许多公社的部分土地未能耕种**；而殖民者又利用这种情况从当局那里把这些土地"作为荒芜土地"据为己有。（关于在**智利**的这种胡作非为情形，见第66页。）在智利，菲力浦四世颁布了1662年7月17日法律**实行监护地制度**[不过没有推广到所有**边境部落**，这些部落**直接依附于国库**，向国库缴纳实物和货币贡赋]；禁止继续强迫**印第安人受雇于监护者**（同上页）。尽管**西班牙政府知道**监护地制度的种种弊端，但仍然不仅把它推广到新的省份（如智利），而且，**由于确立了监护地按最初监护者的下行世系和旁系世袭的制度，就使印第安人永远处于世袭农奴依附状态**（第67页）。["最初——**胡安·奥尔蒂斯·德·塞万提斯**说，——皇家西印度事务委员会认为，为了印第安人本身的利益，在监护者死后，必须将监护地与国有土地合并，从而把它变为国家财产。**菲力浦二世**（这个畜生！）起初于1556年承认监护地的世袭原则，条件是监护者向政府**暂时缴纳**一笔款项，款项太大了，以致政府采取的措施实际上无法实行，因为缺乏志愿者（追求者）。1572年所作的新尝试，也和以往的尝试一样没有成功。1575年5月16日和1582年4月1日的法律**最终承认了监护地的世袭原则**"（同上页）。世袭农奴制度继承了**系统消灭印第安居民和**殖民者**掠夺**一向属于印第安居民的公社土地（以这是"荒芜"土地为借口）的做法；这样就最终在**公社团体内部**消灭了作为它们生命原则的 Geschlechts—, Verwandschaftsprinzip（氏族—亲属原则），直到它们最终变为**纯粹的** сельские（**农村**）**公社为止**（第68页）。这样瓦解血缘纽带（真实的或虚构的）的结果，在某些地方从以前的公社份地中形成了**小地产**；这种小地产，在监护者所加的税捐重担之下，并由于**第一次允许西班牙人实行的放债生息制度**，用苏里塔的话来说，"就逐渐落到了拥有资本的欧洲人手中，——在土著当权的时代，印第安人是不知道高利贷者的"（第 68 页）。

从监护者有权**用自己的亲信来代替**不合他们心意的卡西克［Aelteste，Vorsteher｛首领｝］的时候起，管理权的**氏族性质**（родовой характер）**就在消失**。此外还必须加上监护者旨在**加强自己权力的政策**，即挑起印第安人和他们的首领之间、印第安各村落和各部落之间的**纠纷**并加以利用。

‖这些导致破产的诉讼以及使印第安人失掉反抗西班牙人的最后力量的内部纠纷，成了可以说是印第安人的"政治"生活的唯一表现［在第 68、69 页有更详细的记述］。‖

为了进行由这些内部骚扰而引起的**无尽无休的诉讼**，印第安人被迫**经常向高利贷者举债**；而为了向债主偿还债务，常常被迫**卖掉**西班牙人还没有从他们那里弄走的**微不足道的财产**（第 69、70 页）。

［十分明显，受监护者税捐重压的印第安人是嫉妒自己的首领的，因为首领们可以按照传统和根据西班牙法律获取少量实物税，而印第安人力图使首领们丧失这种收入。另一方面，监护者实行廉价政策，他们把这些**首领**说成是印第安人的勒索者，让印第安人玩弄阴谋诡计**反对**他们自己和监护者之间的这些**中介人**，让他们想方设法叫首领下台，换上另一个。］

随着**氏族**（родовой）**性质**的公社解体，它作为单纯的**农村公社**也在许多地方瓦解了，

‖因为已经彼此孤立的人都力求成为**私有者**。下面一段摘自**苏里塔**记述的文字很重要：‖

"欧洲人对公社团体的法律性质无知，对它们的重要性（为了社会秩序与安宁的利益）估计不足，因此，殖民政府承认许多印第安人对只归他们暂时使用的公社土地的个别地段拥有私有权，而这样做并没有比

马克思《马·柯瓦列夫斯基〈公社土地占有制，其解体的原因、进程和结果〉一书摘要》研究读本

较重要的根据，只是当事人自己以他们的祖先曾占有和耕种这些地段的事实为依据。当酋长（首领）想反对这种掠夺公社的行为时，他们的抗议是不被理睬的。"根据苏里塔的证词，**这样产生的私人占有地**并没有在印第安人手中保持多久。他们由于税捐负担沉重，所以在大多数情况下都把这些占有地**抵押**或**卖给**西班牙人、混血种人和黑白种人混血儿，这些人由于估计到这种结果，于是支持农村居民要求分配公社土地的欲望（第70页）。[苏里塔的报告写于**十六世纪中叶**。]

早在**十六世纪中叶**[苏里塔报告的时期]，在墨西哥和秘鲁的许多地方，农村公社已不复存在了。但它还没有完全消失。它存在于**查理二世的立法中**："公社财产包括由该居留地的印第安人占有之财产，这种财产应当用之于公，保存在该地并应予以增加。"公社也出现在现代**旅行者**的**记述**中（例如**萨尔托里乌斯的《墨西哥》**。参看第70页脚注4）。萨尔托里乌斯说："不论在农村或在城市，土人往往结成公社团体**按居住区居住**。他们的公社团体是牢固的，这是印第安人的特点。年老的成员不允许后辈迁居到其他村落去。很大一部分印第安村落都共同占有**土地和资本**，不愿分开。只有**宅院（усадьбы）**和周围的园圃被认为是公民的私有财产。**可耕地和草地**是整个村落的财产，由某些公民耕种，不缴纳任何地租。**这些土地有一部分是共同耕种的：其收益用来弥补公社开支。**"（同上页）农村公社这样在广泛范围内保存下来①，其原因一方面是由于**印第安人眷恋这种**最适合于他们的文化阶段的**土地所有制**②形式，另方面是由于**在殖民者的立法中**[与英属东印度不同]**没有使公社成员能够出让属于他们的份地的法令**（第71页）。

*　　*　　*

日罗：《古罗马的所有制历史研究》。

科尔布鲁克：《印度的契约法和继承法汇编》1864年版。

---

① 柯瓦列夫斯基原文作："公社占有制之所以没有完全消失"。——编者注
② 柯瓦列夫斯基原文作："土地占有制"。——编者注

亨利·萨姆纳·梅恩爵士:《古代法制史讲演录》1875年版。

坎伯尔:《现代印度》1853年版。

《加尔各答评论》1850年版。

《各国土地占有制》——科布顿俱乐部文集(《Systems of land tenure in various countries》.—Cobden Club Essays)。

《印度政府档案选编(外交部)》第11号。1849—1850年和1850—1851年旁遮普施政报告,1853年加尔各答版。

《西北各省公函选编》第34号。关于班达区的白哲布拉尔占有制的报告,报告人是已故的罗斯,1845年版(《Selections from public correspondence.N.W.Provinces》No.XXXIV.Report on Bhej Burrar tenures in Zillah Banda,by the late H.Rose,班达的收税官,1845)。(参看该书附录。)

×①关于丘克拉村的报告,1837年12月16日(托马森)(Report on the Settlement of Chuklah,16 December 1837(Thomason))。

《旁遮普行政署公函选编》(1857年版第1卷)。

同上,白沙瓦区胡斯顿格尔的公社村,致行政署秘书梅尔维尔先生,1852年4月17日于拉合尔(Summary settlement of the Hustnugur in the district of Peshawur, to Melville, Esq., secrectary of administration, Lahore,17 April 1852)。

同上,关于茹朱夫查尔区的报告,报告人是白沙瓦区专员拉姆斯登中尉,1853年1月17日(Report on the Jouzoofzall district by lieutenant Lumsden,commissioner,Peshawur division,17 January 1853)。

普莱斯:东印度公司的普莱斯关于马德拉斯施政情况的第五个报告。

《摩奴法典》,卢瓦泽勒-德隆尚的译本。

西塞:名为《Vyavahara-sara-sangraha》的译本。

约翰·多·梅恩:《论印度的法律和习俗》1878年马德拉斯版。

---

① 书名前面的记号是马克思手稿中原有的。——编者注

马克思《马·柯瓦列夫斯基〈公社土地占有制,其解体的原因、进程和结果〉一书摘要》研究读本

弗里德里希·施滕茨勒:《耶遮尼雅瓦勒基雅法经》1849年柏林版。

尤利乌斯·约利博士:《那罗陀法论或那罗陀法理概要》,首次翻译,1876年版。

×①1872年文献学院丛书（Bibliothéque de l'école des chartes 1872）。其中有《原始不动产的集体性质》(《Caractère collectif des premières propriété simmobilières》)（第465页等等）。

《密陀娑罗》:译文载于《印度法律论文集》,惠特利·斯托克斯编,1865年马德拉斯版。

西尔韦斯特尔·德萨西:《论埃及的地产法》,以及1873年9月号《法国经济学家》中关于土耳其的土地关系。

迈尔:《印度的继承法》1873年维也纳版。

祈祷主;达克娑;广博,等等。

纳尔逊（马德拉斯民政部）:《论马德拉斯高等法院实施的印度法》1877年马德拉斯版。

埃尔芬斯顿:《印度史》两卷本。

穆勒:《英属印度史》九卷本。

桑顿:《印度史》第三版,一卷本,1862年版。②

特罗特尔的《英帝国在印度的历史》。桑顿所著的历史的续篇,两卷本,1866年版③。

马什曼的《印度史》,三卷本,1867年版④。

桑顿的《印度地名辞典》,四卷本,1854年版（西南区派尔·麦尔大街滑铁卢广场13号艾伦公司）（Thornton's《Gazetteer of India》. 4 vls. 1854 (Wm.H.Allen et Co 13.Waterloo Place.Pall Mall S.W.)）⑤。

---

① 书名前面的记号是马克思手稿中原有的。——编者注
② 这一书名在柯瓦列夫斯基著作中并没有提到。——编者注
③ 这一书名在柯瓦列夫斯基著作中并没有提到。——编者注
④ 这一书名在柯瓦列夫斯基著作中并没有提到。——编者注
⑤ 这一书名在柯瓦列夫斯基著作中并没有提到。——编者注

格雷迪的《印度的继承法》(Grady's《Hindu Law of In Cherit-ance》)①。

费里埃：《阿富汗人的历史》，杰西译，1858年版（默里）②。

《巴卑尔皇帝自传》，译者为莱登和厄斯金，1826年版(《Autobiography of the Emperor Baber》translated by LeyCden and Erskine. 1826)。

《东印度公司规章的分析》，作者奥贝尔，1826年版(《Analysis of the Constitution of the EastIndia Company》by Auber. 1826)③。

Ⅱ. 英属东印度

（A）按历史上发生的顺序看印度现代公社土地所有制④的各种形式

为什么在远古立法文献中可供研究远古⑤各种社会生活形式的资料这样贫乏？（第72页）对远古各种形式的历史研究的方法应当是怎样的？（第73—74页）

没有一个国家象印度那样具有如此多种形式的土地关系。除了**氏族公社**之外还有**地区公社**或**农村公社**；定期的平均的重新分配耕地和草地——包括交换住房⑥——的制度与终身的不平等的份地制度并存，这些份地的大小或者是由继承法规定的，或者是由最近一次重新分配时期的**实际占有情况**决定的；**公社的经营和私人的经营**同时存在；有的地方有**公社耕地**，而另外一些地方则**只有公社附属地**（угодья）（如森林，牧场等）；有的地方，**公社全体居民都可以使用公社土地**，有的地方使

---

① 这一书名在柯瓦列夫斯基著作中并没有提到。——编者注
② 这一书名在柯瓦列夫斯基著作中并没有提到。——编者注
③ 这一书名在柯瓦列夫斯基著作中并没有提到。——编者注
④ 柯瓦列夫斯基原文作："土地占有制"。——编者注
⑤ 柯瓦列夫斯基原文作："原始"。——编者注
⑥ 柯瓦列夫斯基原文作："宅院"。——编者注

用权仅限于少数古老移民家庭；除了上述形形色色的**公共所有制**形式以外，还有**农民的小块土地所有制**①，最后，还有往往包括整个区的大面积的**大土地所有制**②（第74页）。

（1）（保存到现在的）**远古的形式：氏族公社**，其成员**共同生活，共同耕地**，并用共同的（公共的）**收益**满足**自己的需要**。关于这个形式，枢密院的一项决定是这样说的："**任何氏族成员**不仅不能**指出公社的某一块**土地归他**所有**，而且也不能指出**某一块土地归他暂时使用。共同经济的产品收归公共仓库以满足整个公社的需要**"（第75页）。这种**公社土地占有形式**只在印度北部和西北部的某些地区保存下来，而其**形式是土地只由最近**的亲属即**不分居家庭**（这是梅恩给这种形式的氏族公社所起的名称）的成员**共同所有**（совместное владение）并**共同经营**。不能由此得出结论说：这种公社原先也不包括较远的亲属（氏族成员）。看来，这种现代的**家庭公社**毋宁说是**氏族公社解体的产物**。例如，往往包括几十个和几百个家庭的**波斯尼亚**和**黑塞哥维纳**的家庭公社③就是这样（第75页）。

离氏族最初移居到他们**所征服的地域**内的时间越远，

‖［认为氏族公社必定居住在被征服的**他人**的领土上，是柯瓦列夫斯基的一种**任意的假设**］‖

则**氏族各支系之间**的血亲意识也必然随之而越来越减弱。随着**这种意识的逐渐削弱**，

‖［为什么意识在这里起着 causa efficiens ｛动因｝的作用，而不是随着氏族分为"支系"而必然发生的实际的空间划分起着这种作用呢？］‖

---

① 柯瓦列夫斯基原文作："少地农民的地块"。——编者注
② 柯瓦列夫斯基原文作："大领地"。——译者注
③ 柯瓦列夫斯基原文作："札德鲁加"。——编者注

在**氏族的每一分支**中都出现了这样一种愿望：调整自己的财产关系，使自己不受比较疏远的其他各分支的参与和干涉

‖［确切地说，就是出现了**把共同经济分为**更加互相隔绝的各个部分的**实际必要性**］，‖

与此同时（？），在每个村（посёлок）范围以内，**财产关系个体化的倾向**也不可避免地加强起来。

由此就产生了这样一个**结果**：从全氏族的土地中**逐渐分出了**一些特殊的地方（зон），这些地方只限于**某一个支系的成员们共同占有**，换言之，即只限于**不分居的大家庭的成员们共同占有**，例如**在本捷尔坎德**便是如此。共同占有几十平方英里的由数百名成员组成的**氏族团体**并不是罕有的现象。胡麦尔普尔区（**波古纳**）的普坦纳乡有 9314 英亩土地和 157 名公社占有者，**热拉尔普尔**的索尔德涅乡共有 399 名成员，占有 12033 英亩的地段；**库罗拉喀斯**是 18260 英亩或 $28\frac{1}{2}$ 平方英里土地的所有者（《**加尔各答评论**》1850 年 9 月份，第 14 期第 155 和 156 页）。但是，**这些被称为托基、伯里和帕提**的氏族分支，彼此之间只有微弱的联系。每个**帕提**都有其自治机关，自由地**选举自己**的首领（старшина）（**朗伯尔达尔**），并且与其他分支分开，各自缴纳摊派在自己身上的国税，征收这种税款，并把税款分摊给彼此以连环保（круговая порука）联系在一起的本族成员。每个**帕提**成员只从帕提的土地中领取他的份地。全体成员共同使用公共牧场和其他**附属地**，与其他帕提的成员毫不相干。如果问题只涉及**个别**帕提的成员的利益，则在每个帕提的范围以内都表现不出各帕提之间的共同性[1]，一旦有某种特殊情况使某个帕提发生了**直接关系到全体氏族成员利益**的现象，这种共同性[2]便会表现出来；在这种情况下，就不但允许并且还要求全体氏族成员参与个别帕提

---

① 柯瓦列夫斯基原文作："联系"。——编者注
② 柯瓦列夫斯基原文作："联系"。——编者注

的地方事务。这种**干预**，多半发生在 {氏族的} 某一个**分支无力** {**缴纳**} **国税**（朱马）的时候。为了避免**按照法律规定**而强制出卖属于这个分支的部分土地，从而避免缩小氏族所占的地域，**印度的法律**就要求：把**连环保**由最狭小（最小的）分支的成员**推广**到较高分支的成员，即**由帕提成员推广到伯里成员**，由伯里成员推广到**托基**成员，最后再推广到**整个胞族社**（巴伊查拉）的成员。每当某个公社成员**出卖份地**（надел）——允许**出卖**最初是**英国法律**规定的——因而使全氏族的公共财产有减少之虞时，都照上述办法办理；在这种情况下，印度的立法就确认卖主所属的那个区（**波古纳**）有优先购买的权利，其次轮到区以上的较高的氏族分支，如此类推，最后轮到**氏族及其全体成员**（第75—77页）。

由于在各居住地（村落）的范围以内的财产关系个体化趋势加强，**不可分的氏族所有制**①**就逐渐消亡，产生了新形式的所有制**②。在大多数省份，在它们被英国人侵占时期，**不可分的氏族公社绝迹了**；只有晚期的土地所有制③的陈迹还残存着；**在一些公社中**，这种陈迹存在于**这样的条件下**：各个体家庭**使用大小不等的份地**，而这些份地的大小，每次都是由份地的占有者对真正的或虚构的公社始祖的**亲属等级**来决定，或者是由**实际耕种情况**来决定；在**另外一些公社中**，这种陈迹则存在于**定期将公社土地重新划分为相等份额的条件下**（第77—78页）。

（2a）在这些较新的形式中，**最古老**的形式是由继承法来决定**家庭份地大小**的形式。这个制度还盛行于**印度西北各省**，尤其盛行于**本捷尔坎德和旁遮普**（第78页）。

旁遮普。（《旁遮普施政报告——1849—1850年和1850—1851年》选编，1853年加尔各答版）。其成员属于**同一个克兰**〔较正确的

---

① 柯瓦列夫斯基原文作："占有制"。——编者注
② 柯瓦列夫斯基原文作："产生了其他的、更复杂形式的人和土地的关系"。——编者注
③ 柯瓦列夫斯基原文作："土地共同占有制"。——编者注

说法应当是氏族]① 甚至往往出自同一个始祖的**土地占有者公社**，在全国各地都可以看到，尤其在**札提人**部落中常常可以看到，每一个共同占有者都有一定地段，通常由他本人来耕种，他依照公社当局的摊派，缴纳向他征收的土地税……每一个公社社员距始祖远近的不同，决定着由他支配②的地段的大小。**社会舆论**非常坚持保存这个依亲属关系规定份地的制度，以致我们往往发现有些人，其先人已经有一代甚至两代根本不参与公社所有权，而仍能被允许使用土地……这样规定的可耕份地，既不能认为是**终身的**，也不能认为是**世袭的**。份地归**各个家庭支配**③，一直到必须给新生的或暂时外出的氏族成员④分配新的份地，因而必须重新分配公社耕地为止。……公社常常重新分配耕地和草地，其目的是使**亲属等级和份地大小更相适应**。——这个目的还常用下述方法来达到：并不改变现有的分配，而把**归氏族公社全体成员共同使用**的未开垦地的某些地段划给那些要求扩大其份地的共同占有者。**这样一来，个体份地事实上就成为终身的，甚至成为世袭的了**（第78、79页）。

西北各省：班达的已故收税官罗斯的报告书（1845年，参阅第28页⑤）中曾顺便谈到：

"在**库祖雷加村**（班达省），公社会议（**班查亚特**）在着手确定个体共同占有者时，首先要**确定每个公社成员距氏族始祖的亲属等级**，其次才依据**印度法律**关于各个亲属应分享亡人遗产多少的规定，把或大或小的地段分给各个家庭，供其使用。"（第79页）

一般来说：各个家庭的**个体份地**远远**不**包括公社的全部土地。公社的一部分土地——在大多数情况下是**森林、沼泽地和牧场**，但常常也有

---

① 这个方括弧中的话是柯瓦列夫斯基原文中就有的。——编者注
② 柯瓦列夫斯基原文作："占有"。——编者注
③ 柯瓦列夫斯基原文作："占有"。——编者注
④ 柯瓦列夫斯基原文作："亲属"。——编者注
⑤ 这是马克思手稿的页码。参阅本卷第228页；指刊物《西北各省公函选编》，第34号。——编者注

马克思《马·柯瓦列夫斯基〈公社土地占有制,其解体的原因、进程和结果〉一书摘要》研究读本

适于农业的地段——仍然归氏族全体成员共同使用;对于这种土地,还**长期实行**×①在处理土质肥沃的地段方面已经废除的共同经营制度,或由氏族成员亲身劳动,或雇人劳动{Mietling}(第79、80页)。

(2b)随着时间的进展,随着氏族成员人数的增加,**确定距始祖的亲属等级便越来越困难了**,再加上暴力的变革,要这样做便**不可能了**,这种变革是指:由于和邻近氏族进行战争而使**氏族的组成情况**遭到了破坏,某些氏族公社绝灭,它们的份地一部分被人夺走,一部分重新变为荒地。例如,**托马森说**〔载于他的**报告**(关于丘克拉村的。参看第28页②)〕:"如果认为**各家庭**由其最初产生的时期起直到现时为止,**始终以正常方式**增殖而从未间断,那是不正确的。**暴力的变革一再发生**。在外来氏族的压力下,或者因与邻族发生敌对冲突,整个整个的部落灭绝了。"由于所有这些事件

‖[有计划的**殖民**(用毛勒的话说!)也应当算在这些事件中],‖

公社土地中的个体**份地**事实上已不再与距始祖的**亲属等级**相符合了——至少就整个来说{in ihrem Gesamtzussammenhang}③ 如此;这些份地的或大或小,现在就由某个家庭事实上所耕种的地段的相对大小来决定了。因此份地(надел)面积不等的情况严重,**坎伯尔**(《**科布登俱乐部论文集。土地占有制**》)称这种情况为**印度公社土地占有制**的主要类型(第80页)。

关于这一点,有下述引文,这段引文所谈的是**班达区赫保乡**的一个村的公社土地占有制的情形(**罗斯的报告**。参看第28页④):"我们在公社中没有看到过**固定的份地**。每个人在继续耕种期间一直占有**他所耕**

---

① 文内和页旁的符号都是马克思手稿中原有的。——编者注
② 见本卷第228页;这里所说的"报告"是指:《关于丘克拉村的报告》,1837年12月16日。——编者注
③ 柯瓦列夫斯基原文作:"就面积来说"。——编者注
④ 见本卷第228页;这里指的是:《西北各省公函选编》第34号。班达的收税官、已故的H.罗斯关于班达区的白哲布拉尔占有制的报告,1845年"。——编者注

种的地段。一旦某个地段无人耕种,就重新列为公社'荒芜土地',每个公社成员**都可占有它,条件是:由他耕种并缴纳摊派给该地段的赋税**"(第81页)。**份地不等**往往导致公社成员发生争执。[这种争执被称为 kum o beshee {多少之争}

‖(这个名称无疑只用于旁遮普部分地区,这是**托马森**在其关于丘克拉村的报告中提到的)]。‖

在发生这类纷争时,有些人主张现存的分法,有些人则要求**重新分配**(同上页)。

(3)**托马森**在同一报告书中对其中一次"kum o beshee"{多少之争}作了如下描述:"要求重新分配的人们坚持**地段(份地)大小均等**,既反对**按亲属等级决定的份地制度**,又反对按实际占有情况批准的制度"。

因此,每隔一定时间,往往是每隔一年,把公社土地平均分配,这在印度土地所有制①形式的历史上乃是比较晚期的一种形式。这种形式现在也只存在于北部和西北部的一些地区;在旁遮普这种形式最常见:在这里,这种形式不仅出现于同一村落以内,而且出现于**两个和两个以上彼此有亲属关系的村庄之间**,往往不仅涉及耕地,而且还涉及农舍([宅旁土地]——усадебная земля)

‖即与农民住宅毗连的土地)。‖

专员詹姆斯在其《关于**白沙瓦区胡斯顿格尔各公社** {summary} 村的报告》(1852年4月17日于拉合尔)中写道:"我不应忽略在某些地方保存至今的一种极其奇特的习俗,我指的就是**各村及其所属单位(昆德**②)之间定期交换土地的习俗。在某些地区,这种交换只涉及土地。

---

① 柯瓦列夫斯基原文作:"土地关系"。——编者注
② 昆德是课税单位的名称。——译者注

一个昆德的居民转移到另一个昆德的土地上,而后者的居民也迁移到前者的土地上,例如在**沙富尔凯尔和苏多凯尔**;而在别的区×①**连住宅也彼此交换**。后面一种情况直到现在还存在于普鲁儒尔和塔尔纳两个村的居民之间,也存在于凯世札村的两个昆德的居民之间,**每五年交换一次**(第81、82页)。

白沙瓦区**茹朱夫查尔**的土地登记专员、**拉姆斯登中尉**,也作了同样的报道。[见《旁遮普行政署公函选编》,1857年版第1卷第367页。见他的关于**茹朱夫查尔区**的报告,1853年1月17日。]

"在**茹朱夫查尔区**的某些村之间不久以前还存在着**定期交换土地和住宅的习俗**,通常是每隔五年或七年进行一次。从1847年起,所有这一类交换开始废除……近来这一类交换就越来越稀少了"……发生这种情况的原因,据托马森在其关于**胡斯顿格尔公社村**的报告第101页(载《旁遮普行政署公函选编》,1857年版第1卷)说:"随着时间的进展,**彼此有亲属关系的各村之间所进行的土地交换,常常遭到当事人方面的强烈反对:**×②比较肥沃的土地的暂时占有者往往拒绝用这些土地去交换邻人的那些比较贫瘠的土地;凡是这伙人有权有势的地方,各村之间**土地的交换就完全停止了**"(第82页)。同书(同上,第102页)也谈到同一村落以内停止交换宅院

‖ [即房屋和毗连的土地] ‖

的情况:"经验表明,被迫离开先前居住地的村民,通常都是预先拆毁他们的宅院(усадьба),使先前的居住地变了一片废墟,以此明确抗议习俗所规定的把自己劳动果实交给他人的义务"(第82、83页)。

宅院(усадьба)的交换虽然到处都停止了,可是在另一方面,现在在许多地方,常常还有在**同一公社的成员之间交换耕地的情形。每个公社**及其每一个分支、区(昆德)的土地,都按照公社或其所属单位

---

① 文内和页旁的符号都是马克思手稿中原有的。——编者注
② 文内和页旁的符号都是马克思手稿中原有的。——编者注

现有的**公社占有者**（这里称为**杜夫塔雷**）的人数而分成若干块份地。每个公社占有者都领受自己专用的**土地**×①，**其肥力和用途**

‖［亦即最适于何种专业］‖

都各不相同。

由于**最适宜耕种的地段位于河流两岸或是沿着灌溉渠道**，所以为了使份地保持均等，就必须使每个共同占有者既能均等使用宜于**灌溉的土地**［称为**肖尔古拉**，源于 shol 一字——意为稻（рис），稻只能播种在由河流和渠道灌溉的土地上］，又能平均使用名为**鲁尔米**的**不宜于灌溉的土地**。因此，在给每个家庭分配相应的**份地**（所谓**布克拉**）之前，每个公社就要把**属于它的全部土地分为**若干田畴（коны），俄国和德国现在和过去都有这种情形。这些田畴（коны）在旁遮普称为"温德"；份地布克拉的占有者，就从**每个这种田畴**（коны）中领受地段；这样一来，每个人都能均等地分享公社土地②，而他为此也必须缴纳同其他社员一样多的一份**实物税和货币税**——这一方面是**用于地方管理**，即养护道路和灌渠以及支付当地公社官吏的薪水（第83页），另方面则用于**交付公社**所担负的**国税**（这种税称为**朱马**）。每当人口增加而感到适于耕种但尚未使用的土地不足，致使公社成员间现有的土地分配不均时，公社成员便进行重新分配。

×③**由此可见，重新分配并没有定期性**，至少在荒地（已垦地）多的公社中是这样。但是在这种土地不多的地方，重新分配的时间就比较短——十年、八年、五年，往往甚至**每年**重分一次。后一种情形，在这样一些公社中最常见，在那里，**由于最适于耕种的土地面积有限**，在当年的**那一次重新分配中**无法使全体共同占有者④都能均等**地分到土地**。

---

① 文内和页旁的符号都是马克思手稿中原有的。——编者注
② 柯瓦列夫斯基原文作："占有公社的不动产"。——编者注
③ 文内和页旁的符号都是马克思手稿中原有的。——编者注
④ 柯瓦列夫斯基原文作："使用者"。——编者注

马克思《马·柯瓦列夫斯基〈公社土地占有制，其解体的原因、进程和结果〉一书摘要》研究读本

因此，他们就通过每年都重新分配一次的办法而**轮流**获得**使用这些土地的权利**。这种建立在每年重新分配原则上的公社土地占有形式，在**西北各省**称为"普斯占有制"，在**旁遮普**称为"凯特伯特占有制"〔参看**罗斯**报告第 79 页，并参看**拉姆斯登**中尉的报告第 367 页〕（第 84 页）。**定期交换份地**的现象以前也见之于所有其他各省

‖ [而现在只见之于旁遮普和西北各省了]。‖

例如，在**普莱斯关于马德拉斯省的报告中**（参看第 28 页①）曾顺便谈到："我们在土地占有者中间经常看到**每年交换**其份地的习俗。这种习俗甚至见之于**最富的村落中**。我想这种习俗的**发生是由于人们希望消除一切不平等现象**；而将土地交给人们**比较**永久地**使用**，则可能造成不平等"（第 84 页）。

（4）最后，印度**农村公社**在其解体的过程中，也达到了盛行于**中世纪的日耳曼、英国和法国**并且现在仍盛行于**瑞士全境**的那个**发展阶段**，就是说，**耕地**，往往还有**草地**，归公社各个成员**私人所有**，只有所谓 Appertinenzien（угодья {附属地}）仍归公社成员共同所有；这种附属地在**西北各省**称为塞耶尔，包括：（a）**杂草丛林密布的未开垦土地**；（b）人工的和天然的蓄水池（例如可供灌溉用的水井和沼泽）；（c）生长果树和薪柴林的小树林和园了；（d）公社社员未曾占据，但由于上面修建了住宅和建筑物而取得一定地租的宅旁土地；（e）蕴藏**硝石和铁**的荒地——开采这些矿物是公社社员本身或外来租佃者的营生；（f）最后，还有集市税以及居住在公社中从事某种手艺的人所缴纳的**款项**。于是，入境权（правовъезда）、放牧权（право выпаса）以及一系列和中世纪的"**马尔克权利**"和"**公社权利**"{"Mark" und "Gemeindegerechtigkeiten"}完全一样的其他权利，都依照个人的地段的大小而属于每一个公社土地占有者，如同德国在**把耕地从马尔克分出来并将其分**

---

① 见本卷第 229 页。——编者注

给公社各个成员私有以后出现的情况一样（85页）。但是**印度制度的特点**——这些特点的产生是由于它更接近于远古的公社占有制形式，——在于：由于某种原因而**失掉土地**的公社居民，仍然可以享用"**公有附属地**"｛"Gemein"｝①。例如在《**加尔各答评论**》（第14期第138页；参看本笔记簿第28页②）中说："某个公社的社员，如果在转让他的地段或者使它荒芜以后仍然继续居住在公社中，都有享用'塞耶尔'的充分权利"（第85、86页）。

总之，过程③如下：（1）最初是实行土地共同所有制④和集体耕种⑤的氏族公社；（2）氏族公社依照氏族分支的数目而分为或多或少的**家庭公社**

‖［即南方斯拉夫式的家庭公社］。‖

土地所有权的不可分割性和土地的共同耕作制在这里最终消失了；（3）**由继承权**

‖即由亲属等级的远近‖

来确定份地因而份地不均等的制度。战争、殖民等等情况人为地改变了氏族的构成，从而也改变了份地的大小。**原先的不均等**日益加剧；（4）这种不均等的基础已不再是距同一氏族首领的**亲属等级的远近**，而是由**耕种本身表现出来的事实上的占有**。这就遭到了反对，因而产生了：（5）**公社土地或长或短定期的重分制度**，如此等等。起初，重分同等地包括宅院（及其毗连地段）｛Woh-nungsboden（mit ZubehoBr）｝、**耕地和草地**。继续发展的过程首先导致将**宅旁土地**［包括毗连住所的田地

---

① 柯瓦列夫斯基原文作："森林、场和空地"。——编者注
② 见本卷第228页。——编者注
③ 柯瓦列夫斯基原文作："历史继承性的次序"。——编者注
④ 柯瓦列夫斯基原文作："占有制"。——编者注
⑤ 柯瓦列夫斯基原文作："共同开发"。——编者注

等等］划为私有财产，随后又将耕地和草地划为私有财产。从古代的公共所有制①中作为 beaux restes② 保存下来的，一方面有**公社土地**

‖［指与已变成私有财产的土地相对立的］［或者原先只是附属地｛Appertinenz｝的土地］，‖

另一方面则有**共同的家庭财产**；但是这种家庭在历史发展的过程中也越来越简化为现代意义上的**私人的个体家庭**了（第86、87页）。

(B) 印度本地罗阇时代的土地关系史

立法文献离我们的时代越近，其中**承认公社土地所有制**是印度土地关系的主要形式的证据就越多。这里的原因是：起初差不多完全被排除于**法典**以外的习惯法（地方法），逐渐越来越多地被**吸收**到婆罗门的**成文法**中。在《**摩奴法典**》中，就承认国王有权"赋予属于**再生族**的学者善人的行为所肯定者以法律效力，凡由此（这种行为）引申出的准则，若符合**各省、各区、各种姓和各家族的法律习惯**，均有法律效力"。印度晚期的法典编纂者，即印度法律文献中以《**法经**》著称的大批汇编的编者，就是从这些**习惯中汲取**解释《摩奴法典》的资料。习惯法提供了主要资料来补充远古法典中那些纯法律的、特别是纯伦理的③贫乏的规定，这些规定起初都是由各村、城市和省的内政当局调整的（第89页）。

‖[科尔布鲁克断定《**吠陀**》成于**公元前 1400 年**，而埃尔芬斯顿在《**摩奴要旨**》（以《吠陀》的宗教诗的片断为依据）中则断定为**公元前900年**左右，虽然《**摩奴法典**》的译者**威廉·琼斯爵士**认为约在**公元前 1280 年**；《**罗摩衍那**》约在公元前 1400 年；《**摩诃婆罗多**》是其后的史

---

① 柯瓦列夫斯基原文作："占有制"。——编者注
② 美好时代的遗迹。——编者注
③ 柯瓦列夫斯基原文作："私法的"。——编者注

诗,是印度文学中的《伊利亚特》。]

(1)柯瓦列夫斯基在《摩奴》中发现了(参看摘自**卢瓦泽勒-德隆尚**法文译本的一段引文)‖

存在着公社土地占有制并且同时产生了**私人土地所有制的痕迹**,后者的出现,或者是通过**从公社土地中分出个体份地**的途径,或者是由于新来移民占据了公社荒地和林地的某一地段,并将它加以耕种,——不过**事先要得到公社氏族团体的同意**(第90、91页)。

‖[所引的关于村落**边界**的引文并没有直接指明村内是公社所有制。]‖

正如现在一样,在{公元前}**九世纪的印度**,与整个氏族和村的土地所有制①并列的,还存在着**家庭土地共有制**(《摩奴法典》第9卷第104款)(第91页)。

×**在第9卷第20款中曾提到**×②**协作社**,即联合起来人人出力以促进共同事业成功的人们。这些协作社的存在,就说明印度从远古时代以来不但盛行**公社土地占有制**的原则,**而且还盛行氏族团体的成员共同经营土地**的原则;这些协作社的产生只有一种情况可以说明,即氏族团体在耕种土地方面的事实上的公社协作制,已被移植于自愿的、以契约为基础的联合[在这种联合中实行共同所有和协作]。**与俄国的劳动组合**相似(第92页)。

‖[但这与前面所说的不一致;就是说,**游牧民族,甚至蒙昧民族**,还在**土地所有制——**共有或私有——存在以前,就有由**狩猎**等等条件引起的{协作}了。]‖

---

① 柯瓦列夫斯基原文作:"占有制"。——编者注
② 文内和页旁的符号都是马克思手稿中原有的。——编者注

马克思《马·柯瓦列夫斯基〈公社土地占有制,其解体的原因、进程和结果〉一书摘要》研究读本

虽然在《摩奴法典》时代土地共同所有制①是占统治地位的形式,可是也已有了**私有制**;关于**栅栏**、关于有人掠夺他人田地等等的记载,就证明了这一点(第92页)。这部法典也提到**家庭财产的转让**,还不是用**赠予**或**立遗嘱**的方法——这是与财产不可分的原则不相容的,而是用**出卖**的方法,只是需要得到**同族人**、**亲属**和**邻人**的同意;但是这就说明从**公社土地的个体份地中产生了单独占有地**②。另一方面,《摩奴法典》**承认劳动是财产的基础**;它的这种承认,就直接说明财产是通过**耕种公社荒地**而产生的,这种制度至今仍在**旁遮普**拥有很多土地的"**胞族社**"中存在。1849—1851年**旁遮普施政报告中**曾经说:"清除土地上的林莽,常常被认为是财产权的最有力的、无可反驳的证据"(第93页)。授予公社以外人员的这种权利,可以用氏族公社占有的土地广大来解释(第93页)。

但是,**共同使用者以时效**[давность владения, Alter des Besitzes]**为理由**而把他们的**个体份地**变为私有财产这一事实,

‖ 在柯瓦列夫斯基看来, ‖

只能用**现代实践的经验来解释**;这些经验表明,远支的后代和新来的移民是怎样威胁者依亲属等级确定份地的制度,而且这种对抗最后甚至会导致实行把**公社土地定期重新分为相等份地**的制度(第93页)。

‖ [柯瓦列夫斯基认为,(依亲属等级的)占有者针对这种未来的危险**采取了预防措施**,即把他们的份地变为私有财产。换句话说,他是用下述假说来解释问题的,即早在《摩奴法典》编成时期,占有者(至少**是依亲属等级而占有较大份地的占有者**)就已经看到了**自己的占有地受到威胁**,因而**极力把它变为私有财产**。如果把这种趋势作为前提,那末就看不出为什么采用时效原则——这一原则到处都同那种趋势一起存

---

① 柯瓦列夫斯基原文作:"公社占有制"。——编者注
② 柯瓦列夫斯基原文作:"私人占有地"。——译者注

在——会成为特别困难的事情或者看起来无法解释的事情。]‖

把占有期限最初定为二十年，后来又定为十年，作为**取得私有财产权的根据**，——这个**时效原则的确立**，在我（柯瓦列夫斯基）看来，乃是合法地防止（выход，Herauskommen aus der Gefahr）上述危险的手段，而其后果则是：**至少把耕地**，在有些地方还把草地变为它的临时占有者的私有①财产（第94页）。

‖［这样说要简单得多：**份地的不平等已经很大**，这种不平等必然逐渐地造成财富、要求等等方面的各种不平等，简言之，即造成各种社会的不平等，**因而产生争执**，——这就必然使事实上享有了特权的人极力**确保自己作为所有者的地位。**］‖

使氏族公社和农村公社自行解体的**上述原因**，必然早于下述因素在这方面发生的影响，这些因素是：**逐渐组成为种姓的教士和学者阶层**，逐渐成为各王国（土邦）罗阇**的部落首领（首长）们权力的增强**，最后，还有**迟早在农村居民中发展起来的向城市工商业中心的移民**，——这种移民破坏了人民与土地的先前联系，并且不可避免地导致**氏族原则**的瓦解

‖［但这一原则首先在城市中以**氏族统治**的形式重新出现］‖

以及公社土地占有制的解体（第94页）。在《摩奴法典》时代，后面这三个原因只能起着微不足道的作用，或者完全不发生作用。在《摩奴法典》中**没有一款**提到**罗阇有赠送公社土地的权利**——这种权利过了几个世纪以后才充分得到行使。其次，**婆罗门被禁止耕种土地**，这就排除了向他们赠送**不动产**的可能性：在该法典第10卷第115款中，也提到**只向婆罗门赠送动产**，最后，农村生活决定性地主宰着**城市生活**，并且

---

① 柯瓦列夫斯基原文作："不可改变的"。——编者注

盛行着一直保留到现在的**不离开农村居住地而从事手工业和商业的习俗**（同上页）。

（2）从耶遮尼雅瓦勒基雅法典和那罗陀法典开始到印度被穆斯林征服为止的时期，即从公元前九至五世纪到公元五至六世纪，

‖ **直到莫卧儿帝国时期（1526—1761）。** ‖

（a）**公社氏族团体和农村团体被用之于行政和司法的目的**。在《**耶遮尼雅瓦勒基雅**》和《**那罗陀**》这两部法典中，农村公社社员是用**公社团体**或**亲属会议**的名称来体现的；中央行政机关**将警察职权**和**司法职权**，即治安的责任，**委托**给他们。这就意味着，这些氏族和公社已经由与执行这些职能无关的**独立的**机关变为**国家的最下级的警察**和保安机构了。

‖［它们原先所掌管的**社会职能**——司法和警察——现在成为由**国家托付、责成和规定**的了。］‖

从这时候起，自古以来维系他们的那种**连带或联合保证**（круговая порука｛连环保｝），就成了**共同对国家**①负责的关系了；在规定**氏族团体**对于其管区内破坏治安的案件必须负责的各个法典中，载有**一系列这样的法令**。［在**晚期的一系列法律汇编**中也可以看到这样的法令，这就使我们有可能探溯直到目前为止印度私法或公法方面的某个法制的沿革。］这样一来，先前由公社或氏族团体［犯罪者近亲］向罪行或罪过的受害人亲属所承担的赔偿（вира｛赎罪金｝），现在就成为**向国家**②（向政府当局）所缴纳的**罚金**，作为公社未能缉捕到罪犯的失职罚金。例如，**在第2卷第271款中**（《**耶遮尼雅瓦勒基雅**》）规定，如果在村界以内发现罪犯的踪迹，则村长应坐罪。例如在《**耶遮尼雅瓦勒基雅**》

---

① 柯瓦列夫斯基原文作："中央行政机关"。——编者注
② 柯瓦列夫斯基原文作："政府"。——译者注

第 2 卷第 271 和 272 款中说："在凶犯或盗贼的踪迹不能在村界以外发现时,则凶杀案在其辖区内发生的那个村负**金钱责任**;如果罪犯的踪迹在邻村村界内发现,则该村居民必须缴纳罚金;如果踪迹在五个或十个村中发现,所有村落都必须承担金钱责任"(第 95、96 页)。

只是到公元五、六世纪的法典中,**公社在缴纳国税方面的连环保**,才具有法律性质,并作了详细规定,这种国税由公社本身在其成员中摊派×①——税额决不允许超过公社纯收益的六分之一(《那罗陀法典》第 17 章第 47 款)(第 96 页)。

氏族公社成员除了**治安和纳税**以外,还执行**民事和警事诉讼的职能**,也**参加处理所谓不应诉争的案件**(беспорны едела)。关于诉讼程序,《耶遮尼雅瓦勒基雅》和《那罗陀》都提到:除其他法庭以外,还有**公社共同占有者会议**,这种会议是高等审判机关,**家庭会议和工匠会议都受其制约**,而其上又有**国王任命的高级官吏和国王本人**。交"**邻人(сожителu)法庭**"(现在称为"**班查亚特**")处理的司法对象,其性质同中世纪时**日耳曼的马尔克或公社的司法对象一样**,或者同现在瑞士和俄国的乡法庭或区(地方)法庭(Судвi Вevви)的司法对象一样。《那罗陀法典》第 2 卷第 5 款只给国王保留了｛审理｝复杂案件的权利;对其他审判只提出**集体**[不是个人]处理的要求。由此就可以推断,《耶遮尼雅瓦勒基雅》和《那罗陀》两部法典中所提到的**全部诉讼**在初级阶段都是由**公社法庭**(суды общин)办理的[**家庭会议**(法庭)和**工匠法庭**的裁判权则有一种特殊性质]。首先是**关于个人或整个公社破坏占有地地界的诉讼**。依据印度法律,正如俄国法律一样,**地界(termini)是不受时效限制的**(《摩奴法典》第 8 卷第 200 款;《耶遮雅尼瓦勒基雅法典》第 2 卷第 25 款)(第 97 页,参见第 98 页)。如果整个公社之间发生了地界诉讼,这种诉讼的判决就属于国王法庭的权限(第 98 页)。对于目的在于日后夺取他人财产的行为的控告,例如对于

---

① 文内和页旁的符号都是马克思手稿中原有的。——编者注

马克思《马·柯瓦列夫斯基〈公社土地占有制,其解体的原因、进程和结果〉一书摘要》研究读本

故意取消某种地界标志(знаки меживаний)的行为的控告也由公社法庭处理(同上页)。

另一类应由公社大会①审理的**诉讼**,是因**践踏田禾、攫取他人果实、砍伐他人树木、擅自修筑堤坝等等**而**侵犯了个别社员或整个公社的财产权**的行为,这类诉讼案在上述两部法典的许多条款中都提到了。公社裁判权和国王裁判权是这样划分的:每当诉讼案需要采用印度法律上的某一种**神意裁判**(ordeals)时,判决权就属于国王法庭或由国王任命的**审判委员会**(《那罗陀》)(第99页)。[**按照《那罗陀法典》第1编第5章第104款,每当法官借助于其他证据而不能明确判定涉讼两造的民事责任或刑事罪行时,就被承认有采用神意裁判之权**](第99页)。

第三类**应由公社法庭审理**的案件,是享有充分权利、不受专业法庭审理的人们之间所发生的各种**民事诉讼案件**,在判决时如果认为无需求助于神意裁判,则提交公社法庭审理(同上页)。(归特别法庭审理的是:**不分居的家庭成员归家庭法庭审理,手工业和商业团体的成员归工匠法庭审理**)(同上页)。例如当一造否认曾接受另一造的寄存物而发生纷争时,就采用**神意裁判**;因此(按照那罗陀法典),在这种情况下,判决也就专属于**国王法庭**(同上页)。

刑事裁判权大概专属于**国王法庭**(第99、100页)。

公社对所谓不应诉争的案件的裁判权。在《摩奴法典》中,已经提到**不动产的买卖**需要邻人同意。过了四个世纪以后,土地私有制原则在社会上就得到巩固,以致只需要**把这种出卖公之于众就行了**[赠送不动产也是这样],而**在公社大会上完成出卖手续的习俗就是与这种情况相适应的**(第100页)(参看该页脚注)。

载于公元五和六世纪法律汇编中的这些有关公社{die Kommune}司法权和警察权的条款,是这一时期存在着公社的唯一的文字根据。这

---

① 柯瓦列夫斯基原文作:"村民大会"。——编者注

也是可以理解的，因为各个公社对其财产关系的管理，按规定必须象以前一样，要依据当地的习俗和规章，**这些习俗的约束力，在**《**耶遮尼雅瓦勒基雅**》**和**《**那罗陀**》**两部法典中往往是明白承认了的**（同上页）。[关于公社本身的**组织**和**共同所有制**①**形式**，只留下一鳞半爪的痕迹（参看下文）]。

在《**摩奴法典**》中并没有关于**公社管理组织**的任何条文；可是，《**耶遮尼雅瓦勒基雅法典**》**和**《**那罗陀法典**》**都证实由公社自己任命公社长**（首领），两部法典都劝告人们选举通晓自己的职责、大公无私、清廉自守的人担任公社长，都规定公社成员绝对服从这样选举出来的人员的决定（指示）（第101页）。

《**那罗陀**》在某些条款中称公社大会②成员为"**亲属**"，在另一些条款中则称他们为"**同居者**"（сожители，同住者，邻人）。可见，在那时候存在着两种公社——"**氏族公社**"和"**农村公社**"。前一种公社在**公元前四世纪时**就已存在，见**斯特拉本的书**第15卷第1章。（即在**公元前327年时**，亚历山大大帝征服阿富汗，随后又在称为塔格锡来斯的境内渡过印度河，亚历山大和它的邦君缔结同盟对抗**大罗阁波罗**，或称**普鲁**，那时波罗正在**卡诺雷**为君，统治着整个印度斯坦，等等。）下述引文摘自马其顿将军奈阿尔科斯（亚历山大手下将领之一）如下的报告："**法律都不是成文的**；这些法律一部分是一般的，一部分是特殊的，都与其他各国的法律有很大区别，等等。**其他人和他们的全体亲属共同收获劳动成果；随后各人就取走维持全年生计所必需的一份。**×③剩余的东西他们就加以焚毁，为的是要重新劳动，以免懒散度日。"

‖所以，这段文字必然是指‖

建立在**公社经营**原则上的**氏族**公社；但是也有这样一类公社，它们是建

---

① 柯瓦列夫斯基原文作："土地共同使用制"。——编者注
② 柯瓦列夫斯基原文作："公社团体"。——编者注
③ 文内和页旁的符号都是马克思手稿中原有的。——编者注

立在由各个家庭**分别使用根据继承法属于它们的特定的公社份地**的原则上的。这两种形式的**氏族公社**也见之于**公元五—六世纪**,至少是见之于某些地区,特别是现时仍然存在这类公社的那些地方(印度西北部)。但是在**公元五—六世纪**时,在印度占主导地位的形式显然已经是:

(a)**农村公社**,而且是这样的农村公社,即**个体份地**不是按照距始祖的亲属等级而定,而是按照**事实上的占有**而定,换言之,即按照**实际的耕种情况**而定。否则就无法说明,为什么法典中经常提到的不是**血缘亲属**,而是**邻人**(*сосебъ*),这种**邻人的会议就是村民大会**(*сельский сход*)。其次,立法者在两部法典中都**特别重视事实上的占有即耕种情况**。一方面[《耶遮尼雅瓦勒基雅》和《那罗陀》],立法者不承认**非法占有的事实**亦即不与耕种相结合的占有——纵然连续三代——为**所有权的根据**;另一方面,对于被先前的**所有者**[即占有者]抛弃了的地段,立法者承认×①**谁在这一地段上花了劳力谁就是占有者**(第102页)[例如(见同页脚注4)在《那罗陀法典》中提到:"如果某一地段的占有者因贫穷而无力耕种,或者占有者身故或失踪,该地段的收益就属于直接从事耕种的人"。"**一连五年没有耕种的土地,就被认为是无主的土地**[亦即 ödes, пустопорожная {荒地}]"。另一方面,在《摩奴法典》中就已有**土地私有制**的痕迹;例如在《**那罗陀法典**》第2编第11章全章中,都载有关于**私人占有地地界**的争执;有许多细节谈到**划定私人地界**和恢复被侵占的占有地**地界**的规定

‖ [但所有这些情况也可能在并非**私有财产**的个体份地中发生!](第103页)。‖

(b)**垦殖(耕种)无人耕种的地段**,每次都必须得到未耕土地(所谓荒芜地)的**所有者**即**公社成员**或**公社首领(首长)**的**允许**,这一点在《摩奴法典》中就已经作为**取得土地私有权的方式**肯定下来;后

---

① 文内和页旁的符号都是马克思手稿中原有的。——编者注

期所有法典也都谈到这一层。随着时间的流逝而发生的**唯一重要的区别**×①，乃是须经｜民族首领｜（*der Volksältest*，*chef*，*наробный старейщина*）的同意，而不是象以前那样须经公社原来所有者的同意。距部落最初在某一定地区定居的时间越久，随着时间的推移变成了民族首领（*наробные старейщины*）的那些**部落首领**（领袖）**的权力**也就增长得越大，他们权力的增长主要表现在财产关系方面——表现在制定**法律虚构**方面，凭借这种法律虚构，**民族首领成了本民族所占全部土地纵然不是事实上的、也是法律上的最高所有者**（第103页）。这里所指的是那种现在还存在于埃及、土耳其等国穆斯林中间的 dominium eminens②，这种最高所有权也存在于俄国——至少在其历史上的莫斯科公国时代，还作为法律概念存在于英国。（**参看例如艾伦著《王权》**，1849年版第125页及以下各页。）根据这种法律虚构，最高权力的**首领（代表）** 就有可能自由支配**公社团体的土地**，把无人耕种的地段赐给愿意耕种的人所有（第104页）。**在印度个别公社的编年史中**（这些史料是不懂梵文的历史学家还甚少加以利用的），有证据证明：**通过这种途径，即由于罗阇的命令，一下子就产生了大量的私有财产，而使公社财产受到损害**（第104页）。柯瓦列夫斯基援引了其中一则史料作为**例证**：《关于在南坎坎建立穆鲁达村的办法记事》。这部编年史是由印度学者纳拉扬·曼德利克在穆鲁达村一个婆罗门氏族的家族档案中发现的，他把原文，附上英文译文，发表在亚细亚会孟买分会的杂志上，他认为，**原稿写于公元十四或十五世纪**（第104页）[这个记事本身见第104—107页]。

（c）除了公社所有制以外，**公元五世纪和六世纪的立法**还提到了**家庭所有制**，这种所有制也在**缓慢地**自行解体（第107页）。最初，存在着**亲属的互相负责制，不受亲属等级的限制**；在这个时期（公元五—

---

① 文内和页旁的符号都是马克思手稿中原有的。——编者注
② 最高所有权。——编者注

六世纪）这种责任制就只限于**下行系列的三个等级和旁系的两个等级**；在这里，儿女**只是**彼此负责，只是为父亲、祖父和父辈负责，反过来说，这些氏族成员中的每一人也只是为其余的人负责。**不分居家庭**（undivided family）**的人员组成**，这时候在事实上和法律上已经只限于上述少数亲属和他们的妻子、儿女（第 108 页）。

在《摩奴法典》中，只有在长子明确表示了分家愿望的情况下，才允许分父母的遗产，而在《那罗陀法典》中，则规定只要家庭成员约定（协议）就可以分遗产（同上页）。［按照《那罗陀法典》："幼子如果有必需的才具，也可以（代替父亲）执行家庭中的这种职务"］。在《那罗陀法典》中：如果家庭同意，至少是家庭中利害攸关的成员同意，那么甚至在**父亲或母亲在世时**，只要父母**事实上的同居生活**

‖（大概是指 coitus①）‖

停止，女儿出嫁，妻子天癸停止和丈夫 facultatis coeundi② 以后，也可以析产。**只要父亲愿意，当他在世的任何时候都可以析产**。在分父亲的遗产时，每个儿子和未出嫁的女儿（如果他们已去世，就由其后人），最后，母亲如在世，则还有母亲，都各分得一份，而其份额的大小**一方面由年龄决定**［ "长兄分得的份额比其余弟兄都大，幼子则分得较少"。《那罗陀》］，另一方面则由**种姓**决定。［ "其余弟兄——除长子和幼子外——如果属于×③同一种姓，则所分得的份额相同"。《那罗陀》］（第 108—109 页）。在**分母亲的遗产时**，则**只由女儿**继承，如果她的女儿已去世，则由女儿的后人继承（第 109 页）。如果家人的**同意**已属**心照不宣**，也可以允许分遗产。每一个家庭成员，如果独立经营（管理财产）并按照宗教法规举行祭祀追荐亡亲，期满十年，就可以另立家庭

---

① 拉丁文：房事。——译者注
② 拉丁文，意为丧失性能力。——译者注
③ 此处的符号是马克思手稿中原有的。——编者注

‖ [即不再属于不分居家庭]（第109页）。‖

其次，血缘关系的削弱，也表现在关于个人**凭自己劳动、不花费家庭任何公共财物**而获得的**财产**的立法规定中。根据**瓦西什泰**对《**摩奴法典**》所作的解释，可以假定在这部法典编纂的时代，凭个人劳动获得一定财产（动产或不动产）的家庭成员，**还不能成为这种财产的唯一所有者，而只是在分这种财产时**——在家长去世以后——得到其中的双份（同上页）。

起初，"不花费家庭任何东西"而获得财产这个条件，是被人按照有利于家庭的精神来解释的。**迦旃延、祈祷主**和**广博**的注释（？）以及《**密陀娑罗**》都同意这种说法。[**现在已出版**（参看托·斯特兰奇爵士）维哲尼亚涅什瓦拉的《**密陀娑罗**》和伊穆塔·瓦哈纳的《**析产论**》（这两部论著专论继承法），后者是孟加拉的根本大法，前者则从**贝纳勒斯**起直至岛最南端，到处都被采用。"这两部论著，作为优良典范，已成为我们**英属印度全部领土**的司法制度的基础，这个事实就可以证明这两部论著在其各自适用的领域内的权威性。"**斯特兰奇**。] 在较晚的**法典**中，家庭的利益大部分成为**私人所得物**的利益的牺牲品。《**耶遮尼雅瓦勒基雅法典**》中已载明对朋友所送的**礼物**，对**新娘的嫁妆**等物**有独占的所有权**（第110页）。

从《**摩奴法典**》时代起至《耶遮尼雅瓦勒基雅法典》和《那罗陀法典》时代止这个时期，财产关系个体化的日益加强，还有一个证明，这就是在后两部法典中，**私人支配其所属财产的自由**要广泛得多。根据《摩奴法典》，要出**让土地**，须经邻人即氏族公社①成员事先同意；而在《**那罗陀法典**》中，只要求公开成立卖契。但它也远远没有把这一条规定推广到全部土地所有权。根据《那罗陀》等法典，**共同财产**不能成为**赠送的东西**。[广博说："共同财产只有在一种情形下才可以出让：必须得到参加使用这份财产的全体人员的同意"]（第110页）。所谓

---

① 柯瓦列夫斯基原文作："公社团体"。——编者注

共同财产,在这里应当理解**为氏族的**(ancestral ｛祖传的｝)财产,正因为如此,也就是**家庭的不可分的财产**。家长只能支配**这份财产的收入**,而且只是在保证家庭的一切必要开支以后,才可以加以支配(《那罗陀》)(第111页)。

(d)如果我们进到莫卧儿帝国统治印度的时期(十四、十五、十六世纪),那么在法律文献中我们就可以发现一方面有**古代公社制度的残余**,另一方面又有从公元六世纪至十四、十五世纪的财产关系个体化过程所取得的成果。**在这些法律文献中没有一部有关于公社所有制形式的直接记述,因为公社所有者的关系**不是由法律调节,而是由当地习俗调节的。例如,**皮塔玛哈**就直截了当地要求,在乡民、牧民等等之间发生纷争时,应根据当地习俗加以解决,而这些习俗的约束力也是所有最新近的注疏都承认的。公社法庭都采用这些习俗。**婆里古**(一部最新法典的编纂者)曾经提到**单社裁判**和**联社裁判**。**同一个公社社员之间所发生的讼案**,用前一种裁判×①,**在两个不同公社成员之间发生诉讼的情况下,则用后一种裁判来作出判决**(第111页)(并见同页脚注5)。

在**迦旃延**的书中曾直接提到**公社土地**——他是在该书谈到与公社土地相邻地段的占有者有权享用该公社土地的果树时讲到的。**祈祷主**在列举几种不得出让的公共财产时,也谈到了**"属于全体的土地"**(第112页)。("道路、土地等等属于全体,是不可出让的财产"。)**达克婆**也有同样说法:"凡学者认为**不得出让**的东西,皆为**公有财产**"(第112页)。

在这一时期,占统治地位的土地所有制形式始终是**不可分家庭所有制**,关于这一点,下述情况可以证明:法庭对于某块有争议的地段,在**有关人员提出相反的证据之前**,承认其共有的性质。印度法的所有最新注释者,在确定家庭成员中谁有权分享共有财产的收入、谁只有权靠家庭赡养时,以及在他们提出家庭成员要求世袭的家长或公推的家长报告

---

① 文内和页旁的符号是马克思手稿中原有的。——编者注

家庭财产管理情况的权利问题时，都谈到了**不可分的财产**；谈到在什么条件下可以出让或析分家庭财产的问题，他们也说过这一点（第112页）。

另一方面，**不动产个体化趋势的加强**，也可以从以下情况得到证明，即分家**更容易了**，而且**不但对于自力取得的财产，就是对于氏族的财产，也可以更自由支配了**，特别是将财产收益施与僧侣种姓成员即婆罗门时，更是如此（第113页）。

‖所以，**僧侣贼徒**｛pack｝**在家庭财产个体化的过程中起着主要作用**（第113页）。‖

不可分的家庭财产的主要标志是它的**不可出让性**。因此要动摇这种财产权，在婆罗门影响之下发展起来的立法就必然越来越甚地进攻**它的**这个**堡垒**。**《摩奴法典》还没有提到不可分的家庭财产出让的情形**；**《那罗陀法典》**也是这样。后期的法典——如广博和如意——**允许在所有共同占有者一致同意的条件下实行这一类出让**。

‖由于"赠物"对僧侣**无害**，所以这个条件对他们来说很麻烦。[用赠送方式出让，到处都是**僧侣的拿手戏**！] ‖

因此，僧侣种姓一方面力图使**分家易于进行和加速实现**，而分家的结果则是**不动产转入可以自由出让的状态**，另一方面，又力图在立法中加入特殊规定，使人们易于处理家庭财产，**以便把家庭财产赠给僧侣种姓**。《摩奴法典》已经允许分家以**增加举行家庭祭祀地点的数目**。晚近的法典都一致**鼓励这类分居**。有一部法典这样说："如果一家人都住在一处，则供奉祖先的香火的数目无疑也要少一些；因此，**对于祖先的亡灵来说，分家是有好处的，甚至是必要的**"。祈祷主有一种滑稽的说法："**同居共食的人供奉祖先、湿婆和婆罗门，食物**就单一了，如果把他们分开，那么每个分居的家里都供奉"（第114页，参看同页脚注2）。

在僧侣立法家看来，**分家**只是排除家庭财产不得出让的原则在增加

马克思《马·柯瓦列夫斯基〈公社土地占有制,其解体的原因、进程和结果〉一书摘要》研究读本

婆罗门财产的道路上所设置的障碍物的手段之一。为了同一个目的,**家长按法律规定获得了自由布施僧侣的权利**,不受家庭财产不可出让这个一般规则的限制,可以破例（第114页）。在《**密陀娑罗**》中,**不但允许家长赠送不动产,而且允许任何一个家庭成员赠送不动产**,只要这种出让是出于任何一种笃信宗教的目的。**迦旃延、哈里塔和其他人都背离印度法**——它只承认对被出让财物的实际**占有权转到新所有者手中以后出让行为才有效力**——的**一般原则**,他们承认**任何人在弥留之际对教士**[①]**所作的赠送都有效力**；这样一来,他们就给古代立法中从来不曾提到过的后世的遗嘱法的发展开了先声（第115页）。

在生时和在临终前赠送僧侣,是最古的一种处理家庭财产的办法,这从《密陀娑罗》中所确认的下述事实可以得到最好的证明:**其他各种处理财产的办法,也都通过赠送的形式,以便使这些办法得到与前一种办法同样的法律保证**（同上页）。

其他民族中的情形也是如此,例如在日耳曼—罗马世界的各民族中（参见墨洛温王朝,卡罗林王朝）,都存在这种继承现象——**赠送教士乃是第一种,先于其他各种实行的出让不动产的方式**（同上页）[②]。

西塞:《穆斯林法律》（Sicé:《Le droit musulman etc》）。

《海代牙》:汉密尔顿｛Hamilton｝英文译本（十八世纪末）。

穆尔泰卡。多桑｛d'Ohsson｝的译本,贝兰｛Belin｝的英译本,载《亚细亚杂志》（1861年和1862年）。

冯·蒂申多夫:《穆斯林国家的封地》,1872年莱比锡版。

沃尔姆斯:载1842年10月《亚细亚杂志》；又见1841年该杂志,第4辑第1卷；1844年2月。

[①] 柯瓦列夫斯基原文作:"僧侣"。——编者注
[②] 柯瓦列夫斯基原文作:"布施僧侣……乃是最古的处理家庭财产的办法"。——编者注

克雷默:《伊斯兰教的主要观念》,第 2 部分《国家观念》(Kremer:《Die herrschenden Ideen des Islams》.Teil 2.Die Staats-ideen)。

哈默-普格施塔尔:《哈利发时期的土地制度》(Hammer-Purgstall:《Die LaBnderverfassung unter dem Khalifat》)。

《比较法学协会通报》,1877 年。关于波斯尼亚土地所有制的性质。

约翰·道森:《印度本国历史学家讲述的印度史。穆斯林时期。根据已故亨·迈·埃利奥特爵士所遗文件编辑》(1867 年,第 1 卷);同书第 3 卷;第 4 卷(巴卑尔皇帝自传)。

斯图亚特:《英国人的早期文献》(Stewart:《Early English Records》),第 165 页。

《加尔各答评论》,1864 年第 45 号和第 14 号,1850 年 9 月;1854 年和 1859 年 9 月。

查理·威廉·布顿·劳斯的关于孟加拉土地所有制的论文,1791 年伦敦版 (Dissertation concerning the landed properCty of Bengal by Charles William Boughton Rouse. London, 1791)。

汉特:《关于孟加拉的统计报告》。1877 年,第 16 卷第 397 页及以下各页;第 1 卷第 262 页及以下各页。

塔尔博伊斯·惠勒:《英属印度的早期文献》,1878 年版。

吉尔克:《德国合作社史》(Gierke:《Geschichte der deutschen Genossenschaft》)。杜布瓦｛Dubois｝。对印度土著居民的描述。

马尔利·勒·沙特尔:《印度通史》,1569 年巴黎版 (Marly le Chastel:《Histoire générale des Indes》. Paris, 1569)。

《弗朗斯瓦·贝尔尼埃大莫卧儿帝国……游记》,1699 年阿姆斯特丹版 (《Voyages de Fran ois Bernier…contenantladescription des é tats du Grand Mogul》. Amsterdam, 1699)。

昌德·达特:《孟加拉农民》,1874 年加尔各答版。

印度的法律和政体之研究,1825 年伦敦版。

沃伦伯爵:《土著居民的精神状况》(《De l'é tat moral de la population indigène》）（印度）。

斯图亚特：《孟加拉史》（Stewart：《History of the Bengal》）。

印度政府和印度事务大臣关于孟加拉饥荒的通信，1874年。

《孟加拉科学协会学报》（《Transactions of the Bengal Science Association》），第17页，教士朗格：《印度和俄国的农村公社》。

坎伯尔：《现代印度》（Campbell：《Modern India》）。

关于最近三四十年间印度行政管理改进情况的备忘录和东印度公司致议会的请愿书，1838年。

亨利·梅恩爵士：《农村公社》1872年版，及其《印度的研究对当代欧洲思想的影响》。

（C）穆斯林法律及其对印度土地所有制关系所作的改变①

西塞：《**穆斯林法律**》［根据托马斯·斯特兰奇爵士《印度法》1830年马德拉斯版，斯特兰奇曾任马德拉斯首席法官。第1卷，第2，3页］。② ［引论："在**公司的各个法庭中（受孟买政府节制的那些法庭除外）**，穆罕默德教徒给印度教徒颁布的穆罕默德教刑法典被我们保留了下来；孟加拉政府只对它作了某些修改］。居住在印度的穆斯林是**阿布·哈尼法**（生于699年，卒于767年）学派的信徒。［他是四个正统逊尼派之一的教长。］［他的可兰经注疏——《塞涅德》（《支持书》）在正统穆斯林中间具有法律效力。］这个学派有两个最主要的代表人物：一个是**布尔汗·乌丁·阿里**，是十二世纪后半叶的人，他把**阿布·哈尼法**的学说应用于伊斯兰教徒征服大批民族和国家而产生的往往是全新的关系中；他的著作《**海代牙**》（**汉密尔顿译**），直到现在，在印度穆斯林法庭中还当毫无疑义的权威加以引用。第二个代表人物是**穆尔泰卡**（有**多桑**的译本和**贝兰**的译本，发表在1861和1862年的《亚细亚杂

---

① 柯瓦列夫斯基原文作："穆斯林法律及其在印度土地关系的领域中所作的改变"。——编者注

② 方括弧中的话都是马克思从斯特兰奇的书中摘引的。——编者注

志》)。在印度各穆斯林法庭中,引用穆尔泰卡注疏的时候少得多,但是他的注疏在与印度接壤的亚洲各地——印度的征服者的故乡——仍然是哈尼法学说的最流行的注疏之一(第118、119页)。布尔汗·乌丁·阿里和穆尔泰卡观点的一致,说明他们关于征服者对被征服者土地所有制的关系的学说都属于哈乃斐学派的基本教义之一(第119页)。

他们两人教导说,被征服者**如果不改信伊斯兰教**,就应当**缴纳**"jiziat"｛基哲特｝或"djizie"｛奇哲亚｝(**人头税**)。阿布·哈尼法学派在这方面是和其余三个(正统)法学家——**马立克、沙斐仪**和**罕百勒**的意见一致的:阿拉伯人中的偶像崇拜者或叛教者应当消灭;与此相反,"**信仰圣经的民族**"——只有**希伯来人、基督教徒、玛吉教徒**和**多神的拜火教徒被承认是这类民族**——如果被征服后不肯改信伊斯兰教,则普遍课以人头税(第119页)。**动产**被认为全部属于征服者(同上页)。**不动产一部分留在被征服居民手里**,他们应当向政府缴纳**地亩税**(**哈拉吉**);["穆斯林军事长官必须向异教徒宣布**他们应缴纳多少地亩税和应在什么期限内完纳**"];"**地亩税一部分归穆斯林军队成员所有,以代替薪俸**"(第120页)。事实上这是一种**普遍的做法**;在《海代牙》中就说:"在征服一国之后,伊玛目有权**将该国土地分配给穆斯林,或将其留在原先占有者手中,而课以地亩税**"(第120页)。

在**穆尔泰卡的书**中说:"**不动产**的来源是**征服**。不动产分为两类:**免税的土地**(称为"uchrie"｛"欧舍利亚"｝或"mulk"｛"莫尔克"｝)和纳税的土地(称为"kharadjie"｛"哈拉吉亚"｝)。接受伊斯兰教的占有者的土地,以及该国被正教徒征服后分配给征服者穆斯林的土地,都算作免税的土地(第120、121页)。没有任何迹象表明**全部被征服的国土都变成了国有财产**。卑劣的"东方学家"以及其他人徒劳地引证**可兰经上的一段话**,那里说①土地是"**属于真主的**"。有效的是阿布·哈尼法的箴言:"伊玛目不能宣布被征服的国土是**整个民族**

---

① 柯瓦列夫斯基原文作:"不管东方学家不久以前怎样解释可兰经上的一段箴言,那里说……"——编者注

的教田或者是**某个征服者的教田**"。这话只能有一种意思，即土著居民不能完全被剥夺①。被穆斯林征服的国家，其土地作为**通例**仍然留在**先前的公社占有者或私人占有者手中**；伊玛目把这些土地分配给穆斯林，只是一种例外（第121页）。至于**由伊玛目分配给穆斯林的土地**，则分为两种：（1）**教田**，即**宗教、慈善和公益机关的永久性的私有财产**②，（2）军功采邑田（ikta ｛伊克塔｝），这是由伊玛目分配给**军队成员**的（同上页）。

教田。阿布·哈尼法学派的穆斯林法学家经常提到（1）**寺庙财产**和（2）**慈善和公益机关财产的不可出让性**。凡是把收益用作维持**寺院**和**宗教学校**（所谓medrèce ｛麦德列斯｝和mekteb ｛麦克帖卜｝）的**土地，属于第一类**。属于第二类的是那些用来维持该地所建立的"imare"｛伊玛尔｝（"贫民收容所"），以及维持**医院、公墓、桥梁**和水井（统称为"miriie"｛米利｝）的**土地**。在所有这些情况下，土地仍然留在原来的占有者手里，只不过这些占有者不是向国库纳税，而是向上述机构纳税（这时称为"*idjare*"｛伊扎尔｝）。除伊玛目以外，私有者也往往把自己的土地变为**教田**。小所有者甘愿把自己的财产权移交给寺庙及其所属的慈善机关；移交的**条件就是对所出让的土地保持世袭占有权**，这种占有权现在已不是自由的，而是与教田占有者每年给教田缴纳**一定的货币税额**相联系了。另一方面，在土地宣布为**教田**以后，土地的占有者就不再有**因负债而被迫通过公开拍卖来出让土地的可能**，同时也不再有**向国库缴纳地亩税的义务**（第122、123页）。

采邑田（军功田）。《穆尔泰卡》（穆尔泰卡的注疏）中载有下述详细规定："伊玛目可以把被征服者的土地分配给他的战士作为**军功采邑田**（名"ziamet"｛"哲麦特"｝或"timar"｛"提玛尔"｝）。伊玛目也有权**自由处理国家的荒地（未耕地）**……他可以把一部分荒地让给他所中意的人，**其条件是后者每年向国库缴纳一定的赋税**……他应当经

---

① 柯瓦列夫斯基原文作："不能把土著居民的土地充公"。——编者注
② 柯瓦列夫斯基原文作："不可改变的财产"。——编者注

常关心的是，不使无主的土地**长期处于无人纳税的状态**；**在分配这些土地时，他不应当考虑**领受份地的人**是否皈依正教以及其社会地位如何**"（第123页）。从马瓦尔迪所作的摘录来看，马立克、沙斐仪和艾哈迈德各家都是与这些注疏意见一致的（同上页）。但是，如果被征服者在他们被征服前就**接受了伊斯兰教**，或者某个**国家由于投降**而从异教徒手中转到穆斯林手中，那么所征服的土地就只须缴纳**地亩税，伊玛目就没有权利把土地加以分配。**

至于在征服以后伊玛目有权加以分配的那一部分土地的**分配情况，阿拉伯法学家伊本-贾马把这些土地分为三类**〔参阅**蒂申多夫《穆斯林国家的封地》**，1872年版〕（第123页），即：

Ⅰ．**第一类"军功田"：把土地或有一定收入的项目分配给受田人，作为其完全独有的财产**。这一类土地是：（1）**还没有被任何人耕种的地段**，（2）**被原占有者抛弃的土地**，（3）现在**虽然仍被异教徒耕种，但在征服敌国以前已被伊玛目答应分给穆斯林军队某个成员的土地。土地一旦被课以地亩税**——这样它就构成统一的经常收入总额中的一部分**归整个正教徒社会享用，——就不再由伊玛目支配。在征服完成以后，**"伊玛目便不得把已被耕种的土地的产权转交给任何人"（**伊本-贾马所引西迪·克雷利尔原文**）（第124页）。实际上，这就导致大部分土地仍留在土著居民手里（同上页）。

与此相反，关于**未经耕种的土地，《穆尔泰卡》**是这样说的："伊玛目在任何时候都有权将**未经耕种的国家土地**予以分配。×①**任何人，无论是正教徒或异教徒，凡将荒地加以耕种者，都获得对那块荒地的所有权**"。但是事实上，这需要取得伊玛目的同意。例如，在**《海代牙》**中是这样说的：**"谁在得到伊玛目许可之后耕种荒地，那他 eo ipso**② **就成为荒地的所有者。凡未经其许可而擅自耕种者，根据阿布·哈尼法的说法，便不得享此权利。……从征服之日起，全部荒地都转为整个正教

---

① 文内和页旁的符号都是马克思手稿中原有的。——编者注
② 从而。——编者注

徒社会所有。因此，个人对于荒地的占有，正如对一切战利品的占有一样，如果不经**正教徒教长伊玛目**的许可，都是不可设想的"。据西迪·克雷利尔的注释者、阿卜杜尔·巴基说，这一点也适用于被占有者抛弃的土地

‖［即无主的土地］（第125页）。‖

Ⅱ．第二类"军功田"。

‖伊玛目允许受田人对分配给他的土地只享有某些权利：‖

（1）他可以从拨给他的土地上获得部分农产品，或者是（2）份地领受者**可以获得地亩税所提供的收入的全部或一部**。赋予享用权只限于**一定时期**，最长是**终身享用**。他去世以后，享用权并不转给他的继承人，而是交还国库。在最优惠的情况下，亡人的家庭也只能指望从当局方面领取终身的赡养费（同上页）。

伊本·贾马同马瓦尔迪及其他宗教学者的意见一致，他说："穆斯林的土地永远不能交给任何人世袭享用"（第126页）。

Ⅲ．第三类军功田：有权与领地管理机关一起享有下述设施：（1）**采矿工业**，（2）**盐、石油、硫黄**等矿产地，（3）**道路、集市、磨坊**。这些设施中，有一些设施的享用权只是以**征收某种款项的方式**实现的；例如，集市、道路等等就是这样（同上页）。

第一类军功田。因为被赐的这一类土地通常都是**荒地**，因而是不纳**地亩税**的，所以其目的在于扩大耕种面积，也就是扩大征收地亩税的土地面积，从而**增加国家收入**①。这个目的也促使穆斯林法学家——**马克里齐和《海代牙》**——主张：伊玛目赐出的那块土地，如在整整三年期间事实上没有耕种，伊玛目有收回的权利。在这种情况下，这块土地可以立刻**转赐给**第三人，不过依照马瓦尔迪的学说，不得授予由伊玛目

---

① 柯瓦列夫斯基原文作："增加整个正教徒社会的收入"。——编者注

剥夺的人，这种人只有在经过三年以后（从剥夺时候算起），才能重新取得对荒地的**所有权**（第126、127页）。在这方面，**马瓦尔迪**等人所依据的是这样一个传说，这个传说认为穆罕默德曾有过下述箴言："凡占有土地而没有动手加以开垦满三年者，皆因此而应将**占有权**给予愿意加以开垦（耕种）的任何人"。这**第一类军功田**表明，在**穆斯林统治时期**，在他们所征服的各国，尤其是在印度，存在着一种**习惯**——这种习惯在他们征服**以前很久**就有了，——即：×①**由部落首领和民族首领**将荒地授予最初加以开垦的人所有（第127页）。第二类和第三类军功田的目的与此完全不同：它们的目的在于**以固定的收入给穆斯林军官作报酬**。按照通例，只有**武士、重骑兵**才能领受这类土地。**伊玛目**可以**破例**，这只限于对他的**亲信、法官**以及给政府作了特殊贡献的一些人。被赐予这种**军功田**（第二和第三类）并没有物权的性质［不是 jus in re {实际的权利}］，而只是使受田者能够暂时地、最多是终身地享用某个地区向国库缴纳的实物税或货币税的一部或全部（第127、128页）。**冯·蒂申多夫**（《穆斯林国家的封地》）依据了雅库特的见证，后者曾谈到当时流行的一个传说：在**麦加**地区，也门统治者**波斯王库萨和**只颁赐了一块土地作为**军功田**，并且由此推断说，**上述的军功田在穆罕默德时代以前很久，在波斯王国境内及其附属国内就存在了**。穆罕默德及其后继者**阿布·伯克尔**［穆罕默德逝世以后，在公元632年所选的第一个哈利发］，**除了赐予**对荒地的所有权以外，**没有实行其他授田方法**。欧麦尔连这种授田方式也不要，至少对穆斯林是这样，因为他认为，他们**专门从事军事**是更合适的（见**克雷默和哈默-普格施塔尔**的著作，参阅第40页）②。直到**奥斯曼**统治时期，在哈利发统治地区才第一次出现了赐予**军功田**供暂时和终身使用的这种**波斯制度**。这种制度在**倭马亚**王朝，尤其在**阿拔斯**王朝统治期间曾被广泛采用。后者在（由**呼罗珊**开来的）波斯军队的支持下夺取了王位以后，就急忙把采自波斯本国的制度

---

① 文内和页旁的符号都是马克思手稿中原有的。——编者注
② 参看本卷第260页。——编者注

应用于波斯军队的成员。让武士有权终身享用一定土地上的收入,即享有土地占有者所缴纳的实物税和货币税,这种习惯由**阿拉伯人**传给了逐渐抛弃多神教的①**蒙古人**和**土耳其人**。因此,我们只**在印度和阿尔及利亚**发现这种习惯仍在起着充分的作用(第 128 页)。

因此,在穆斯林征服者统治之下,土地通常仍然留在它的先前的占有者手里:政府只把**国有领地**和**未耕种地**据为己有;对穆斯林只从这些土地中授田。**军功田的授予**所产生的后果,在绝大多数情况下不过**是使国库损失了某些地区的税收,而绝不是剥夺**②**了农村居民**。农村居民仍然根据公社所有权或私人所有权照旧占有他们的土地。变动多半只涉及到人,而不是涉及到土地。占有者由自由人变为依附人,同时,他们的占有也由对自主地的占有变为封建的占有(第 129 页)。

‖[最后这一点仅仅对于**领受了第二类或第三类军功田**的伊斯兰教徒才**有意义,而对于印度教徒至多在下述程度上才有意义,即他们不是向国库,而是向由国库授予权利的人缴纳实物税或货币税**。纳地亩税并没有把他们的财产变为封建财产,正如 impojt foncier③ 不曾把法国的地产变为封建地产一样。柯瓦列夫斯基整个这一段都写得非常**笨拙**]。

关于穆斯林的土地政策符合他们法学家的学说,关于"**上述的封建化过程**"逐渐地也推广到印度斯坦的边远部分,这两点都有‖

阿拉伯—波斯的编年史和**蒙古—土耳其**的编年史可资证明,这些编年史由于**出版了英文译本**才为人所知,开始出版这些译本的是已故的亨·迈·埃利奥特爵士,他的后继者约翰·道森教授至今仍未出完(见《印度本国历史学家讲述的印度史。穆斯林时期。由约翰·道森教授根据已故亨·迈·埃利奥特爵士所遗文件编辑》第一卷(1867),以及其他)。

---

① 柯瓦列夫斯基原文作:"取代了他们的统治的"。——编者注
② 柯瓦列夫斯基原文作:"使丧失土地"。——编者注
③ 法国的地亩税。——编者注

(D) 穆斯林统治时期印度土地所有制的封建化过程

‖ [信德于711年被**穆罕默德·卡西姆**征服；在他于714年被哈利发**瓦立德一世**（倭马亚王朝）杀害以后，阿拉伯人在信德的统治就完结了，三十年以后就什么痕迹也没有了。] ‖

信德。(阿拉伯人在印度的第一个占领区。)《**列王纪**》——已佚的**八世纪前半叶**阿拉伯原文之波斯文改写本——（见约翰·道森的著作第1卷第136页）——详细记述了征服者如何对待土地所有权。据该书说，"**遵照先知的遗训**"，被征服的居民**首先**被课以人头税［柯瓦列夫斯基说：**更正确地说是被课以户籍税**（поочажный сбор）{Heerdsteuer}］；此外，土著还应缴纳和以前一样的**地亩税**和新颁的**教会什一税**；**即使是穆斯林，也无一人可以豁免什一税**。接受了穆罕默德教的土著**既免征地亩税，也免征人头税**（第130页）；对所有人民不分信仰"仍保留其动产和不动产。被征服的居民的土地和财物并没有被剥夺"（《列王纪》）。穆罕默德·卡西姆把**收税权**授予信德的**世袭包税人**——"**婆罗门**"。有些**村和区**是例外，这些地方的**税收**由卡西姆赐给他的战将作为**军功食邑**（"伊克塔"或"卡塔亚"）；战将**在服军役的条件下**领取这种食邑。**军功田的占有者从欧麦尔**时代起被剥夺了从事任何其他行业的权利，只能服军役，所以他们迫于必要，不得不把赐给他们的地区的土地留在**原来的耕种者手里**，以每年征收**一定份额的实物**为满足。并非所有武士都分到这种食邑，只有卡西姆的近卫队①（？）

‖［较高级军官！］‖

才能分到。**普通兵士**领取**年俸，并免纳全部赋税**。[穆罕默德的军队，正如**道森教授**所说，既不包括妇女也不包括儿童；因此**阿拉伯人**不管愿意与否都不得不**与被征服各国的土著妇女实行混杂通婚**]。阿拉伯兵士

---

① 柯瓦列夫斯基原文作："卫队长官"。——编者注

由于与信德的土著妇女结婚,所以他们就逐渐形成特殊的**军事移民区**,这些移民区后来发展成为城市(?),称为 jumud's(= дружины,意为卫队)和"amsar"(意为小集镇,城市)。在被征服国家的**全部土地**中,卡西姆只夺取了**被推翻的罗阇的领地另加荒地**;以这两种土地为基础,把土地赐予僧侣和慈善机关首先是寺院作为不可侵犯的私有财产。**曾在信德实行的一切民法都完全保留**。"涉及财产、契约、债务等等的一切诉讼,仍象以前一样,由村长会议(或所谓"班查亚特")根据成文法,更多地是根据**习惯法,通过仲裁**审理(道森教授)"(第130—132页)。

只是**在十一世纪时**[特别是从**马茂德·伽色尼**(他的入侵是在1001—1024年)及其嗣子**马苏德**一世——参看第42页——时代起;马茂德的最后一代子孙在失掉其他一切占有地以后,仍在拉合尔(旁遮普)实行统治,直至1182年],才开始对印度——**旁遮普**等地——的实际征服。他们在印度北部的征服地包括了二十三省。

马茂德·伽色尼及其继承者的统治,在土地所有制关系方面并没有留下任何痕迹,因为这个朝代的统帅们只从事掠夺战和屠杀等事(见**乌特比《雅敏传》**)(第133页)。

‖[这种情况不适用于伽色尼王朝的最后一代,即**苏丹巴赫拉姆**,他在1152年被(廓尔的阿拉乌丁)驱赶,**逃往拉合尔**,伽色尼王朝在那里仍然**统治到**1182年。]柯瓦列夫斯基认为,**伊斯兰教徒**在北印度的巩固的统治是从穆罕默德·廓尔征服德里开始的。这是不正确的。[1193年,**希哈布乌丁**(廓尔王朝苏丹吉亚斯乌丁的兄弟)击溃了统治德里和亚日米尔的**普里蒂维罗阇**,留下曾为奴隶的库特布乌丁在亚日米尔作总督;库特布乌丁夺取了**德里**,宣布自己是德里的第一个穆斯林王(1206—1210年)]‖

土著居民被课以赋税即 zimmis{契米斯}。**赋税的征收**一部分责成当地**罗阇**负责,令其**每年**以**定额贡赋**的形式缴纳,一部分委之于专为此

事任命的**官吏**作为**包税人**负责征收。原先的占有者仍然保留其所有权。**沙姆斯乌丁**

‖（1211—1236年）（**德里的第三个奴隶王**）‖

已经把村和区分赐他的将领们，而以提供一定数量的战士作为条件，也就是说，把他们变成了"**军功田领有者**"。这样一来，他们就得到了向**这些村和区中的土地所有者为自己征收赋税的权利**，而**这些赋税原先是缴入国库的**。这种做法，并没有使土著土地占有者的占有关系发生任何改变。**军功田占有者**如不履行所规定的军事义务，其**军功田**即被收回。依据波斯编年史家**齐亚乌丁·巴兰尼**的记述，**沙姆斯乌丁**单在**河间地方**

‖［**河间地方**是河流及其支流之间的地区；这里所指的是朱木拿河与恒河之间的**河间地方**，即一个主要的**河间地方**］‖

所分赐的军功田就有2000处！同样，**吉亚斯乌丁·巴尔班**

‖（1266—1286年）（德里的奴隶王）‖

和贾拉尔乌丁

‖［名**基尔吉**，柯瓦列夫斯基**误作菲罗兹**］（1288—1295年）‖

也曾亲自或通过省督把新采邑赐给军事贵族，"以笼络之"，波斯人巴兰尼这样说。同西欧的采邑占有者一样，**军功田占有者**也力图将其特权**变为世袭的和独立于苏丹的特权**（第133、134页）。

‖柯瓦列夫斯基根据波斯人巴兰尼的话，认为‖

吉亚斯乌丁·巴尔班即位时已看到君主国根基动摇，因为**他的父亲**

‖［是后来做了苏丹纳赛尔乌丁·马茂德的**宰相的奴隶吉亚斯乌丁·巴尔班的父亲?!**］‖

治下的那些僭称"汗"的军功田占有者追求独立，经常瓜分苏丹权力和国家财产。这些军功田占有者在举行军事检阅时**托故**不到，每一次都是用贿买官员的办法使自己的僭越行为得到承认。大多数军功田占有者**干脆拒绝服军役**，理由是**军功田**不是作为**有条件的财产**，而是作为无条件的财产即所谓"伊纳木"赐给他们的（第134页）。

‖［所有这些都是完全自然的，如果我们考虑到在1206—1288年间君临德里的都是**奴隶王**的话］。‖

吉亚斯乌丁·巴尔班曾力图杜绝此患（参阅巴兰尼所记述的他的计划）（第134、135页），终于无效；"他向军功田占有者的要求和眼泪让了步"（巴兰尼）（第135页）。**军功田**主要赐给骑兵长官（同上页）（以亲身服军役为条件。）因而在十三世纪时，军功田占有者就已力图使军功田成为"莫尔克"或"米尔克"即**完整的财产**，这种财产是苏丹可以赐给的，而且实际上也赐给了，**是从国有领地**和算作国有领地的**荒地**中拨出，通常是赐给有功勋的官员和侍臣的。

　　在十三世纪时，僧侣团体也已把为自己**征税**的权利看作是它们收入的主要来源。**吉亚斯乌丁·巴尔班**曾经给他在**穆尔坦**建立的一所修道院（khankah）捐赠"几个村以资供养"，也就是说，让那所修道院得以征收原应缴付国库的赋税（第136页）。

‖［根据印度的法律，**统治者的权力**不得在诸子中**分配**；这样一来，**欧洲封建主义**的主要源泉之一便被堵塞了。］

　　1259—1317年——阿拉乌丁（基尔吉王朝（1288—1321年）的第二个君主）。‖

据沙姆斯·西拉季·阿菲夫说，阿拉乌丁不仅放弃了赐**军功田**给官员和骑兵军官的做法（代之以**年俸**），而且还从**他父亲**

‖［他父亲不曾作苏丹；更确切些说他背叛并杀害了**他的伯父即基尔吉**

王朝的建立者贾拉尔乌丁（1288—1295），继承了伯父的苏丹王位]‖

的许多王公手里收回了拨给他们作军功田的村，使它们直接隶属于帝国的国库（把村变为哈利萨（khalza），——这个词现时仍在北印度使用）。他"大笔一挥"（巴兰尼），下令凡军功田占有者妄图获得"米尔克"权利者，其所占有的村皆直接隶属于国库。凡从以前的苏丹手中不附带任何条件领受了某种土地（伊纳木）的人，都遭到同样命运，无论他们是世俗之人或是僧侣团体（教田占有者）（第136、137页）。

‖他的无用的继承者——该王朝的末代苏丹穆巴拉克（1317—1320年）——自然又恢复了先前的制度（同上页）。‖

（对北印度的描述）。在《万国游记》中（参阅第137页脚注2），有关于1325—1351年间穆罕默德·图格卢克时期军政人员情况的描述；

‖［这是图格卢克王朝（1321—1414年）的第二个统治者，该王朝是由吉亚斯乌丁·图格卢克一世（1321—1325）建立的］‖

书中说道："诸汗、马立克、王公和将帅（isfah'sálárs），各各都从国库拨给他们的地方取得收入。兵士和马木留克兵都得不到参加征税的权利，只靠军饷生活。军官的情况则不同。他们被赏赐整个整个的村，有权把各村缴纳的税收归为己有。只要赏赐村和区的苏丹或他的王位继承者同意，村和区就始终由他们治理。实际上，王位继承者在即位时，通常都要确认一下先前占有者的军功田"。

‖柯瓦列夫斯基继续说，——‖

据丁·巴兰尼的记述，阿拉乌丁的最近的继承者，即库特布乌丁和吉亚斯乌丁·图格卢克这两位苏丹，都是这样做的。

‖但是，阿拉乌丁于1317年在位，而库特布乌丁在位则在1206—1210

年（即早了一个世纪）；吉亚斯乌丁·图格卢克也不是阿拉乌丁的最近继承者［继承者是穆巴拉克（基尔吉王朝）］，而是推翻了阿拉乌丁王朝的人。‖

1351—1388年——菲罗兹·图格卢克。他确立了把**军功田从最初被赏赐的人永远传给**其继承者的制度，他规定："军官中若有人去世，应由其子补其空缺；无子则由其婿补之；如无直系后嗣，则亡人之空缺应由其**最亲近的奴隶**（ghulám）递补，如无此最亲近的奴隶，则由其最近亲属递补。亡人诸妻在继承顺序中为最近亲属"。"**军功田占有者**倘不能继续服军役，则在其在世时，也可由继承人补其空缺"（**沙姆斯·西拉季·阿菲夫**）。这样一来军功田就由法律承认可以继承了。菲罗兹不仅循往例允许军官**享用军功田**，而且也允许**兵士**享用。兵士通常只领取**一部分**应缴纳给已有的军功田所有者的田赋，所以在这种情况下**他们往往把他们的权利卖给特殊的包买人阶级，而包买人又往往把这种商品卖给别人**。同一个菲罗兹又把这种对将帅实行的采邑制度施之于政府官吏（第137、138页）。他还把许多地段分赐予僧侣团体和私人作为他们**无条件的财产**；这些地段都来自国家领地和被算作国家领地的**荒地**。荒地在缴纳地亩税的条件下转交给**新殖民者**；菲罗兹通常是把殖民者所缴纳的这些地亩税赐予**僧侣团体**和他自己建立的**慈善机关**享用；这样一来，大部分新开垦的土地就成了**教田**，因而成了僧侣团体、医院等等的不可出让的财产。此外，**永久管业的财产（教田）也通过军功田的办法**①产生，即把（已有人定居的）村和区应向国家缴纳的税的征收权赐给**僧侣团体、慈善机关**等等。穆斯林统治者采用这种方法，只不过是继续实行**当地的罗阇们**前此多少世纪中一贯实行的成法，那些罗阇们是往往把成千成百的新村庄（居民点）划归某个寺庙的。**教田与采邑不同之点如下**：教田财产是**永久管业的财产（不得出让，不得收回）**；此外，**教田的占有者**还豁免一切差役，**首先是免服军役**（第139页）。

---

① 柯瓦列夫斯基原文作："与建立军功田一样的办法"。——译者注

1388—1389 年——**图格卢克二世**；在他即位以后，确认了菲罗兹赐给军功田占有者的权利，并向他的亲信和宠臣分赐了新的**军功田**。在他和图格卢克王朝以下各代苏丹在位时期，不断发生宫廷政变和其他政变，**其中包括帖木儿（塔梅尔兰）在 1398—1399 年间的进犯，这次进犯导致了德里的苏丹王国**的倾覆，以致边区各省的王公和马立克都宣布独立，并有可能把委托给他们的各省的全部税收都攫取到自己手中［第 140、141 页］。

如果受到**帖木儿**侵犯的人们放下武器，他就按照先知的训诫保证**他们的财产**——动产和不动产——**的安全，条件是缴纳地亩税和查克雅特**（即人头税）。但是帖木儿在任何地方都没有建立自己的行政机构；不仅如此，他还把已归顺他的王公和马立克留任原职，只是对那些他认为不完全可靠的人才用新人来代替他们。所以他的入侵巩固了**采邑占有制度**。他一旦离开某个国家，各省的统治者就唾弃"新主人"，而在另一方面也不愿承认"旧主人"（第 141、142 页）。

‖（接着是关于**德里的赛义德王朝和洛提王朝**的叙述，写得很糟糕。第 142、143 页）‖

基兹尔汗的继承者——穆巴拉克、穆罕默德、阿拉乌丁（1421—1450），在即位之后都马上**确认军功田占有者和官吏的**官职、薪俸和赐给他们作食邑用的**区**（pargana｛**波古纳**｝）**和村**（dih）**以及份地和军功采邑（军功田）**（第 142 页）。

据巴卑尔自传说，他所见的最强大的独立国家——或是在**穆斯林诸汗**的统治之下，或是在**印度罗阇**的统治之下——是：（1）**阿富汗**，（2）**古吉莱特**，（3）**德干**，（4）**摩腊婆**，（5）**孟加拉**（第 143 页）。在所有这些国家中也进行着内战；也发展着——正如在帝国内部一样——**采邑制度和包税制度**，损害了政治和行政的统一（第 143 页）。

根据巴卑尔的证明，在这个时期**孟加拉**就已经有了充分发达的**柴明达尔制度，即由财政官员包征区和村的税收的制度**；而在**德干**则充分发展了**军功采邑**（第143页）。在**孟加拉**，巴卑尔说，**没有其他奖赏官员的方式**，一律都是授予官员在其管辖地区为自己征税的权利。但在**德干**，当时有许多区都处在**军事封建贵族权力之下**，以致最高统治者不得不经常向自己的王公寻求援助和支持（第144页）。

蒙古人把整批的区和省仍留在**印度的罗阇**们手里，罗阇们得到了**柴明达尔**（土地所有者）的称号；这些罗阇——柴明达尔必须向**帝国政府**缴纳**年贡**；在大多数情况下，**只有名义上属于"帝国"的区才这样做**；在其余各区，**柴明达尔职务**则由穆斯林官员担任。每个新君即位，照例都确认旧柴明达尔和任命新柴明达尔。在大多数情况下，**柴明达尔**都是已在某个区或村占有**地产**的人。他们一旦就职，就在其旧的占有地（考玛尔）之外，**又加上从委托给他们的那个区的荒地中拨出的特殊份地**（надел）（这些份地称为**南卡尔**）。除此之外，柴明达尔有时还得到**入境权、狩猎权和捕鱼权**（斯图亚特《早期的英国文献》，第165页）。柴明达尔除了执行**一系列警察职务**以外，还负责从委托给他们的那个区征税，并有权**给当地居民增派附加税**，作为对自己职务的报酬。当地居民现在无须**直接**向国库纳税，而是把税缴给中介人柴明达尔（同上页）。

同时，又向军官阶层分赐采邑或军功田。占有者获得了独享被委托给他的区或村所缴纳的**实物税和货币税**的权利，并**免向帝国国库缴纳一切赋税**。他们的唯一的义务就是：**个人服军役**，并自己出资按预定人数**提供步兵和骑兵**。凡占有地在帝国边区的**军功田占有者**，都得到札吉达尔的称号，他们的区通常都比其他区大（第145页）。对伊斯兰教徒和异教徒不加区别地**分给尚未耕种的土地这一做法**，仍然象以前那样实行。**蒙古人**也正如其印度前辈和阿拉伯前辈一样，为了**增加国家收入**，力图减少未耕种的土地或被弃置的土地的数量。地方官员——**穆特苏狄和阿米拉**——负责对此事严加监督。在**奥朗则布的敕令**（沃尔姆斯在1842年的《**亚细亚杂志**》中曾加以引用）中，有这样一段话："年初，地方官——**穆特苏狄和阿米拉**——必须尽可能详实地了解前一年土地耕种情况。如果**穆特苏狄**和**阿米拉**得知，在他们所辖区内的某一部分，土地耕种者**缺乏必需的生产工具**，那末他们在预先得到这些耕种者的某种保证之后，就必须**以政府名义**发给他们**贷款**。凡某一地段的占有者由农村出走，将土地弃置不种，**穆特苏狄**和**阿米拉**就有权将其地段交与第三者作为份地（надел），但这样做不得早于原占有者出走一周年。"在**将荒地交给愿意耕种的人的时候**，那就是确立"**物权**"的问题，即确立**不得收回并可以继承的土地所有权——"米尔克"**或"**莫尔克**"——的问题（第146页）。

大莫卧儿皇帝们对**各省**的做法，省督们在各省也都如法炮制了；在他们把村和区赐给他们的**官吏**和**武士**作为食邑之后，他们——皇帝和省督——还有权再**夺回他们的采邑**；编年史家和旅行家都常常提到**这类没收措施**〔（参阅**埃利奥特-道森**，第5卷第241、414页）和**斯图亚特**（**《英属印度的早期文献》**第164、165页）〕，这就显然证明**札吉**和**柴明达尔**领地不是可以继承的，虽然事实上在**大多数情况下都是父死而长子继承**〔参看道乌译**菲里什塔**所著书〕。同时，土地占有者必须在获得皇帝敕令之后，才能**行使**他们被授予的权利，因此，这种敕令每一个新君即位时都要重新颁发一次（第147页）。

在蒙古人时代，在土地所有制关系方面，也没有发生什么**法律上的变化**，正如**印度**先前的**穆斯林统治者**时代一样——不过却有**事实上的变化**（同上页）。在皇帝**泽汉杰**（或查罕杰（1605—1627））的回忆录中说，他最关切的事务之一就是防止"**札吉达尔和财政官吏侵占土著居民的土地**以便自己出资来继续耕种"（第148页）。

因此，这类侵占行为就影响了整个制度①。赋税的重担，人身的迫害和往往是公开的暴力，都容易使农民抛弃自己的份地。在这种情况下，这些份地通常都被用来"**补足**"**柴明达尔**本人的**占有地**，或转给依附于他们的人。因此，在**孟加拉和比哈尔**存在的**各种柴明达尔领地**

---

① 柯瓦列夫斯基原文作："这类侵占行为就转为整个制度"。——编者注

（它们的存在已由地方官吏和婆罗门的陈述向英国政府证明了）中，我们就发现了还有一种**因柴明达尔掠夺小所有者的土地而形成的**柴明达尔领地，这种掠夺行为，后来都由皇帝敕令和省督命令批准（第148页）。[见查理·威廉·布顿·劳斯《关于土地所有制的论文》（附录）第7期第273页，1791年伦敦版]（同上页）。

另一种剥夺方式①是：**小土地所有者把所有权转给**②**大土地所有者，而以给小土地所有者保留世袭使用权为条件**。这种契约[相当于罗马—日耳曼人中世纪时的"荫庇制"]，直到今天还存在于印度，称为"伊克巴尔达瓦"。因此，**农民的自主地产就一方面迅速转变为柴明达尔的封建地产**，另一方面则迅速转变的僧侣、**慈善和公益机关的封建地产**（第149页）。

印度土地占有制方面的这些一部分由暴力所引起，一部分也是势所必然的变化，在大莫卧儿皇帝**统治末期**，由于中央政权衰落、从而**地方政权机关的日益坐大和独立**，发生得特别频繁。阿克巴的继承者**查罕杰**，就已抱怨边区各省的王公们僭夺统治权，在皇帝诏书上加盖自己的印章，并把他们自己的荣誉头衔赐给廷臣（同上页）。**在十七和十八两个世纪中**，札吉达尔和柴明达尔仍在继续任意扩大赋予他们的权利。在理论上，**占有柴明达尔领地**需要在新君即位时得到**皇帝敕令**的确认，但是事实上柴明达尔领地已成为世袭；皇帝不能不向长子再颁敕令，而在没有长子时，则向长女再颁敕令；甚至在如果已证明柴明达尔滥用职权的情况下，皇帝顶多也只能从其亲属中选一人代替他的职务，但是必须给因此而被撤换的柴明达尔本人保留占有地**"作为南卡尔"**，并允许他们享用其所辖地区居民所纳的**附加税**所提供的**收入**。

‖ [只有在孟加拉才是这样！]（第150页）‖

据英国官员报告，土地登记专员在许多区里，除柴明达尔以外，没

---

① 柯瓦列夫斯基原文作："封建化的因素"。——译者注
② 柯瓦列夫斯基原文作："让给"。——编者注

有能够发现其他所有者。例如在库什巴·萨格兰赫区，据托马森1864年2月20日报告，先前的土地所有者婆罗门，由于**札吉达尔的侵夺**，逐渐失掉了对土地的一切关系，以致到了英国官员对该区进行土地登记时，除了**札吉达尔**而外，再不见有其他所有者了（同上页）。

柴明达尔从中央政府取得的独立性越大，他们就越容易在其所辖地区的**范围**内无所顾忌，为所欲为。他们发现，与其**亲自**在自己所辖的每个村**征税**，还不如分为若干分区，把税收**包给**第三者对自己更为有利。**这样一来，就产生了大批依附于柴明达尔的采邑领地**，这些采邑领地的世袭享用者仿效柴明达尔的榜样，也竭力侵夺委托给他们管辖的土地占有者的权利。在**英国人对孟加拉进行土地登记时期，每个柴明达尔领地**就已包括了**一整套官员等级**，其中每个官员都要求在他所管辖的地区内得到**土地所有者的地位，至少是得到世袭的土地享用者的地位**（第151页）。

据英国地方官员说，札吉达尔按照皇帝和省督的榜样，也设置了**隶属于他们的采邑领地**，领受这些土地的条件也同**他们自己**当初领受土地的条件一样。在发生**家庭卑幼成员的财产保障**问题时，**札吉达尔**所采取的办法是：把自己的**札吉**的某一地段**划分**给这些家庭成员，条件是要他们承担**一些公务性的义务**，或者是缴纳几乎只是名义上的一点税，这种税称为"马达德"。最常见的赐给，甚至赐给与札吉达尔无亲属关系的人的东西，乃是把**荒地**拨给他们支配；这种荒地可以世袭使用，条件是加以耕种，并每年向札吉达尔缴纳少许实物税或货币税。在初期，赐地者还保留随时把份地（надел）收回的权利。随着时间的推移，随着札吉达尔把他们的占有地变为世袭，**下级札吉**也逐渐成为世袭，即依照原型的模样，按**长子继承权**原则，由父亲传于长子（第151、152页）。

与此相同的**逐渐发生的下级封建化过程**，也可以在大莫卧儿帝国分赐给**文官**的那些土地上看到，这些文官随着时间的推移就获得了**柴明达尔即土地所有者的统称**。大莫卧儿皇帝自己，以及仿照他们榜样的各省省督，都有权从其所包出的区中划分出一些特别的村庄，以便日后赐给某些有功劳的人，其条件通常是要他们把这些村庄的税收不直接交付国库，而是通过柴明达尔交付国库。后来，**柴明达尔**自己也进行了**类似的分配**。**被分配的土地**（надел）包括了整批的村庄，已耕的和荒芜的土地，这些土地合起来往往构成**整个区**，也叫做"**泰鲁克**"，因而它们的占有者就称为"**泰鲁克达尔**"。除此之外，在同一个柴明达尔领地内几乎到处都有所谓"**波特尼达尔**"；波特尼达尔和泰鲁克达尔的差别只在于**份地**（надел）的大小。两类占有者都乐意在各自的辖区内让他们特别亲信的人向辖区内的各分区征**收实物税与货币税**，其条件是一律给以临时报酬或定期报酬。这样，在柴明达尔领地内就产生了**新的官员集团**，即所谓"**达尔帕特尼**"的包税人集团。这些包税人同样又逐渐造就依附于他们的一类人——"**塞帕特尼**"。最初对柴明达尔承认的世袭原则，也逐渐推行于有共同隶属关系的各类包税人（参阅**汉特：《关于孟加拉的统计报告》**，1877年版第1卷第262页及以下各页，和其他各卷中标题为"**土地所有制形式**"的各章）。他们的占有地逐渐被承认为不可剥夺的；从这时候起，柴明达尔领地就已不是完整的征税单位，而是**分为许多类的各种世袭收税人**集团，而其头目——**柴明达尔**虽然在法律上与其余人毫无区别，但是事实上却使自己的**土地占有权**得到承认（第152、153页）。

‖由于在印度有"**采邑制**"、"**公职承包制**"（后者根本不是**封建主义**的，罗马就是证明）和荫庇制，所以柯瓦列夫斯基就认为这是西欧意义上的**封建主义**。**别的不说**，柯瓦列夫斯基**忘记了农奴制**，这种制度并不存在于印度，而且它是一个基本因素。〔至于说封建主（执行**监察官**任务的封建主）不仅对非自由农民，而且对自由农民的**个人保护作用**（参看**帕尔格雷夫**著作），那么，这一点在印度，除了在教田方面，所起的作用是很小的〕；〔罗马—日耳曼封建主义所固有的**对土地的崇高颂歌**（Boden-Poesie）（见毛勒的著作），在印度正如在罗马一样少见。**土地**在印度的任何地方都不是**贵族性的**，就是说，土地并非不得出让给

平民!〕不过柯瓦列夫斯基自己也看到一个基本差别:在大莫卧儿帝国特别是在**民法**方面没有**世袭司法权**。‖

奥朗则布在衰落时期曾赋予柴明达尔在其辖区内以某些刑事警察的职能,例如惩治盗贼;但是**涉及财产关系的判决则完全留在本地法庭的手中**。在最新的一部法典即《婆里古法典》所列的**十五种司法权**中,几乎每一种都具有由居民或诉讼双方选出的仲裁法庭的性质(第153、154页)。

此外,**公职承包制**也不是在全国都实行的。许多区直接隶属于国库和完全依附于国库的官吏。后一制度不仅在大莫卧儿皇帝治下的各邦实行,而且也在或多或少独立于他的各邦实行。**这个形式**是唯一为马拉提人所知的形式,而马拉提人则逐渐把自己的统治扩展到整个中印度和南印度①(第154页)。

到蒙古人的帝国末年②,**所谓封建化**只发生于某些区,在其他大多数区,**公社的和私人的财产仍然留在土著占有者的手中**,而国家公务则**由中央政府所任命的官吏**办理(第155页)。

(E)英国人的专横统治及其对印度公社土地所有制的影响③

安东尼奥·波塞维诺:《论莫斯科公国。莫斯科国家及其城市》。1630年来顿版第213、217页。

马尔利·勒·沙特尔:《印度通史》。1569年巴黎版第227页。

亨利·威尔逊:《帛琉群岛记》。1788年版第297页。

杜布瓦:对印度土著居民的描述。

《弗朗斯瓦·贝尔尼埃游记》附录中给柯尔培尔的一封信。1669年阿姆斯特丹版(第307、310页)。

---

① 柯瓦列夫斯基原文作:"西印度"。——译者注
② 柯瓦列夫斯基原文作:"到穆斯林统治末期"。——译者注
③ 柯瓦列夫斯基原文作:"英国人在东印度的土地政策及其对印度的公社土地占有制的瓦解的影响"。——编者注

马克思《马·柯瓦列夫斯基〈公社土地占有制,其解体的原因、进程和结果〉一书摘要》研究读本

杜佩龙｛Dupeyron｝著作(见穆勒《英属印度史》1840 年版第 1 卷第 310 页等等)。杜佩龙(Приложение｛附录｝),第一位懂得大莫卧儿皇帝在印度并不是唯一土地所有者的人。

布坎南:(迈索尔旅行)描写了那里的土地共耕情况。

1793 年,孟加拉总督**康沃利斯**勋爵(任期为 1786—1793 年)下令进行第一次**土地登记**,此时,在孟加拉,土地被承认为柴明达尔的私有财产。1765 年,英国人已经知道,柴明达尔("国家赋税征收人")要求取得"**柴明达尔-罗阇**"的地位,因为他们在莫卧儿帝国衰落时期已经逐渐取得了这种权力。[他们的占有地之所以具有**世袭**的性质,是由于大莫卧儿皇帝只要拿到**每年的税收**,便不管土地占有的形式;这种税收是**一个固定的数额**,估计等于该地区的年产量扣除消费之后的剩余部分。柴明达尔把超过这个数额而征得的东西,一概装进私囊,

‖**因此他们极力压榨农民**]。‖

他们之所以要求被承认为**罗阇**,是由于他们掠夺了大量土地和钱财,豢养着军队,并夺得了国家公职。英国政府(从 1765 年起)把他们当作**它属下的普通收税官**来看待,使他们对法律负责,缴税稍有延误即**应受到监禁或革职的处分**。同时,**农民的状况也并没有改善**;相反地,他们开始受到更甚的屈辱和压迫,**整个税收制度陷于紊乱。**

1786 年:｛东印度公司｝董事们**出于政治考虑**,命令与**柴明达尔**重新达成协议,协议要确切言明,赐予他们的一切好处,并不是**依据法律**,仅仅是**总督和参事会的恩典**;当时任命了一个委员会,负责调查**柴明达尔的现状**,并提出报告;农民害怕柴明达尔报复,不愿作证;柴明达尔则规避调查,于是委员会委员们的工作陷入僵局。1793 年:**康沃利斯勋爵**停止了委员会的工作,并且未经预先通知,突然在参事会上**通过一项立即发生法律效力的决定**,这项决定承认,柴明达尔从今以后**占有他们所要求的一切**,是该地区全部土地的**世袭所有者**,每年所缴纳的并不是他们代政府征收的国家赋税定额,而是**某种献给国库的贡赋**!肖

尔先生（即后来的**约翰·肖尔爵士**，康沃利斯这个坏蛋①的**继任者**）在参事会上曾极力**反对这种全盘破坏印度习俗的做法**；但当他看到参事会多数人都决定（仅仅是为了**摆脱**无止境的立法的负担和**摆脱**关于印度人的社会身份问题的无休止争论）宣布柴明达尔为土地所有者时，就建议让柴明达尔作土地所有者十年。但是参事会主张让他们**永远所有**。"**全权委员会**"赞同这项决定，并**在皮特任首相时通过了**——

（1793年）《**关于承认印度柴明达尔永为世袭土地所有者**》的**法案**。这一决定于1793年3月在加尔各答公布，使喜出望外的柴明达尔额手称厌！这一措施不仅是突如其来和意想不到的，而且也是**不合法的**，因为人们都认为，英国人向全体印度人颁布法律并**在可能范围内治理印度人，都应该按照印度人自己的法律**进行。同时，英国政府也颁布了几项法律，**让印度农民也可以向民事法庭控告柴明达尔，并保护农民抵制增收地租**。但是在当时国内的情况下，这些法律都没有用，始终是**死的条文**；因为**农民如此绝对依附于地主**，以致很少敢为自己说话。——上面所说的措施之一，便是**一项把地租数额永久固定下来的法规**；这项法规规定，发给农民一个文件，叫做"**波塔**"，这个文件注明使用土地的条件和**每年应缴的地租数额**。这项法规还准许柴明达尔**垦殖新土地以增加自己地产的价值**，并提高种植比较贵重谷物的土地的租金。

‖ 1793年：这样一来，**康沃利斯和皮特便对孟加拉农民实行了人为的剥夺**（第161页）。‖

1784年：英国的立法断然进行了干预，以便整顿"**东印度公司的事务**"和英国"**在印度的领地的事务**"。为此目的，**乔治三世在位的第24年**，颁布了一项成为英属印度宪法基础的**法令**。根据这项法令，成立了"**印度事务委员会**"，通称为"**督察委员会**"，负责对**东印度公司的政治职能加以领导和监督**。这项法令**第29款**要求**公司**，应调查**英属印度各罗**

---

① 这是马克思的用语。——编者注

阇、柴明达尔、波里加尔和其他土地占有者关于遭受压迫的经常申诉，还应"根据公平适度的原则，并依照印度的法律和宪法"制定今后征收田赋的永久规则。

1786年：康沃利斯侯爵抵达印度担任总督；这家伙①根据董事会和督察委员会的指示（他在英国时就已接到），首先于

1787年：把民事法官和刑事警察的职能同行政管理的职能重新集中在收税官手中，使收税官成了地方行政长官和省民事法院（Moffussil Dawannee Adawlut）的法官，但收税官（作为一个税务法官）本身的法院仍然是与民事法院分开的（主持民事法院的也是同一个收税官）；对民事法院所作的判决可以上诉到高等民事法院，对收税官的税务法院所作的判决则只能上诉到设在加尔各答的税务部。

1793年：按照康沃利斯在孟加拉、比哈尔和奥里萨三省实行的永久性土地整理办法，这三省的田赋税额按过去几年征收额的平均数永远固定了下来，——欠税应以出卖相当数量的土地来抵偿，另一方面，柴明达尔"只有通过法律手续才能够取得佃户欠他的款项"。土地占有者抱怨说，他们在这种情况下就完全依赖于他们下面的佃户了，因为政府以剥夺他们的土地为要挟，每年向他们取得他们只有通过复杂的法律手续才能从佃户那里得到的东西。于是又制定了新的规则，按照这些规则，在某些特定的场合，并依照严格规定的方式，赋予柴明达尔用逮捕的办法向佃户索租的权力，而收税官对柴明达尔也享有这样的权力。这是1812年的事情。

参看哈林顿《孟加拉法律和法规的初步分析》（Harrington.《Elementary Analysis of the Bengal Laws and Regulations》）。

科尔布鲁克《孟加拉法规汇编补遗》（Colebrooke.《Supplement to the Digest of Bengal Regulations and Laws》）；

特别是：《下院特别委员会关于东印度公司事务的第五篇报告》

---

① 这是马克思的用语。——编者注

(该报告附录中的文件特别重要)。又见肖尔先生(当时——1812——是田迈特勋爵)1789年6月18日的笔记,{出版于}1812年。

"土地整理"的后果[见议会委员会关于孟加拉和奥里萨饥荒的报告1867年版第一部分]:对农民的"公社地产和私有地产"进行这种掠夺的直接后果,是农民举行一系列的地方性起义,反对强加给他们的"地主";起义的结果,有些地方柴明达尔被驱逐,东印度公司以所有者的资格取而代之;在另一些地方,柴明达尔贫困化了,被强制或自愿地出卖他们的地产,以偿付所欠税款和私人债务。

因此,各省的土地很大一部分很快就转入少数拥有游资并愿意把它投入土地的城市资本家手中。[见《议会报告:东印度(孟加拉和奥里萨的饥荒,1866年)》1867年版第一部分。……调查委员会的报告,1848年版第222页。"正如在我们制度下常见的那样,从一开始就发生通过出卖柴明达尔权利而大规模地转让土地的现象,而购买者(在奥里萨)几乎到处都是拥有钱财的人,——他们来自开发较早比较富庶的孟加拉省,购买地权是他们特别喜爱的投资方式"。]城市资本家仍旧留在城市,因而与农村居民没有任何联系,他们通常是将地产分为各个地段短期出租给最殷实的农村居民,往往也出租给城市小资本家

‖[换言之,即小高利贷者]。‖

自第一次土地登记以来,只有少数老柴明达尔的家庭保留了下来,他们没有从事农业所必需的流动资本,更缺少固定资本;他们和佃户竞争,用有利的投资艺术来投放他们所拥有的**少量资金**,办法就是用高利贷的**利率贷款给农民**(第162、163页)(参看前引报告第1部分第321、322、349页及以下各页)。

‖因此,任何有利于农业的事都没有做(除农民自己所做的事外)‖

(第163、164页把莫卧儿皇帝和其他人对灌溉等等所做的事同英国人所做的事作了比较)(第164页脚注)。

马克思《马·柯瓦列夫斯基〈公社土地占有制,其解体的原因、进程和结果〉一书摘要》研究读本

[参看沃伦伯爵《土著居民的精神状况》,及其他。]**康沃利斯**绝对没有采取任何措施来保障农民{的权利},虽然在莫卧儿统治的末期,曾经在农民和柴明达尔之间重行确立了某些习俗和规章[第165页。**见斯图亚特《孟加拉史》**;小册子《**地主与佃户的权利**》,最后还有**达特《孟加拉农民阶级》**]。

1812年,总督曾颁布法令,**以法律形式肯定**(农民与柴明达尔之间的)"**自由契约**",政府不加干涉。

‖一出滑稽剧(第166页)。‖

1859年法令。坎宁勋爵任期内(1856—1859年)。**印度土兵起义**(1857—1859年)以后,**坎宁勋爵给孟加拉所立的法令**(1859);它把**土地使用者分为三类**:(1)1793年孟加拉土地登记时期**占有土地者**;(2)**占有土地超过二十年**①者;(3)占有土地年数较少者第166、167页)。对**第一类人,柴明达尔**在任何情况下都不得增加**地租**;对第二类人,**向柴明达尔缴纳的地租**在法律规定的三种情况下可以增加:(a)**地段生产率提高**——但由佃户自己在经营方面所实行的改良除外;(b)业已确定,佃户租用的地段比原来商定的大;(c)地租低于邻近佃户所缴的地租。对第一类和第二类佃户**不得单凭土地占有者的愿望而加以驱逐**。对第三类佃户,**土地占有者有权随时增加地租和停止出租**(第167页,见坎伯尔《**现代印度**》)。

1826年。省督门罗在马德拉斯地区拙劣地模仿法国的小块土地所有制。这种所有制,正如坎伯尔所说(《加尔各答评论》1864年第45期),不应当称为农民所有制(**莱特瓦尔**),而应当称为**菲尔德瓦尔**②,因为在这种形式下,政府不是同某个**农民所有者**订约,而是同**某块田野的暂时占有者**订约。**每一个地段必须缴纳一定数量的货币税**,纳税的义务**由暂时耕种这块田野的人**承担。他可以随时放弃他的地段,从而不再

---

① 柯瓦列夫斯基原文作:"十二年"。——译者注
② 田野所有制,"菲尔德"一语来自英文 field。——编者注

缴纳货币税。而如果他不缴纳货币税，政府就勒令他马上滚开。这里并没有严格意义上的**私有财产**，——

‖**财产本是以占有者的出让权为前提的！**‖

所有这些农民，实际上只是"税款的个位数"（据坎伯尔所说，同上页），"而整个整个省份只不过是提供一定数量税款的总额而已"（第168页）。

实行这种制度，政府不是同某个村的全体公社占有者打交道，而是同单个地段的世袭使用者打交道，后者的权利只要不及时纳税就被剥夺。尽管如此，这些**原子**①之间仍然继续存在着某种令人可以想见先前农村公社土地占有者集团的**关系**。**森林和牧场**仍然是全体成员**不可分的财产**，或者更正确些说，仍然是各家庭的**不可分的财产**；**耕地和草地**在**收割庄稼和干草**之后仍然用来作公用放牧地。只有**公社荒地**是英国政府独家据有的对象，它利用这种非法的攫取向那些愿意**耕种某块荒地的人征收田赋，**eo ipso②增加这个或那个村的土地使用者的人数，从而也增加**纳税**的人数（第168、169页）。

虽然实行了这种制度，但在马德拉斯管区的某些地方——即位于其北部和滨海区的居住着**泰米尔和泰鲁古部落**的一些地方——仍然可以看到不久前还存在的**公社团体的痕迹**。土地仍然留在先前的世袭占有者的手中；虽然按照法律，他们各人分别负责及时缴纳政府赋税，可是他们各人仍然按照公社原则继续占有他们的份地（надел）（第169页）。

马德拉斯的制度破坏了同村的各个占有者之间的团结纽带，这种纽带不仅表现在实行缴纳**田赋**的**连环保** {Gesamthaft}，而且还表现在合力建设一系列旨在**提高土地生产率**的农业设施。这个制度破坏了公社社员的相互责任，同时，由于不及时纳税即可把地段**转让**给任何其他人，往往是纯粹的外人，也就人为地破坏了**公社的人员组成**和公社的建立在邻

---

① 柯瓦列夫斯基原文作："在财产关系上互不相干的占有者"。——编者注
② 从而。——编者注

马克思《马·柯瓦列夫斯基〈公社土地占有制,其解体的原因、进程和结果〉一书摘要》研究读本

里关系上的团结原则(第169、170页)。此外,**先前自选举产生的地方首顿也被政府任意任免的官吏所取代**;因此,正如那位坎伯尔所说,过不了几年**公社团体就会不留任何痕迹**。这种把先前的公社所有者变成政府土地的**暂时耕种者**的做法不能不遭到反对。在马德拉斯管区的许多区,氏族公社的社员,即所谓"**米拉斯达尔**",都曾要求政府注意:作为不可分的财产属于他们的某些土地已经被强制变成了个人租地。政府至多只是使他们比其他想要租用的人享有优先权〔**第170页**,参看**英国传教士朗格《印度和俄国的农村公社》**,载《**孟加拉社会科学协会学报**》第17页〕(第170页)。〔"**英国狗**"①**的纯财政观点,——同孟加拉土地登记时一样**。〕在这里,他们认为把柴明达尔变成"**大土地所有者**"是使自己获得良好纳税人的**最好办法**;在那里,他们认为实行**政府土地租佃制**,把税制推行于**国家土地的新佃户身上**,可以保证纳税及时,并且**能够增加税收**。所预期的财政收入大增加并**没有实现**。**欠税额每年都在增加**。因此马德拉斯的制度也就没有在**西北各省和旁遮普采用**。〔**旁遮普于1849年被兼并**——在**达尔豪西勋爵任期内(1848—1856年)**〕(第171页)。

孟加拉的制度逐渐在**奥里萨、比哈尔**、最初也在**西北各省**实行。在英国官员找不到**柴明达尔**的地方,他们就认村长("**朗伯尔达尔**")为**土地所有者**。**公社所有者的权利**完全被忽视;世袭耕种者的权利直至1859年**也同样不予考虑**。到处都有这样的现象:由于人为造成的大土地所有者贫穷,土地所有权都集中到少数资本家手中;大多数所有者都不在本地;住在自己领地上的**柴明达尔和短期租佃户用高利贷放债的办法剥削农民**;最后是**农业得不到任何改良**。因此引起了对英国政府的普遍憎恨②(第171、172页)。

1840—1847年间,在**孟买省**(管区),省督埃尔芬斯顿实行了同马德拉斯制度类似的制度。这一制度同马德拉斯制度**不同的地方**,只在于

---

① 柯瓦列夫斯基著作中没有用这一用语。——编者注
② 柯瓦列夫斯基原文作:"不满"。——编者注

它多少照顾到**公社使用制**("米拉斯占有制")仍然或多或少未受侵犯的那些公社。**孟买的制度在破坏公社团体的同时,还承认公社成员**(即所谓米拉斯达尔)**的世袭使用权**;即使他们的土地暂时没有耕种,他们的财产也不被剥夺。土地耕种者和政府之间的**中介人**如能提出**占有权文契**,就被承认为**所有者**。[见《关于最近三四十年间印度行政管理改进情况的备忘录和东印度公司致议会的请愿书》。1858年]。由此可见,到处都实行了**大土地所有制和小租佃制**。

‖[把英国和爱尔兰给合在一起。妙极了!](第172、173页)‖

在**西北各省**和**旁遮普**,表面上承认可以保持公社所有制,但**英国政府同时又采取各种措施促进公社所有制迅速瓦解的过程**(第173页)。

从1807年起在西北各省逐渐确立的制度,严格说来**并不是公社土地占有制**;更正确地说,只是**承认**还是由**穆斯林政府**所开创的**现状**。在这个制度中占首要地位的是**土地私有制**,**公社所有制**只有在英国"狗"官员[1]**找不到能够提出任何**(哪怕是极不可靠的)**所有权文契**的人的地方才**允许存在**(第174页)。英国驴[2]花了长得难以置信的时间,才多少近似地摸索到[3]被**威尔斯里勋爵**征服地区的土地占有制的真相。例如,在一个以伊塔瓦为活动中心的**办理土地登记的专员的**1818年报告[《西北各省税收档案选编》第1卷]中说:"有些村,迄今为止还没有**土地所有者**。使我们极感惊异的是:我们竟然**找不到柴明达尔**或诸如此类的所有者**存在的任何迹象**。在许多村中,土地占有权还成了两派争执的对象,而两派中却没有一方能够提出任何有利于自己的重要证据"

‖(这个英国笨蛋!)。‖

---

① 柯瓦列夫斯基原文作:"英国官员"。——编者注
② 柯瓦列夫斯基原文作:"英国官员"。——编者注
③ 柯瓦列夫斯基原文作:"英国官员慢得不禁使人惊奇,他们最后才理解到……"——编者注

马克思《马·柯瓦列夫斯基〈公社土地占有制,其解体的原因、进程和结果〉一书摘要》研究读本

如果这两派中一方是公社所有者,另一方是地方当局或是有钱有势的居民,那么,专员们在大多数情况下都站在后一派方面,他们这样做所持的理由是:"公社所有者的权利从来没有严格而确切地确定过,因此,对于他们是否有任何土地权的问题也就不可能给以明确的回答。"〔引自上述《选编》第1卷第111页,办理罗希尔坎德土地登记的专员的报告〕(第174、175页)。关于土地属于某个家庭的问题,常常凭办理土地登记的专员的任意武断和被咨询的伊斯兰教官员的偏私证词来决定。这样一来,土地所有权大都集中在仅仅持有假文契的人手中;因此,1821年任命的一个进行复查的委员会不得不把土地从许多占有者手中收回。(见坎伯尔《现代印度》第323页)。在许多自古以来除了公社土地所有制以外不知有其他所有制形式的村庄中,终于确立了大土地所有者和小土地所有者,前者是柴明达尔和泰鲁克达尔,亦即从整个区及其分区收税的人,后者是村长(朗伯尔达尔);这两种情况都对大多数居民极为不利,他们不管是否愿意,都被迫变成了依附于地主的佃户阶级。——在专员们承认农村公社为所有者这种比较少见的情况下,有关纳税的契约不是"同整个村社(сцелым миром)订立,而只是同一个或几个村长订立,如在贝纳勒斯区那样。在这种情况下,公社所有者①或者是成了这些村长专横和勒索的牺牲品,或者是提出要求分割公社土地,并要求将其作为私有财产转归各使用者(пользователи)。这种要求分地的诉讼早在1795年就是准许的"(第175页)。

‖英国"笨蛋们"逐渐意识到,‖

公社所有制并不是某个地区独有的,而是占统治地位类型的土地关系,而穆斯林政府所确立的某一官员的"私有财产"则是罕见的例外。〔见同上书第219页:1809年8月12日《沃科普先生致割让和征服各省的专员事务局秘书的信件摘录》;又见桑兹·纽纳姆(收税官)给印度事

---

① 柯瓦列夫斯基原文作:"公社使用者。"——编者注

务委员会秘书的报告，1817年5月12日于**本捷尔坎德**。］（第176页）

因此，1822年依据省督麦肯齐的规定开始对旧**土地登记册复查**的结果，使**政府不是象先前那样直接同农村公社的各个占有者订立契约**，而是**同整个公社订立契约**，至少在那些农村公社或多或少保存完好的地方是这样（第176页），参看同页**脚注3**。

局部订正土地登记册至今仍在进行，其目的是在扩大**公社土地占有制**的原则；进行订正的出发点也不是**私人土地占有制**，象以前那样，而是把公社土地占有制当作占统治地位的类型。**占有的时效被承认是土地属于农村公社**的不可争辩的证据，而对于**声称对土地有所有权的私人**，则要求他提出**购买**土地或穆斯林政府赐予土地的**文字契据**。（第177页）

‖于是，**公社所有制原则上得到了承认**；实际上被承认到何种程度，过去和现在总是要看"英国**狗**"认为怎样做才对**自己最为有利**。（第177页）‖

例如在**本捷尔坎德各区**，在被英国征服以前，还完整地保存着**一大批农村公社**，其土地有**几十平方英里**。出于**政治的和财政的考虑**，这种情况被认为是"有害的"。这些团体往往都是由**同出一系和共同占有**而联合起来的数千人组成的，所以在英国政府看来，这类团体一方面是**一旦发生起义**时的危险敌人，另一方面也是**下述勾当**①的障碍，即妨碍用**公开拍卖无力纳税者土地**办法来及时补上欠税。

‖英国"笨蛋"是怎么办的呢？‖

关于纳税方面的事，他们**不是同整个公社**（波古纳）订立契约，而是同公社的各个**分支（伯里和普提）**订立契约，同时又让公社在分支的成员无力纳税时**负金钱责任**（第177、178页；参看《加尔各答评论》1850年9月出版的第14期；《西北各省的乡村学校和自耕农》第155

---

① 柯瓦列夫斯基原文作："下述情况"。——编者注

马克思《马·柯瓦列夫斯基〈公社土地占有制，其解体的原因、进程和结果〉一书摘要》研究读本

页**等等**）。英国政府在这样把农村公社分为分区的同时，在大多数公社中又采取**各种措施**，明确规定各人**在耕地中**应有的**份地**和**每个纳税者**在**公社应纳的总税额中所占的份额**。[把全部耕地都分配给公社社员的制度称为完全的**普提达尔制**，一部分耕地仍由**公社使用**的制度则称为不完全的普提达尔制。]（第178页）

过了一些时候，村社会议就完全不遵守政府的这些命令了，它要就是继续不可分割地占有土地，要就是把公社土地和赋税在它的各个成员中间进行新的分配。只有下述一些地方是例外，在这些地方，办理土地登记的专员们遇到一种**世袭份地制，份地的大小根据占有份地的家庭距共同祖先的远近来决定**；专员老爷们认为这种制度应该**无条件承认**（第178页）。[见第178、179页**所引用的地方** [《**西北各省公函选编**》第34期第78页] 阿拉哈巴德区班达的收税官罗斯的报告。]

英国"笨蛋们"① 任意歪曲**公社所有制**的性质，造成了有害的后果。把公社土地按区分割，削弱了**互相帮助和互相支持的原则**，这是**公社—氏族团体**的生命攸关的原则。"笨蛋们"② 自己也说，**地广人多的公社**，特别有能力**减轻旱灾、瘟疫**和地方所遭受的其他临时灾害造成的后果，**往往还能完全消除**这些后果。他们由血缘关系、比邻而居和由此产生的**利害一致**结合在一起，能够抗御各种变故，他们受害只不过是暂时的；危险一过，他们照旧勤勉地工作。遇有事故，每一个人都可以指望全休。（第179页）

‖这种情况，在**农村公社被强制分割**以后就完全消失了，‖

农村公社被分割为面积小得可怜的分区，共同责任制只限于少数家庭之间。亲属原则的败坏更严重地表现在：把公社土地**分割为各分区**以后，接着就是把大多数公社和分区的耕地也分割为**各个家庭的私有财产**。在许多存在着所谓白哲布拉尔占有制（亦即有时把公社土地按照每个占有

---

① 这是马克思的用语。——编者注
② 这是马克思的用语。——编者注

者的纳税比例而加以重新分配）的地方，由于**把公社领土分割**成世袭使用，**暂时离开公社的社员**就不能返回公社了，公社人数也不能**由移民大量迁入而增加了**。（参看关于班达区白哲布拉尔占有制的报告书（1875年），载于《西北各省公函选编》第 34 期。）

无论是在**全部耕地**都分给各个家庭的公社中，还是在**部分耕地仍归全体公社社员共同使用**的公社中，**公社所有制**都被"笨蛋们"[①] 根本破坏了，因为政府不但**不禁止出让公社份地**，而且还规定，如果某个份地占有者不及时缴纳其应付税款，**就把他的份地公开拍卖**。**公社团体**的成员仅仅有**优先权**（优先购买的特权），并且要永远放弃**氏族和邻居的赎回权**，这种权利本来是生活在公社—氏族团体中的所有各民族的立法都承认的（第 180、181 页）。

（见《加尔各答评论》，1854 年；《西北各省的税收》和第 181 页的脚注。）（**1841 年法令赋予收税官的这种公开拍卖权**，结果使外来分子，大多数是**城市资本家**，侵入了农村公社。）〔原先的规则是这样：如果某人比如说十五年没有纳税，他的份地（надел）占有权便转移给替他缴纳欠税的另一块份地的占有者，因此，出让给非本公社的外人的事情是罕见的例外。〕（**参看《加尔各答评论》1859 年第 14 期第 154 页**。）

旁遮普（1849 年被兼并）。在这里，英国人同样用强制手段把农村公社分解为分区，并且人为地实行了**可耕份地的私有制**；在这里也是公开拍卖公社份地以偿付私人债务和公社欠税；但与西北各省不同的是，在旁遮普，公社被承认为全部土地的唯一的和独占的所有者；在这里，**公社团体**要比西北各省保存完好得多（第 182 页）。但是英国政府却攫取了农村公社的**森林和荒地**

‖作为国有财产，‖

其借口是保护森林免遭公社所有者砍伐，而**实际上则**是为了有利于**欧洲**

---

① 柯瓦列夫斯基原文作："英国政府"。——译者注

人从事殖民。公社占有者仍然保有入境权和｛使用｝牧场权（同上页）。[《旁遮普及其属地政府档案选编》新刊第 10 期，1874 年拉合尔版第 57 页。]［又见《西北各省政府档案选编》第 4 卷。专员 R.亚历山大致西北各省地方税捐局公函，1855 年 8 月阿格拉版第 330 页。同上：莫拉达巴德收税官斯特雷奇 1855 年 7 月 16 日致亚历山大的公函（见第 183 页）。]

‖英属印度的官员们，以及以他们为依据的国际法学家**亨·梅恩爵士**之流，都把旁遮普公社所有制的衰落仅仅说成是**经济进步**的结果（尽管英国人钟爱古老的形式），实际上英国人自己却是造成这种衰落的**主要的**（主动的）**罪人**，——这种衰落又使他们自己受到威胁（第 184 页）。‖

由于**确定了个人的公社份地可以出让**，"**笨蛋们**"就输入了与印度习惯法**格格不入并与之敌对的因素**，只不过用承认公社社员的**优先购买权**的办法稍微缓和一下（第 184、185 页）。

印度人由于**接触**欧洲文化，奢侈之风便发展了起来。他们往往耗费自己收入的一半，来举办婚礼等等；他们为此举债，**付出高利贷的利息**，

‖[在一切实行非资本主义生产并以农业为主的国家里，都可以看到**高利贷的发展**] ‖

并且利用英国人给予他们的**出让份地的自由**，把份地抵押给高利贷者。当还债期到来的时候，农民们通常却没有足够的钱。高利贷者**提出诉讼**，并且不费多大开销，无须迁延，就能获得**对公社份地的所有权**。高利贷者就这样成为**公社社员**以后，又用同样的办法来扩大自己的地产，十年至二十年便宿愿得偿。公社占有者不是**被逐出自己先前的土地**，就是仅仅作为佃户留在原地。**与全村毫无关系的城市高利贷者的土地所有权**，取代了**公社土地所有权**。（第 185 页）

1854年，当校正土地登记册的专员和税收人员被问到**公社所有制**迅速**衰落**和公社财产转入他人手中的**原因**是什么的时候，都异口同声地回答是**高利贷**。参看《**西北各省政府档案选编**》，第4卷第300、315页。**所有权转移频繁**。**德里代理收税官埃杰顿致西北各省政府秘书威·缪尔**。1854年11月10日德里，第304页。另参看《**西北各省公函选编**》第34号（见第186、187页）。

由于**连年干旱**（засух），勤劳的**札提人部落也落到了高利贷者手里**（第186页）。高利贷者凭借高利制度，可以在认为合适的时候侵占公社的份地……**渐渐地小高利贷者在印度土地制度中开始**成为**大角色**……这些家伙被称为普列提、保拉、加扬、乌特布利亚、朋亚（在本捷尔坎德）；他们——一个收税官说——马上就了解到每个公社社员的经济情况，利用其困境给以贷款，收取高利，并要以个人的公社份地作抵押……或早或晚这块份地就通过自愿或强制的公开拍卖转到高利贷者手里。高利贷者也就渐渐把其他所有公社份地都集中到自己手里（第186、187页）。

在**个人的公社份地出让**方面，**政府**往往也起着直接的作用。英国官员们自己也承认，在**西北各省进行土地登记时**，由于**对土地课税过高**，所以公社所有者认为把自己的份地出让反而有利，结果是份地的占有权迅速易手。最近三十年间（**在西北各省**），大多数区的课税已经减了许多，**但是在德里和阿拉哈巴德的各个地区仍然相当于农村业主的几乎全部收入**，因而公社所有者认为**不如立约把自己的份地转租出去**，只要佃户付给他的租金相当于份地应缴的税额就行（第187页）。结果往往是这样：**土地被弃置不耕**，为逃避田赋而**离开公社**，某些个人的税款不能及时缴到公社金库。英国当局对付这些情况的唯一办法是：把不纳税或离开公社的人的**份地交给公社其他成员**（多半是交给村长即朗伯尔达尔）**暂时使用**，而在长期无力纳税的情况下，则由他们**永久使用**。结果，在比较小的公社中，通常都是最富裕的公社社员中选出的**朗伯尔达尔**，**就把其余人的份地集中到自己手里**（第188页）。这样一来，在**布**

马克思《马·柯瓦列夫斯基〈公社土地占有制，其解体的原因、进程和结果〉一书摘要》研究读本

杜萨区中，全部公社土地就都转归朗伯尔达尔暂时或永久占有，该区的各个分区便这样一部分成为这家伙①的世袭财产，一部分成为他的暂时的财产（同上页）。

但更常见的，却**不是公社首领**而是**城市资本家**因某个公社社员无力纳税而得利。由于一些社员无支付能力，公社无法缴纳它应缴纳的全部赋税，在这种情况下，**公社便往往被迫出让其一部分土地**，而买主则总是投资于地产的**城市和乡村资本家**。**公开拍卖**也常常是由**政府财政部门的官员**来进行，以便用所得的价款弥补某个公社的欠税；这时得利的仍然是**与公社毫不相干的资本家**（第188页，见该页脚注中的引文）。

公社土地（在**西北各省**，特别是在**旁遮普**）转变为私有财产的过程，还由于高利贷者（放债者）能够轻易得到拍卖其债务人个人份地的**执行委托书**而加速。如果诉讼所涉及的款项**不超过三百卢比**，就由执行**收税官**职务的公社首领（塔西达尔）裁决，否则就由**办理土地登记的专员**裁决。只有特别重要的案件才上诉于税务署（第189页，详情见第189、190页）。[1854年11月29日，贝拿勒斯区阿晋古尔的收税官乔治·坎伯尔写道：{在任何一个国家}，**土地易手都不象在印度那样容易**，这是英国当局的法律规定所产生的结果，第189页。]

‖[同样是这些英国"狗"，在自己本国却把土地易手弄得比任何其他国家都难！] ‖

在**西北各省**，在强制出售地产时，诉讼至少要经过两个**诉讼审级**，在**旁遮普**，作出裁决的则是**收税官、办理土地登记的专员**，最后一级则是税务署！（同上页）

‖（好法官！）同一个**坎伯尔**又说：‖

"初审法院就可以判决**土地所有权**，其手续同审理极微小的债务诉讼案

---

① 柯瓦列夫斯基原文作："朗伯尔达尔"。——编者注

完全一样。由于**地块的价格**单纯依其**年收入**而定，所以原告认为对自己最有利的是要求出售地块，把这作为**最容易的索还债务的方式**。只要债务人的名字记入收税官的册子，债权人就可以毫不费力地达到拍卖债务人份地的目的，**不会拖延，毫不迟缓**。债务人只能有这样的选择：要么就是把份地自行出让，要么就是把份地交由行政当局处理。因此毫不奇怪，在那些居民生活贫困或经营不力、旱灾频繁和高利贷者众多的地方，随时随地都会出现土地易手这类事情"（第 189、190 页）。

在穆斯林统治时代，**暂时离开公社**并不招致**丧失**公社社员**权利**的后果。一个公社社员，如果**到城市谋生**去了，那他只是暂时把他的份地留交全公社或某个邻人，其条件是让对方代他缴纳他的份地的赋税。他回来以后就把份地收回，重新负责缴纳其份地应缴纳的赋税。在存在着按每个社员的份地大小**定期分摊**该村应交的全部国税的习俗（**白哲布拉尔占有制**）的地方特别容易这样做。班达的收税官罗斯说，在这种制度下，每个还乡者，都可以减轻其伙伴的纳税负担。托马森说，现在，**份地的暂时占有者〔代替离乡者〕**享有政府的保护，只有**民事法庭的判决**才能剥夺他的份地。最常用的拒不归还份地的手法，就是向法院提出诉讼说，被告已连续占有该份地十二年，或者开出**长长的账单**，把暂时占有者为别人的份地的花费呈报法院（第 190、191 页）。**公社团体的瓦解**过程，并不以**确立小农所有制**为限，而且不可避免地导致大土地所有制（第 191 页）。如上所述，由于与公社毫不相干的**资本家**阶级侵入公社内部，公社的**宗法性质**就消失了，同时公社首领的影响也消失了；

‖一切人反对一切人的战争开始了。‖

例如，班达的收税官**卡斯特**于 1854 年 10 月 9 日写道："完全适合农村公社（其社员由亲属关系彼此联系）情况的制度，随着**异己分子即投机者侵入公社**而成为不可能了。**朗伯尔达尔**（公社首领）的道义上的控制消失了，整个公社分崩离析。"德里的收税官埃杰顿这样说（1854 年 11 月 10 日）："**高利贷者**尽其所能地在公社社员中支持并挑起新的纠纷，指望纠纷的最后结果符合自己的利益"。他们利用并煽动**宗法关系衰落时**必然产生的**利害冲突**。因此，任何一个国家的土地诉讼都不象印度那样多；这些诉讼需要花费大量金钱，为了弥补这种开支，公社社员常常不得不以自己的份地为抵押去借贷，其利息往往是贷款的百分之百（第192页）。**法律战争**①的最后结果是涉讼的两造中最贫困的一造破产，因此他迟早都要**出让自己的份地**。章普尔的收税官S.F.勒巴在1854年10月10日写道："可以毫不夸大地说，凡是贫民与富人涉讼，富人又不特别选择手段，并有心报复，民事法院总是使富人有充分的可能把对手弄到完全破产"（第193页）。

还有，**布伦德斯胡尔的收税官特恩布尔**写道："为了避免有势力的邻人无理提出的诉讼，一个不懂司法手续并且出不起诉讼费的公社份地占有者往往把自己的所有权转交给另一个同样有势力的邻居，求他出主意和帮助。这个小农并没有好好考虑他这样做的全部后果，对于自己的利益只有非常模糊的认识，只是一心想达到自己眼前的目的，所以就接受所谓**伊克巴尔达瓦制**，或把属于他的份地以保留使用权为条件出让给**大土地占有者所有**，只是在他的份地**依法**转到他人手中**以后**，才恍然大悟自己所做的事多么愚蠢。"

‖他和他的全家就成了先前属于自己的份地的单纯耕种者（第193页）。‖

小农所有者的命运也是这样（同上页）。这个收税官又谈到**"大地产以合法的和非法的途径逐渐地和迅速地吞并小地产"**的情况（第194页）。《1871—1872年英属印度人口调查备忘录》载有西北各省和旁遮普的土地所有者人数：西北各省：693207人；旁遮普：3195455人，共计3888662人。如果再加上**租佃者和耕种者**——西北各省为5182000人，**旁遮普为**1765000人——那么，愿意把土地继续保留在暂时占有者

---

① 柯瓦列夫斯基原文作："法庭纠纷"。——编者注

手中的总人数就等于**一千万人**（第 194 页）。居民（农民）是那样眷恋土地，以致宁愿（见第 194 页脚注 3）单纯作为农业工人①留在自己先前的份地上，也不愿到城市中去寻求较高的工资（第 195 页）。｛存在着｝以失掉了自己土地的公社所有者和小农所有者为一方，以英国政府为另一方的对立（同上页）。

（Ⅲ）阿尔及利亚

（A）阿尔及利亚在被法国征服时期的各种土地占有制

拉克鲁瓦：《罗马在北非的殖民和行政管理》。（《非洲评论》1863 年版第 381 页。）

古斯塔夫·布瓦西埃：《罗马对北非的征服和治理简史》。1878 年巴黎版。

伊本·哈尔登（斯兰译），柏柏尔人历史学家。

迈尔西埃（法文）：《非洲是怎样阿拉伯化的？》（1874 年巴黎版）。

同一作者：《阿拉伯人定居北非史》。

鲁·达雷斯特：《阿尔及利亚的土地所有制》，1852 年出版（Rod. Dareste.《La propriété foncière en Algérie. 1852》）。

欧仁·罗布：《阿尔及利亚的地产法》（Eugène Robe.《Les lois de la propriété foncière en Algérie》）。

《卡比里亚和卡比尔人的风俗》。阿诺托和勒土尔诺著。1873 年版。

莱纳迪埃和克洛塞尔：《法属阿尔及利亚史》，1846 年版。

《阿尔及利亚土著人的风俗、习惯和制度》。

《非洲评论》载：《阿尔及利亚地志和通史。本笃会修士、弗罗美斯塔修道院院长迪埃戈·德·阿埃多著》，蒙内罗博士和贝格布鲁格尔

---

① 柯瓦列夫斯基原文作："耕种者"。——编者注

马克思《马·柯瓦列夫斯基〈公社土地占有制,其解体的原因、进程和结果〉一书摘要》研究读本

译自西班牙文,1870年版。

除《非洲评论》外,对于土耳其人在阿尔及利亚的统治时期特别重要的是让蒂·德比西的《论法国人在阿尔及尔总督领地的定居》,1833年阿尔及尔版,对开本。

除印度以外,保存下来的**古老形式的土地所有制**痕迹要算**阿尔及利亚最多**。在这里,**氏族所有制和不分居家庭所有制**是占统治地位的土地所有制形式。阿拉伯人、土耳其人、最后还有法国人长达若干世纪的统治——如果不算最近的一个时期,即从官方说自1873**年法律**以来的时期——都没有能够摧毁**血缘组织**和以此为基础的①地产**不可分**和**不可出让的原则**(第197页)。

阿尔及利亚存在着**个体的和集体的土地所有制;前者**可能是②**在罗马法的影响下产生的**;它(个体土地所有制)迄今仍在**土著的柏柏尔人中**,以及在构成城市居民主体的**摩尔人和希伯来人**中占主要地位;**在柏柏尔人中,某些人**——被称为**卡比尔人**,居住在北部地中海沿岸等地——保存着**氏族所有制和公社所有制**的许多痕迹,直到现在仍然过着不分居家庭的生活,严格遵守**家庭财产不可出让的原则**。柏柏尔人大部分都接受了阿拉伯人的**语言、生活方式和土地占有制的特点**(第197、198页)。以**氏族**土地所有制为首的各种集体土地所有制形式,无疑是**由阿拉伯人带来的**(同上页)。

七世纪后半叶阿拉伯人入侵阿尔及利亚;不过**没有搞什么殖民**,因而没有影响到当地的制度。

但在十一世纪中期,柏柏尔的统治者之一③自愿臣服于巴格达的哈利发;最先迁居**北非**的**阿拉伯部落**是**希里尔和苏莱姆**这两个部落。由于在土著的柏柏尔人中缺少友好关系④,就使阿拉伯征服者——这种征服

---

① 柯瓦列夫斯基原文作:"与此相联系的"。——译者注
② 柯瓦列夫斯基原文作:"无疑是"。——译者注
③ 沙拉夫乌道拉·穆伊兹。——编者注
④ 柯瓦列夫斯基原文作:"由于柏柏尔人未作协同一致的抵抗"。——译者注

在十一世纪末由于统一的**摩尔人帝国**的建立而暂时受到遏制——得以逐渐征服了北非沿海地区的所有国家，包括**阿尔及利亚**。

柏柏尔人的王公们在发生内讧时常常求助于**阿拉伯民军**，为此给他们的酬劳是**让出大片地区归他们所有**，条件是今后**必须为柏柏尔王公服军役**。这样，早在**十二世纪末**，在**现代阿尔及利亚的沿海地区**名为特尔的地方，就有人数众多的阿拉伯移民了。**在十四世纪末，阿拉伯部落的迁居**不仅从**整体**来说，而且从**局部**来说，都停顿了下来。**因此，这些部落现在仍然居住在五个世纪**以前**居住的地方**。阿拉伯人已在很大程度上与土著居民混合，那时他们已经占据了**北非**①**整个沿海地区**，直到现在仍然居住在那里。他们从阿拉伯带来的**游牧生活方式**，由于他们所占地区的自然地势良好而获得了进一步发展的可能性，因为北非高原没有高山阻隔，大**牧场**很多（第199页）。这些大牧场——从阿拉伯人最初移居的时候起直到现在——都由**在牧场上游牧的部落共同占有，不可分割**。**氏族所有制**在这些阿拉伯人中代代下传；只有在下述情况下它才发生变化：（1）由于**氏族（逐渐）分为不同的分支**；（2）由于有**外部落成员加入氏族**。**由此产生的结果是：**从氏族②牧场中分出了一些面积较小的地段；在某些地方，**氏族所有制被比邻所有制，换言之，即公社所有制代替**（第200页）。

在卡比尔人中，在阿拉伯人影响下发展起来的**土地占有制度**不同于阿拉伯人土地占有制度的地方是，卡比尔人的土地占有制距离**原始形式的氏族所有制较远**。不过，在他们中间也实行缴纳实物税和服役的连环保；公牛、山羊和绵羊往往**由集体出资购买**，然后把肉在各个家庭之间分配；他们也实行**氏族在司法上和行政上的自治**。他们在发生财产诉讼的时候，由**氏族会议**充当**仲裁法官**；只有**氏族当局**才能**允许某某人**在卡比尔人中定居。不经氏族当局许可，**任何一个外族人都不许取得财产**；这些**氏族首领**把荒地分配给那些使这些荒地**适合于耕种并连种三年的人**

---

① 柯瓦列夫斯基原文作："阿尔及利亚"。——编者注
② 柯瓦列夫斯基原文作："部落"。——编者注

所有（第200页）。其次，**牧场和森林**在卡比尔人中**是共同使用**的；在**可耕地**方面，还存在着**氏族成员优先购买权、氏族和公社**①**的赎回权**以及**整个氏族公社对它的某一成员的遗产的继承权**；最后这项权利，是按各部落的"**习惯规章**"（kanoun）以不同方式加以处理的。在一些部落里，**氏族分支**——村落——可以和死者的同胞兄弟一起继承；在另一些部落里，氏族分支只能在死者**没有第六亲等以内的任何亲属**的情况下才加以继承（第201页）。另一方面，在卡比尔人中，**可耕地的权利的主体**只是家庭（同上页），而且是**不分居家庭**；因此土地是**不分居家庭的财产**；不分居家庭包括父亲、母亲、儿子、儿子的妻子、子女和子女的儿女（即孙子女）、伯叔、姑婶、侄辈和从兄弟辈（cousins）。家庭财产通常由全体家庭成员推选的**年长者**管理。他买卖、租佃土地，安排播种和收割，订立买卖契约，掌管家庭开支和收取家庭进项；他的**权力决不是无限制的**；凡是比较重要的事情，特别是在买卖**不动产**的时候，他都必须征询**全体家庭成员**的意见。在其他方面，他在处理家庭财产时是不受限制的。如果他的活动损害了家庭的利益，家庭有权撤换他并任命**新的管理者代替他**（第202页）。**不分居家庭的家务**完全由**年长妇女掌管**

‖（可与克罗地亚人比较）‖

或者由**最有管理才能的**妇女掌管，后者每次都是由全体家庭成员选出的。**这些妇女**也往往**轮流**执行这种职能（同上页）。

家庭向每一个家庭成员提供**劳动工具、猎枪**和从事**商业或手工业**所**必需的资本**。每一个家庭成员都应该向家庭贡献自己的劳动，即把自己的全部收入都交给家长，否则就有被逐出家庭的危险。至于**个人**②财产（指**动产**而言），则**男子**只限于**衣服，妇女**只限于**旧衣破布**（见勒土尔诺著作）和在出嫁时作为**嫁妆**（更确切些说是**礼物**）而得到的**装饰品**；

---

① 柯瓦柯瓦列夫斯基原文作："邻里"。——编者注
② 柯瓦列夫斯基原文作："私有"。——编者注

只有**华丽的服装和贵重的项圈除外**；这些始终是**家庭的共同财产**，只能交给**某个妇女个人使用**

‖（可与南方斯拉夫人比较）。‖

至于**家庭成员作为礼物或根据遗嘱**而得到的**不动产**，则被认为是他的**个人财产**，不过归全家**占有**（同上页）。如果家庭成员不多，则**一同用膳**，**厨娘的职能**由全体妇女成员轮流担任。做好的饭菜由**主妇**（女家长）分给每个成员（同上页）。

在**人数众多的家庭**里，**每月分一次**食物，只有肉类才是不定期分配的，常在买进和屠宰牲畜以后将生肉分给家庭成员。在分配食物的时候，家庭之父都**严格**遵守各个成员**一律均等**的原则（第 202、203 页）。——还有：是奉行**血族复仇制度**，根据这种制度，每个人都可能被认为是责任者，就是说，**每个人都可能用自己的生命抵偿家庭其他任何成员所犯的杀人罪**。由于**卡比尔人的不分居家庭同时既是个人的联合，又是财产的联合，**所以**它到现在还有生命力**。家庭之父在临终时，通常都告诫自己的儿女要依旧住在一起，不要分家（第 203 页）。但**实际上**往往是有**分出和分家**的；根据民间俗话，这种过错主要在**妇女**；**卡比尔人有句谚语**："床头说私话，早晚要分家"。在**分家庭财产**的时候，通常都遵循同**分遗产**一样的规则。除考虑**亲等**以外，也往往要考虑**各人对家庭财产所添加的财物的多寡**。只有在分配**一年的储存、谷物、橄榄油**等等的时候，才遵守**各个部分一律均等**的原则（同上页）。**分出比分家**更常见，**按照习惯法**，每个家庭成员都可以要求分出。在这种情况下，分给他的**那一部分**家庭财产，是按照**合法的继承制度**应该属于他的那一部分，此外还有他交给家庭使用的全部个人①**财物**；在实行分出以后，**家庭公社**依旧过着不分居的生活（第 203、204 页）。

总之，如果说在**卡比尔人**中**也存在土地私有制**，那只是作为**例外情**

---

① 柯瓦列夫斯基原文作："本人"。——编者注

马克思《马·柯瓦列夫斯基〈公社土地占有制,其解体的原因、进程和结果〉一书摘要》研究读本

况说的。在这里和在任何地方一样,它在卡比尔人中乃是**氏族的、公社的**①**和家庭的所有制逐渐瓦解过程的产物**(第204页)。

如任何地方一样,**各种集体形式的土地占有制**的解体是由内部原因引起的;在阿尔及利亚的卡比尔人和阿拉伯人中,这种解体的过程由于**十六世纪末土耳其对该地的征服而大大加速**。土耳其人按照自己的法律,通常是把土地留在**占有土地的氏族手里**。但在此之前一直由氏族占有的**很大一部分荒地**,则成**为国有财产**。这些叫做"豪赤"或"阿齐布-伊尔-贝伊里克"的土地(贝伊的土地)(或"贝克"②的土地),**就由土耳其政府出资耕种**。地方贝伊为此目的靠国库获得了**耕畜和农具**,而土著居民则提供收获庄稼所必需的人手。但**大部分国有土地却不是由政府直接管理**;它被交到**佃户**手里,一部分佃户必须**每年向国库缴纳一定数额的货币税**,另一部分佃户则向**领地管理当局承担一定的实物税和役务**。由此产生了**两类出租的土地**:(1)"**阿齐尔**"缴纳一定的**货币地租**;(2)"**托尼查**"只担负**实物税和役务**。两类佃户只有在**将土地加以耕种的条件**下才能允许其为佃户。如果**三年**没有耕种,土地即被收回,由财政当局转交给第三者(第204、205页)。

土耳其人除拥有常备的**地方民军**外,还建立了**军事移民区**以防叛乱,

‖(柯瓦列夫斯基把这种军事移民区命名为"**封建的**",理由不足:他认为在某种情况下会从那里发展出某种类似印度的札吉的东西。)‖

叫做"**兹马拉**"。建立在土著居民中的**土耳其军事移民区**逐渐补充了**阿拉伯和卡比尔骑兵**。每一个移民,在从政府那里领得自己的地段的同时,还领得**播种所需的种子、马匹和枪支**,为此他必须在**地区(卡伊德特)之内服终身军役**;这种军役使他的土地免税。份地的大小是不同

---

① 柯瓦列夫斯基原文作:"村落的"。——编者注
② 贝伊或贝克是中世纪阿拉伯国家的统治者的头衔。——译者注

的，相应地其占有者义务也不同。领得**全份地**的，一有征召就必须入伍参加**土耳其的骑兵队**，领得**半份地**的只需应召服**步兵役**（第 205、206 页）。[一个**"楚伊加"的可耕地**算是全份地，"兹马拉"的成员称为**"马赫宗"**]，第 206 页。

作为国有土地或军事移民的土地而被占领的领土面积，由于**没收**确实叛乱的或被怀疑叛乱的氏族的**财产**而一代一代扩大起来。**被没收的土地**，大部分都由当局通过贝克（或贝伊）**公开拍卖**；这就促进了**土地私有制**（早由罗马人开其端）的发展。买主大部分是**土耳其居民中的私人**；这样就逐渐产生了**一大类私人土地占有者**。他们的**产权**只是财政当局（Staats-Rent-Kammer①）发给的一种字据；**字据确认地段已公开拍卖的事实和当局收到的买主应交的款项**；字据称为"白特—伊尔—马尔"，并和购买、赠予、抵押的文契及其他有关地产的文契一样，享有**法律上的承认**（第 206 页）。同时，**土耳其政府**大力促使把私人地产集中到**宗教和慈善机关手里**。政府轻率地实行没收，加上税捐重担，常常使私人占有者把自己的**产权**转交给这些机关，即建立**教田**或"**哈布**"。[**西迪·哈利尔**，阿尔及利亚解释**马立克教派**学说的最大权威之一，认为私人不仅可以将某些土地或收入**转交给别人**为**世袭所有**，而且也可以**转交给别人暂时使用**，这种暂时使用通常随着赠送者的去世而终止。]这样，他们就摆脱了被没收的可能和税捐重担：交出产权的条件，是原来的土地所有者对于转为教田的土地享有继续的、终身的、但多半是世袭**使用权**，不过他现在必须向该机关缴纳**货币税**或**实物税**（徭役金）（第 206、207 页）。[**主要文件载**"阿尔及利亚史学会"出版的《**非洲评论**》；见例如 1861 年该刊。]

土耳其的统治根本没有导致印度斯坦那样的封建化（在大莫卧儿统治衰落时期）。阻碍了这种情况发生的是阿尔及利亚**军政权力的强大的中央集权制**；这种中央集权制排除了**地方官职世袭占有**和占有者变成几

---

① 国家税收局。——译者注

乎不受德伊①制约的大土地所有者的**可能性**。通常承包其所辖地区征税事务的所有**地方德伊**和**卡伊德**②，**只能保持这些职务三年**。**这项法律严格规定了这种更换制**，而且实际上更换得**更频繁**（第 208 页）。所以，土耳其政府只是在阿拉伯人中促进土地私有制的发展而损害"公社土地所有制"。根据国民议会议员瓦尼埃收集的**统计材料**（1873 年），在阿尔及利亚落入法国手中的时候，叫做特尔的**整个沿海地区**（滨海区）的**土地占有情况如下**：

国有领地——1500000 公顷；作为所有正教徒的**公产**（Bledel-Islam）而由国家掌握的**土地**——3000000 公顷荒地。**莫尔克**（**私人财产**）——3000000 公顷；其中包括早在**罗马时代**已归柏柏尔人分别占有的——1500000 公顷，再加上在**土耳其**统治下成为私人据有③对象的——1500000 公顷。

阿拉伯氏族（arch）共同占有的——不到 5000000 公顷。至于**撒哈拉地区**，位于绿洲境内的不到 3000000 公顷，其中一部分是**不分居家庭的财产，一部分是私有财产**。撒哈拉地区的其余 23000000 公顷则是**不毛的沙漠**（第 208、209 页）。

（B）法国人的专横统治及其对当地集体土地占有制衰落的影响④

《1873 年国民议会年鉴》中的辩论，1873 年巴黎版第 XVII 卷；第 XVIII 卷（№ 1770），瓦尼埃先生（向国民议会）的报告。

佩龙译的穆斯林法制概论，哈利尔·伊本·伊萨克著（Perron：《Précis de jurisprudence musulmane par Khalil ibn Ishɑnok》），译自阿拉伯文。

---

① 德伊是 1671—1830 年时期阿尔及利亚的土耳其统治者的称号。——译者注
② 卡伊德是阿拉伯语中的统治者称号。——译者注
③ 柯瓦列夫斯基原文作："个人划占"。——编者注
④ 柯瓦列夫斯基原书这一章的标题作："法国在阿尔及利亚的土地政策及其对当地的公社土地占有制的瓦解的影响"。——编者注

《殖民地化总方案建议》1863年阿尔及尔版。

迪迪埃先生代表立法议会委员会作的第一个报告，1851年（Premier Rapport de Mr. Didier au nom de la commission de l'assemblée législative，1851）（译文载于欧仁·罗布：《阿尔及利亚的不动产法》一书）。

卡多证明了佩龙和大多数所谓东方学家在法律上的无知。

卡多：《伊斯兰教马立克派教法》，1870年巴黎版。

确立土地私有制，

‖（在法国资产者看来）‖

是政治①和社会领域内任何进步的必要条件。把**公社所有制"这种支持人们头脑中的共产主义倾向的形式"**（1873年**国民议会中的辩论**）继续予以**保留**，无论对殖民地或者对宗主国都是危险的；分割**氏族占有地**受到鼓励，甚至明令实行，首先是作为削弱经常准备起义的被征服部落的手段，其次是作为把**地产**从土著手中**进一步转移到殖民者手中的唯一途径**（第210、211页）。这个政策，**法国人**从1830年到现在尽管**历届政府**彼此取代，却始终不渝地奉行着（第211页）。**手段有时改变，目的始终是一个：消灭土著的集体②财产，并将其变成自由买卖的对象**，从而使这种财产易于**最终转到法国殖民者手中**（同上页）。1873年6月30日会议在讨论新法案的时候，议员**安贝尔**说："提交你们讨论的法案，只不过是一座大厦的最后工程，这座大厦的基础已由一系列命令、法令、法律和参议院决议所奠定，它们就整体和每个细节来说都是要达到**同一个目的——在阿拉伯人中确立土地私有制**"（同上页）。

法国人在征服阿尔及利亚部分地区以后**所关心的第一件事**，就是**宣布大部分被征服的领土为（法国）政府的财产**。这样做的借口是：穆斯林普遍奉行的关于**伊玛目有权**宣布土著的土地为**国家教田**的学说；的

---

① 柯瓦列夫斯基原文作："经济"。——编者注
② 柯瓦列夫斯基原文作："公社"。——编者注

确,不论马立克教派的法律,还是哈乃斐教派的法律,都是承认伊玛目的 dominium eminens① 的。但这种法律［见佩龙译的书:《穆斯林法制概论,哈利尔·伊本·伊萨克著》第二卷第269页及其他各页］只不过是允许伊玛目向被征服的居民征收人头税。哈利尔说,这种税收是"为了取得必要的款项以满足先知后裔和整个穆斯林公社的需要"。**路易-菲力浦**作为伊玛目的继承人,或者更确切些说,作为被征服的德伊的继承人,当然不仅夺取了**国有领地**,而且也夺取了所有其他尚未耕种的土地,包括公社的**牧场、森林和荒地**(第212页)。

‖［只要非欧洲的(外国的)法律对欧洲人"有利",欧洲人就不仅承认——立即承认!——它,就象他们在这里承认穆斯林法律一样,而且还"误解"它,使它仅仅对他们自己有利,就像这里所出现的情况那样。］法国人的贪婪是十分明显的: ‖

如果说,政府过去和现在都是全部土地的最初的所有者,那末,只要阿拉伯人和卡比尔人的部落不能用**书面文件**证明自己的所有权,就没有必要承认他们对某块地段的要求。这样一来,一方面是**原来的公社所有者**被降低到**政府**土地的**暂时占有者**的地位;另一方面,则是**氏族所占的领土很大一部分遭到暴力掠夺,并由欧洲殖民者移居**。这就是1830年9月8日、1831年6月10日等**法令**的涵义。由此产生了一种 cantonnements ｛民屯｝制度;这种制度将**氏族的土地分为两部分**,一部分留给氏族成员,另一部分则由**政府**掌握,以便欧洲殖民者定居。**公社土地**——在路易-菲力浦时期——被交给**在移民区建立的军政当局**自由支配。相反,1846年7月21日的敕令则宣布,在阿尔及尔区,在**布利达、瓦赫兰、莫斯塔加内姆和波尼各公社里,土地私有制**是不可侵犯的;但法国政府保留**征用**的权利,不仅在民法典｛Code Civil｝规定的情况下可以征用,而且每当需要**建立新移民区或扩大旧移民区**的时候,

---

① 最高所有权。——编者注

每当**防卫需要**的时候,或者每当**国家财政利益**因某块地段被其所有者**弃置不种**而蒙受损失的时候,都可以征用(第 212、213 页)。[1830 年年 9 月 8 日、1831 年 6 月 10 日和 7 月 11 日、1840 年 12 月 1 日和 3 日的法令,1845 年 10 月 31 日和 11 月 28 日、1844 年 10 月 1 日、1846 年 7 月 21 日的国王敕令。]

大部分法国的买地人(私人)**根本**无意耕种土地,他们只进行零售的**转卖土地**的投机;用**异常低廉的价格**买进,用相当高的价格**转卖**——这看来就是"把他们的资本作了有利的投放"。这些家伙①不顾**氏族占有地不可出让**,争先恐后同各个家庭签订一系列买契。土著们利用法国狮子狗中间突然兴起的投机热,②并且预期法国政府在国内寿命不会很长,都很乐于出卖**根本不存在的**,或者**氏族共同占有**的某个地段,而且往往在**同一时间**内出卖给两三个买主。因此,当法庭开始**审查产权**时就发现,卖出的全部土地中有**四分之三**以上同时属于不同的人(参看小册子《殖民化总方案建议》1863 年阿尔及尔版的摘录。第 214 页上的脚注 2)。法国政府又做了些什么呢?**无耻的事情**!它首先是**承认一切非法的出卖都属有效,从而使破坏习惯法的行为合法化**!1844 年 10 月 1 日的法律宣布:

‖ [**也就是那个**由于曲解穆斯林法律而使自己成了阿尔及利亚土地的**唯一所有者的资产者政府**宣布:] ‖

"**凡是经当地人同意的转让不动产的文契**

‖(即使这个当地人出卖的是不属于他的东西!)‖

有利于欧洲人者,都不得以穆斯林法律规定的不动产不能出让为理由而提出异议"。政府这样做,除了考虑殖民者的利益以外,也是想要用**破**

---

① 柯瓦列夫斯基原文作:"买主"。——编者注
② 柯瓦列夫斯基原文作:"土著们利用突然发生的投机热"。——编者注

坏公社——氏族习俗**的办法来削弱它所统治的居民。（例如，议员**迪迪埃**1851 年给国民议会的报告中说："**我们必须赶快摧毁氏族团体，因为它们领导着一切针对我们统治的反抗**"）（第 214、216 页）。另一方面，由于**法国政府担心惹起土著居民反对自己**，并且由于它希望**将来使金融市场免遭空头产权的投机**所必然引起的波动，所以不得不放弃将来继续采用殖民制度。此外还加上：**阿拉伯人**在大多数情况下都能够把他们已**出卖的或被夺走的全部土地**买了回来，一部分买自**欧洲殖民者**，一部分**买自政府本身**。这样，**民屯制度**便以全盘失败告终。正是由于进行了这种尝试，才觉察到仍然具有充分生命力的**公社——氏族土地所有制**这一事实。现在不理睬它已是不够了；必须采取积极的措施来瓦解它（第 216 页）。1863 年 4 月 22 日的**参议院决议**所追求的就是这一目的。这项决议在法律上承认了**氏族对它所占的土地的所有权**，但是这种**集体**① 财产**不仅应该在各个家庭之间**进行分配，而且也应该在**各个家庭成员之间**进行分配。受国务会议委托为法律草案作辩护的**阿拉尔**（将军），曾经在参议院说过这样的话："政府并没有忽视，**它的政策的总目标就是削弱氏族首领的影响并促使氏族瓦解**。政府用这种办法去消灭**封建权利的最后残余**，而政府法案的反对者则是这种权利的维护者。……**建立私有制，让欧洲殖民者迁居到阿拉伯氏族中去，将是加速氏族团体瓦解过程的最有力手段**"（第 216、217 页）。1863 **年参议院决议的第二条**指出，在最近的将来，将用**皇帝敕令**规定：（1）**确定属于每一氏族的土地的地界**；（2）**将所有氏族占有地在各个家庭之间进行分配**，不宜耕种的土地除外，这些土地应当仍然是各个家庭的共同财产；（3）在一切被认为适宜的地方，都用**分割家庭土地**的办法建立私有制（第 217 页）。拿破仑第三本人反对第三项措施；见他 1865 **年致马洪元帅的信**（第 217 页脚注 2）。在经国务会议批准而颁布的一项政府法令中，巴登格②

---

① 柯瓦列夫斯基原文作："氏族"。——编者注
② 这是拿破仑第三的绰号，柯瓦列夫斯基原文中没有，是马克思换用的，下同。——编者注

命令**设立一些特别委员会来从事分配**；每一个委员会都由以下人员组成：一名陆军准将或上校担任**主席**，一名专区区长或专区顾问，一名**阿拉伯军事机关或行政机关的官员和一名国有土地管理局的官员**。委员会委员由驻阿尔及利亚总督任命；只有主席直接由皇帝核准。**各下属委员会则由阿尔及利亚地方行政机关的官员组成**（1863年5月23日《**民政管理章程**》）。**下属委员会**的任务是进行一切准备工作，例如**搜集资料以便正确确定氏族、氏族的每一个分支的地界，确定各个分支的可耕地和放牧地的地界**，最后还确定包括在**氏族管辖区内的私人占有地和国有土地的地界**（第218页）。随后，委员会便着手工作：就地确定——在毗邻氏族的代表在场的情况下——应予分配的氏族土地的地界；其次是**确认私人土地**（包括在氏族占有地地界内的土地）**占有者**和氏族之间的和睦协定；最后是对毗邻氏族因给它们的占有地地界划得不公正而提出的申诉作出**法庭判决**。委员会应将它所采取的一切措施向阿尔及利亚总督报告，总督最后作出决定（第218页）；参看第218、219页上的1863年5月23日章程的其他内容。

根据**瓦尼埃**［阿尔及利亚"私有财产"法案起草委员会主席］**1873年向国民议会所作的报告**（见《国民议会年鉴》第XVII卷附录№1770），从1863至1873年，在总数=700处的**氏族占有地**中，已有400处在**氏族所包括的血缘团体即近亲血缘团体**之间进行了分配，每一个近亲血缘团体都占有一定的地区［那时已经处于这些团体的地界以内的国有土地和私人占有地也得到了当局的承认］。1863年章程的这一部分实行起来是很容易的，因为这种分解——类似从古老的日耳曼马尔克**分离出自由的、半自由的和不自由的公社那种**过程——在法国人到来以前很久，即在土耳其统治阿尔及利亚的**时期**就已开始了。

关于这一过程，欧仁·罗布（《阿尔及利亚的不动产法》第77页）指出："在氏族首领失掉了他以前的**家长性质**并转变到**穆斯林官员**即卡伊德的地位上来以后，**家庭之父的权威**提高了，并且具有了法律承认的**官方的、政治的性质；氏族瓦解**（分解为人数较少的血缘团体）的过

马克思《马·柯瓦列夫斯基〈公社土地占有制,其解体的原因、进程和结果〉一书摘要》研究读本

程,从那时起便自行开始了,而且不知不觉地、逐渐地发展了……(不同家庭之间的)**血亲感情渐渐削弱了;单个的分枝与共同的主干分离了;**近亲们组成了单独的定居点(村落);**每一顶帐幕都成了具有特殊利益的中心**,本血缘集团的中心,这种集团有它特殊的需要,利己的和相对狭隘的要求。这样,**氏族就不再是一个范围广大的家庭了**,它成了散居在氏族土地上的一切定居点的集合体,成了一种**帐幕联盟**,一种官方性和政治性都比以前有限①得多的联盟"。可见,**委员会在执行**1863年5月23日章程的这一条时,遇到**氏族已自行分解为若干氏族分支的事实**,它只要把在此以前很久已实际存在的情况赋予法律效力就行了(第219、220页)。

  委员会的另一项任务,即在氏族分支的地界内建立私有制,执行起来情况就完全不同了(第220页)。根据章程第5条第26款的规定,执行这一任务应当考虑到**历史上形成的各种习惯法**,因而**也只有在事先确认这些习惯法以后才能执行**。这件事毫无结果;整个这一条在巴登格时期便完全放弃了(参看第221、222页)。[这里还引用**瓦尼埃报告**中的话:在阿尔及利亚**进行分配之所以困难,还因为各个氏族的经济条件是多种多样的**。有142个氏族每人摊到1—4公顷;有143个氏族每人4—8公顷;有8个氏族每人8—16公顷;有30个氏族每人16—185公顷(分配土地同时造成了**大的和小的土地所有者**,有一些人靠田间劳动很难谋得生活资料,另一些人则**无力**充分利用归他们所有的全部地段(第221页脚注)]。因此,这个为了**欧洲殖民者的利益而剥夺**②**阿拉伯氏族**的措施便毫无结果。从1863至1871年,**欧洲殖民者**向土著购买的土地,减去他们**卖给土著本身**的土地,余下的总数还不到20000公顷;**每年实际上只有**2170**公顷**29公亩22平方米;用这些土地,正如**瓦尼埃所说**,还不够在上面建立**一个村子**。(详见第223页,特别是脚注。)

---

  ① 柯瓦列夫斯基原文作:"确定"。——编者注
  ② 柯瓦列夫斯基原文作:"使丧失土地"。——编者注

‖1873年。因此，1873年"乡绅会议"148所关心的第一件事①，就是采取更有效的措施来**掠夺阿拉伯人的土地**。[在这个可耻的议院中进行的关于在阿尔及利亚"**建立私有制**"的方案的**辩论**，企图用**所谓永恒不变的政治经济学规律**的外衣，来掩盖这种欺诈勾当（第224页）②。在这种**辩论**中，"**乡绅**"对于**消灭集体所有制**这个目的意见完全一致。所争论的仅仅是用什么方法来消灭它。‖

例如，议员**克拉皮埃**希望按照1863**年参议院决议**所规定的方法行事，按照这种方法，首先只在其地**块已从氏族土地划分出来的**那些公社中建立私有制；相反，以**瓦尼埃**为主席和报告人的"乡绅"的委员会，则坚持从**最终目的**开始这一**行动**，即一开始就确定**每个公社成员的个人份地**，而且在所有七百个氏族中同时进行]。

瓦尼埃先生用来遮掩旨在**剥夺阿拉伯人**的措施的**美容膏**，有如下述：③

（1）**阿拉伯人自己就常常表示希望着手分配公社土地**。这纯粹是**无耻的谎言**④。议员克拉皮埃（1873年6月30日会议）对此作了回答："你们硬说阿拉伯人自己希望**在他们中间确立土地私有制**；但是，报告中是否表达了**氏族和公社当局（扎马）**直接表示的这种希望呢？根本没有：阿拉伯人是**满意**自己的现状、自己的立法、自己的地方习俗的。**只有投机者和高利贷者才要求你们确立私有制**"（第224、225页）。

（2）**每一个阿拉伯人自由处理归他所有的地段的制度，使他能够**

---

① 在柯瓦列夫斯基著作中这段话是这样："因此毫不奇怪，在普法战争后召集的国民议会所关心的第一件事，就是采取比较切实的措施来使阿拉伯人丧失土地。在国民议会关于"在阿拉伯人中间'建立私有制'问题进行的辩论中，每一位公正的读者都会看到这样一个事实，即希望用一般性词句和引用所谓不变的政治经济学规律来掩盖谁都十分清楚地意识到的那些远非利他的动机"。——编者注

② 这段话中的"乡绅会议"一词，在柯瓦列夫斯基原文中没有，是马克思换用的，下同。——编者注

③ 这段话在柯瓦列夫斯基原文中没有，应为马克思自己的话。——译者注

④ 柯瓦列夫斯基原文作："这属于纯粹虚构的领域"。——编者注

马克思《马·柯瓦列夫斯基〈公社土地占有制，其解体的原因、进程和结果〉一书摘要》研究读本

在万不得已时**用出卖或抵押土地的办法来获得他所缺少的资本**。但是，这是符合阿拉伯人自己利益的好事吗？在非资本主义生产方式的国家里①，到处都可以看到**小高利贷者和拥有游资的毗邻的地主**对农村居民进行无耻透顶的剥削，情况难道不正是这样吗？请看**印度**。请看**俄国**，在这里，农民以百分之二十、三十、常常以百分之百的利息从"富农"那里借得他**缴纳国税**所需的款项。另一方面，地主（помещик）利用农民的困窘，**在冬季用合同把他们束缚**起来，规定在**整个割草期和收获期的工资只及通常工资的三分之一或一半**，工资是**预付给他们的**，到头来又是被拿去填补俄国国库的无底洞。

‖英国政府利用（**已由法律批准的**）"抵押"和"出让"，极力在**印度西北各省**和**旁遮普**瓦解农民的集体所有制②，**彻底**剥夺他们，使公社土地变成**高利贷者的私有财产**（第225页）。

甚至**巴登格（1865年致麦克马洪元帅的信）**也证实阿尔及利亚存在高利贷者的类似活动，在那里，国税重担是他们手中的进攻武器（见第225、226页）。‖

（克拉皮埃在1873年6月30日会议上的发言引用了这封信）。

在穆斯林统治时期，农民至少不会被高利贷者—投机者**剥夺土地**。政府不知**土地抵押（典当）**为何物，因为它认为**公社财产**

‖（相应地还有**不分居**家庭的财产）‖

是**不可分割和不可出让的**（参看第226页脚注2）。[脚注中说：相反，政府承认"rhè ne"——担保；这使借钱出去的人享有其他债主所没有的优先权；他可以从**债务人的动产或不动产收入**中先于其他债主得到偿付。

---

① 柯瓦列夫斯基原文作："在资本主义经济还没有能够形成的地方"。——编者注
② 柯瓦列夫斯基原文作："公社工地占有制"。——编者注

‖由此可见，在这里也给**高利贷者**开辟了适当的活动范围！就象在**俄国**等处一样］（第226页）。‖

1863年参议院决议第六条最先承认了**自由出让权**，不论是私人的地产即所谓莫尔克，还是**整个氏族分支对于分给它们的地区**，都有这种权利；这样一来，**公社土地就可以出卖和抵押了，高利贷者和土地投机者**也就马上利用了这一点。1873年"乡绅会议"的法律更加扩大了他们的"创业活动"的范围，这项法律最终确立了**土地私有制**；现在每个阿拉伯人都可以把分给他的地段作为私有财产自由支配了；结果将是**土著居民的土地被欧洲殖民者和投机者剥夺**。而这正是1873年"**法律**"**的自觉的目的**（第226、227页）。

（3）在那些没有准备并且对此有反感的居民中**建立土地私有制**，应成为**改进耕作方式从而提高土地生产率的万应灵丹**①（第227页）。大叫大嚷鼓吹②这一点的，不仅有**西欧的政治经济学家**，而且还有**东欧的所谓"文化阶级"**！但是，在"乡绅会议"的辩论中，却没有举出**任何一件殖民史上的事实来证明这种效验**。瓦尼埃援引了欧洲殖民者的一些面积**不大**而其位置有利于销售的占有地改进种植方法的情况。在**阿尔及利亚**，属于**欧洲殖民者的全部土地＝400000公顷**；其中120000公顷属于**阿尔及尔和塞蒂夫**的两家公司；正如**瓦尼埃**自己所确认的，这些面积广大并远离市场的土地，是**由阿拉伯佃户用老办法**即用法国"启蒙者"到来以前③就已存在的**传统办法**耕种的。其余280000公顷则不均等地分配在122000个欧洲人中间，其中35000人是不从事**农业**的官员和城市居民。

‖还剩下87000**个耕种土地的法国殖民者**，‖

---

① 柯瓦列夫斯基原文没有"万应灵丹"一词。——译者注
② 柯瓦列夫斯基原文作："一再重复"。——译者注
③ 柯瓦列夫斯基原文作："欧洲人到来以前"。——编者注

马克思《马·柯瓦列夫斯基〈公社土地占有制，其解体的原因、进程和结果〉一书摘要》研究读本

但即使是这些人也没有实行**集约耕种制**，这种耕种制在荒地数量大而人口相对少的地方是得不偿失的（第 228 页）（参看 1873 年 6 月 30 日的辩论）。根据这项法律实行的**对阿拉伯人的剥夺**，其目的是：(1) 保证法国殖民者能够得到尽量多的土地；(2) **割断阿拉伯人和土地的自然联系**，以摧毁本来就已逐渐瓦解的氏族团体的最后力量，从而消除任何**起义的危险**（第 229 页）。瓦尼埃表明，现在殖民者所拥有的**土地不够**，不能满足每年新从法国蜂拥而来的移民的需要。在**阿尔及尔省**，每个欧洲殖民者合 1.3 公顷，在**奥兰省**是 2.64 公顷；只是在**君士坦丁省**才有 **3.25 公顷**（第 229 页）。由此可见，在**阿拉伯土地所有制继续同时存在**的情况下，从事农业的殖民者人数的增加是不可能的（同上页）。为了**加速原有的氏族土地转到殖民者手中**的过程，法律（1873 年）规定，**即使不完全废除氏族赎取（chefâ）的权利**［chefâ 权是氏族（ferka）每个成员都可以**赎取**某个成员卖出的**土地**的权利（见议员**安贝尔**在 1873 年 6 月 30 日会议上的演说，《**国民议会年鉴**》第 XVIII 卷第 636 页）。这种权利与**格劳宾登州**某些地区内现存的公社成员权利完全相同］，也要把它限制在**法国民法典**所承认的享有优先赎回权的那些亲属等级内。最后，为了**增加国有领地**，1873 年**法案宣布**，一直由阿拉伯氏族共同使用、没有在各氏族分区之间加以分配的荒地，都是国家财产。

‖ 这是**直接的掠夺**！正因为如此，对神圣不可侵犯的"**财产**"十分温情的"**乡绅会议**"，∠**不加任何修改地**通过了粗暴侵犯公社财产的法律草案，并且一定要在 1873 年当年就付诸实施。‖

（在 1873 年 7 月 26 日会议上三读）（《**国民议会年鉴**》第 XIX 卷）（第 230 页）。尼耶尔元帅在 1869 年国民议会的辩论中正确地指出：

"阿尔及利亚社会是建立在血缘

‖［亦即亲属］‖

原则上的"。通过**把土地所有制个人化**,也达到了政治的目的——消灭这个社会的基础(第231页)。

卡·马克思写于1879年10月和1880年10月之间　　　　　原文是德文、英文和西班牙文

第一次用俄文发表于1958年《苏联东方学》杂志第3、4和5期;1959年《东方学问题》第1期;1962年《亚非人民》第2期

节选自《马克思恩格斯全集》第45卷,北京:人民出版社1985年版,第207—327页。

第五部分 附 录

附录 I 研究文献精选

一 〔美〕劳·克拉德：马克思和恩格斯在民族学著作方面的比较（一）*

（一）马克思和恩格斯的一般关系

马克思和恩格斯对社会主义的理论和实践的贡献，他们在世时，人们并没有认真地去区分，只有下一代才提出了这个问题。恩格斯是意识到这种区分的，因为他写道："马克思是天才，我们至多是能手。没有马克思，我们的理论远不会是现在这个样子。所以，这个理论用他的名字命名是公正的。"① 恩格斯对他与马克思之间关系的评价，被他们的传记作者们所接受。梅林写道："在哲学方面马克思无疑有着更高的天赋，首先是受过更有系统的思维训练。"梅耶说："马克思受到天才的无情驱迫，而恩格斯则生活在他的丰富人性的较温和控制下。"梁赞诺夫只是断定，两人的合作和相互支持非常和谐，恩格斯起的是辅助作用。奥·科尔纽对这一合作的开始这样写道："恩格斯对共产主义起源

---

* 本文选自中央编译局编：《马列主义研究资料》第 3 辑总第 49 辑，北京：人民出版社 1987 年版。劳伦斯·克拉德是美国著名人类学家。本文是他在马克思晚年人类学笔记研究方面最重要的著作之一，最初发表在阿姆斯特丹《国际社会史评论》杂志第 18 卷（1973 年）第 223—275 页上。莫立知译。

① 《马克思恩格斯选集》第 4 卷，北京：人民出版社 1972 年版，第 238 页。

的研究，更多的是在经济和社会方面，而不是在哲学和政治方面，他把共产主义描述为资本主义社会发展的必然产物。这赋予了马克思的仍然是理论的和抽象的概念以明确性。"科尔纽提到恩格斯在《德法年鉴》（1844）上发表的两篇论政治经济学的文章。虽然他不承认一个的造诣比另一个更高，但是他谈到了马克思的抽象化能力和恩格斯的具体化能力。说马克思和恩格斯的思想和活动完全一致，是力求建立社会主义学说正统的观点，按照这种观点，他们的思维能力的质的差别并不意味着他们在社会主义、共产主义的理论和实践中的思维产物在实质上有何差别。

用马克思的名字命名的理论，是马克思在一定程度上曾极力要与之割断关系的理论。这一理论的一些名称都是恩格斯起的：die materialistische Auffassung der Geschichte 或 materialistische Geschichtsauffassung，die materialistische Anschauungder Geschichte。① der historische Materialismus（历史唯物主义）的名称是恩格斯最先提出的："本书（《社会主义从空想到科学的发展》）所捍卫的是我们称为'历史唯物主义'的东西……"② 这些东西已造成一些混乱，因为有人甚至要我们到马克思在1859年8月《人民报》上发表的政论文章中去找恩格斯创造的这个名称的起源。其实，马克思的立场在8年以后表现得很清楚，那时他在提到宗教幻象的世俗核心时写道，这"是唯一的唯物主义的方法，因而也是唯一科学的方法"③。

科尔施和卢卡奇在20年代初彼此独立地得出了相互有关的结论。他们探讨的不是马克思和恩格斯在发展作为政治行动纲领的社会主义中的不同作用，更不是他们天赋差异的意义，而是两人在理论贡献上的差异。当时讨论的是辩证法被推广应用到人类历史以外的领域即自然界的

---

① 参看《马克思恩格斯全集》第一版第13卷第526页，第19卷第227、228页，第20卷第29、292页，第21卷第29页，中译文都是"唯物主义历史观"。
② 《马克思恩格斯全集》第22卷，北京：人民出版社1965年版，第339页。
③ 《马克思恩格斯全集》第23卷，北京：人民出版社1972年版，第410页注89。

问题，卢卡奇明确提出这是恩格斯追随黑格尔的错误榜样而造成的结果。

胡克写道："马克思和恩格斯之间的确切关系尚有待探索。"他接着说，正统观点是两人完全一致的；他同时反对托·马萨里克、阿·拉布里奥拉和R.蒙多尔福这些批评家关于"他们两人之间有本质差别"的看法。按照胡克的观点，恩格斯赋予马克思的学说以特有的着重点，他把马克思的理论变成一种"假说和演绎的体系"、一种"封闭的体系"、一种与马克思的"自然主义能动主义"相对的"简单化的唯物主义"。按照胡克的观点，马克思是一个自然主义者和人道主义者；马克思和恩格斯同样持有反学理主义的和反独断主义的观点。

熊比特认为马克思从经济角度对历史的解释"无疑是至今为止社会学的最伟大的个人成就之一"，他的理论能够揭示形成宗教、伦理、美学、政治决断及其兴衰的经济条件。恩格斯把历史的经济条件说成经济动机，一部分是错误的，一部分是"琐细得可怜的"。熊比特认为马克思"非常渊博"，是"天才和先知"，他的《剩余价值理论》是"理论热情的纪念碑"等等。另一方面，恩格斯虽然"在智力上，尤其是作为理论家很出色，但是远不如马克思。我们甚至不能肯定，他是否总能领会马克思的意思"。

哈耶克把马克思和恩格斯的哲学描述为黑格尔主义的实证主义。李希特海姆和乔尔旦把这个名词只用于恩格斯一人。乔尔旦把马克思说成自然主义者，哈贝马斯与他相反，把马克思的自然主义人道主义和恩格斯的自然主义宇宙论加以区分；哈贝马斯把马克思的自然主义同恩格斯和考茨基、列宁和斯大林的形而上学唯物主义对立起来。柯尔以另一种方式表达科尔纽关于恩格斯是两人中较具体的思想家的想法：恩格斯比较实际，马克思是"学者气质"，恩格斯促使马克思走向"现实主义，远离化装成更高价值的抽象概念"。按照柯尔的观点，恩格斯是一个"活泼的而不是深刻的思想家"，马克思的逝世使他可以不再像原来那样，表现出比马克思还要"更加马克思主义得多"的样子。萨特认为，恩格斯的思维与马克思相比较为简单化。

李希特海姆根据恩格斯1883年至1895年的著作，描述了恩格斯个人的哲学发展。按照李希特海姆的看法，这些著作构成后来正统马克思主义的基础。乔尔旦的本度颇为接近胡克，强调两人之间的共同性，虽然恩格斯的着重点有所不同。阿·施米特系统地阐述了恩格斯的宇宙论辩证法和马克思的历史辩证法之间的差别。关于马克思的自然主义术语是由胡克、哈贝马斯和乔尔旦创造的；艾温纳里把马克思的历史辩证法同恩格斯的将辩证法应用于自然区分开来。弗莱舍尔详尽地探讨了马克思和恩格斯的关系。他的观点体现在这样一个小标题中："马克思和恩格斯——马克思还是恩格斯？"；恩格斯"编纂"了关于自然哲学的黑格尔主义范畴材料；马克思和恩格斯有同样的世界观，但是他们的哲学不同；恩格斯是苏联的辩证唯物主义哲学的祖师爷。

（二）马克思和恩格斯与自然史和人类史辩证法的关系①

科尔施、卢卡奇和许多追随他们的人认为，马克思同恩格斯的自然辩证法学说无关。从著作的行文和一般涵义来看的确如此，因为马克思著作的绝大部分论述的是社会中的经济关系以及人的社会的、经济的、政治的生产和关系的辩证法。只有恩格斯一人阐述了自然辩证法的哲学立场，他的解释者们也是这样理解他的，作为例外的只有普列汉诺夫和列宁，他们认为马克思也持有同样的立场。然而，马克思虽然极少谈到自然辩证法，也没有制定出一个明确的体系，但是却并不是与这种哲学立场绝对分割开来，毫无关系。在《1844年经济学哲学手稿》中，马克思谈到人和自然的潜在的统一："历史本身是自然史的即自然界成为人这一过程的一个现实部分。自然科学往后将包括关于人的科学，正像关于人的科学包括自然科学一样：这将是一门科学。"②

---

① 这部分原文为"见本刊1987年第3辑第169—177页"，内容略。本书编者将相关文章的内容收录补充进来。——本书编者注

② 《马克思恩格斯全集》第42卷，北京：人民出版社1979年版，第128页。

人与自然界的分离在文明条件下越来越深刻。关于这一点，马克思写道："在土地所有制处于支配地位的一切社会形式中，自然联系还占优势。在资本处于支配地位的社会形式中，社会、历史所创造的因素占优势。"① 这一提法把资本主义时期放在一边，把古代东方社会、古典古代和中世纪封建社会等放在另一边。人类的原始公社时期更应该与东方的、古典古代的等生产方式放在一类，因为它与它们一样，社会中的生产是非工业的或工业以前的，资本结构的数量微乎其微。另一方面，原始社会的土地所有制问题与东方社会、古典封建社会或资本主义社会的不同，正像社会阶级的关系（或没有这种关系）与这些社会不同一样。古代或传统东方的农民公社的性质，也与原始公社的性质不同。马克思的这句话表明，这里有许多问题尚待解决。

在谈到原始的家庭和氏族中的分工时，马克思提出了包括原始民族在内的人和自然的关系。自然，天然，只是原始民族生活的一个方面。马克思写道："另一方面，我在前面已经谈到，产品交换是在不同的家庭、氏族、公社互相接触的地方产生的，因为在文化的初期，以独立资格互相接触的不是个人，而是家庭、氏族等等。"这样，马克思使自然和文化甚至在原始人的生活中就对立起来。他接着写道："不同的公社在各自的自然环境中，找到不同的生产资料和不同的生活资料。因此，它们的生产方式、生活方式和产品，也就各不相同。"② 这为反驳任何关于马克思把原始人和文明人绝对分割开来的概念，提供了充分的根据。所有的人都与文化有关系，这就暗示在原始公社中存在着文化的开端。原始人的生活就是这样的：自然环境把它的统治强加在文化的开端上，由此产生出生产方式和生活方式的差别。原始人没有以文明人那种程度和方式支配和改变自然环境。

《共产党宣言》开头的一句话根据阶级斗争把人类的历史和前史划

---

① 《马克思恩格斯全集》第46卷上册，北京：人民出版社1979年版，第45页。
② 《马克思恩格斯全集》第23卷，北京：人民出版社1972年版，第390页。

分开来。① 这个原则包含在从《政治经济学批判大纲》的导言中援引的那段话中，但是两者之间的关系仍然成问题，有待弄清。恩格斯在《宣言》1888年版作为对开头一句话的脚注所加的修正，仍然没有提到自然的人和文化历史的人之间区分的实质；恩格斯在这里写道："这是指有文字记载的历史。"他然后提到俄国农民的土地公有制、条顿族农业的过去历史中的同样做法，以及摩尔根发现氏族所揭示出的原始共产主义。恩格斯在注中写道："随着这种原始公社的解体，社会开始分裂为各个独特的、终于彼此对立的阶级。"② 对此可以提出的反对意见是，俄国的农民在恩格斯的脚注之前的几个世纪当中，已经形成为阶级，并且以许多次的起义表达了对地主的对抗；恩格斯并没有把这些民族及其行动和制度与古代的条顿人和原始氏族组织清楚地区分开来。

除了内容以外，还有风格问题。《共产党宣言》开头那句话要人们注意阶级斗争，注意这种现象的历史重要性。恩格斯的脚注使人忽视开头那句话的宣言性质，忽视整部《宣言》是一个宣言、一个阶级斗争的宣言。恩格斯把这句话的内容和形式变成为关于历史编纂学的性质和形式的讨论。因此，这个脚注把政治行动变成了学术争论；他用不足以完成其任务的武器来捍卫这一争论的一方。最后，在文明人和原始人对自然的关系的问题上，恩格斯退到了早先就持有的不是从人的统一性而是从二元性来看待人的立场上，一种反辩证法的立场上。

马克思从他在20世纪50年代的著作中仍然持有的这种二元性过渡到一种人类实际统一的立场，根据这种立场，原始人和文明人在他们对自然和自身的关系中，只是被他们的社会关系和生产关系、具体的社会和社会情势所分隔开来。早在《资本论》的某些段落中，特别是在关于摩尔根和梅恩著做的摘要笔记中，马克思确认了人类文化及其内部的历史过程的统一性。

---

① 《马克思恩格斯选集》第1卷，北京：人民出版社1972年版，第250页："到目前为止的一切社会的历史都是阶级斗争的历史。"

② 同上书，第251页。

上面提到的马克思在《资本论》第一卷中的那个提法，表面上看起来是把人和自然的辩证法区分开来，但不完全是这样："那种排除历史过程的、抽象的自然科学的唯物主义的缺点，每当它的代表越出自己的专业范围时，就在他们的抽象的和唯心主义的观念中立刻显露出来。"① 自然科学的唯物主义由于它的抽象而与人类历史的唯物主义区分开来，但是历史过程的唯物主义也是如此：按照马克思的看法，在对人类历史的研究中，唯物主义的、因而也是科学的方法在抽象应用时就不成其为这种方法；自然科学所代表的科学唯物主义的缺点就表现在他们的抽象的和意识形态的观念中。这段话丝毫也没有否认人的科学和自然的科学的潜在统一性，只是说要使自然科学的抽象变具体，使它所代表的抽象的和意识形态的观念受到批判；所以，《资本论》中的这个著名提法应该按照《经济学哲学手稿》中的那段话来考虑，后者也应该按照前者来考虑。然而这两段话之间的差别是相当大的：在1844年的提法中，自然界的潜力在于它的人化。马克思指的是工业，即在人类的领域内部（尽管以异化的形式）形成的那部分自然界。② 在《资本论》中以及在该书完成前后的通信中，马克思指出他头脑中的自然科学比包括在人类历史中的自然界工业部分的科学更为广泛。他写道，按照黑格尔的规律，单纯的量的变化到一定点时就转化为质的区别。③ 这既指遭到行会制度力图用强制办法防止的中世纪的手工业师傅变为资本家，同时也指现代化学中应用的分子说。马克思这个提法的脚注，恩格斯在《资本论》第三版中做了修正，然而我们看到，包括脚注在内的整个这段话阐述了那个既支配着化学中的又支配着欧洲中世纪和现代历史中的量变质变关系的规律。"应用"这个词不是指应用化学（或工业等等的化学），而是指一切化学，纯粹的、应用的等等都包括在内。马克思在

---

① 《马克思恩格斯全集》第23卷，北京：人民出版社1972年版，第410页。
② 《马克思恩格斯全集》第42卷，北京：人民出版社1979年版，第128页。
③ 《马克思恩格斯全集》第23卷，北京：人民出版社1972年版，第342—343页。

1867年6月22日致恩格斯的信中也说到了这些。① 恩格斯的手迹不仅在《资本论》第三版的那个脚注的内容中，而且在那封信中也能看到。恩格斯还给《资本论》第三版另外加了一个注，这个注原来是马克思在他自用的那本书的页边上作的，谈到经济学中的数量质量关系。② 可见，马克思的辩证法和唯物主义概念的这一方面被他既应用于人，也应用于自然界，自然界既被看作与人分隔开的，又被看作包含人的工艺的工业部分。这个问题最初是与人类史和自然史的统一分开的，但最终与它是一个问题。

马克思在《资本论》中论述资本主义积累的历史趋势的那一章中写道："但资本主义生产由于自然过程的必然性，造成了对自身的否定。这是否定的否定。"③ 马克思在1877年11月写给《祖国纪事》的信中又回到这一思想上来。④ 这个过程不是一种比较或类比，就是说，不是一种文学上的借喻。自然过程和经济过程在这一点上是同一回事：是否定的否定。这个提法在黑格尔那里和恩格斯那里都可以找到。因此，把马克思放在一边，把恩格斯作为黑格尔的应用者放在另一边，是不确切的。同时，马克思关于他与黑格尔、与辩证法和与物质世界的关系，在1873年1月24日写的《资本论》第二版跋的末尾有一段很清楚的说明。在这里，辩证法只是从它的历史的、人类的、社会的方面去理解。而且，马克思把自然工艺史即在动植物的生活中作为生产工具的动植物器官的形成史，与社会人的生产器官的形成史区分开来。他和维科一样，认为自然史同人类史的区别在于，人类史是我们自己创造的，而自然史不是我们自己创造的。与自然辩证法对立的人对自然的辩证法，马克思在《剩余价值理论》中做了阐述，这部著作在内容和形式上都与他先前的《经济学哲学手稿》、《关于费尔巴哈的提纲》和《德意志意

---

① 《马克思恩格斯全集》第31卷，北京：人民出版社1972年版，第312页。
② 《马克思恩格斯全集》第23卷，北京：人民出版社1972年版，第690页。
③ 同上书，第832页。
④ 《马克思恩格斯全集》第19卷，北京：人民出版社1963年版，第130页。

识形态》密切相符。根据《剩余价值理论》中的提法，人是自然过程的结果，但是一旦人已经存在，他就作为前提进入关系，而人只有作为自己本身的产物和结果才成为前提。① 这是马克思关于人是自我生产者的理论的首要意义。

马克思避开像"历史唯物主义"或"唯物主义历史观"这样的名称；他最接近于这种简略说法的提法是"唯物主义的、从而是科学的方法"。这种方法指与科学的抽象化对立的科学的具体化，指宗教的具体的非神秘化，因为宗教是一种抽象化。宗教的唯物主义基础是它的神秘化或天国形式，从而与它的抽象化对立的。但是这只是科学方法的一部分，正像自然史只是自然科学的一部分一样。在人类史内部有数学，按照维科的观点，数学是人创造的，所以应该属于人类史。数学有它的历史，但是它在某种程度上在历史编年史内部，在某种程度上又在任何历史编年史之外。数学与时间发展的不同关系之间的关系尚有待探索。

数学当然不是与历史或时间性有复杂关系的科学的唯一方面。历史与时间性（即对事件在时间上的研究）不是一致的。正像马克思在《政治经济学批判大纲》导言中指出的，科学的非数学方面是历史的，也是非历史的。在这篇导言论政治经济学方法的第三节中，马克思说，现象在历史上出现的先后次序和它们在科学分析中出现的先后次序不是一样的；因此科学的顺序和历史的顺序应该加以区分。

在科学的即唯物主义的方法的发展中，《德意志意识形态》占有特殊的地位。马克思和恩格斯认为这部著作极为重要，曾极力设法使之出版，最后同意在 1847 年的《威斯特伐里亚汽船》杂志上发表了一部分（对卡尔·格律恩的批判）。马克思在 1859 年的《政治经济学批判》序言中对这部著作做了确切的和赞许的评价。既然不能出版，马克思达到和恩格斯一起自己弄清问题这个主要目的就作罢了。但是恩格斯不满足于此，在 1883 年马克思逝世后，他还同爱德华·伯恩施坦讨论，争取

---

① 《马克思恩格斯全集》第 26 卷第 3 册，北京：人民出版社 1974 年版，第 545 页。

使这部著作出版，但是没有成功。这部著作论费尔巴哈的第一章是由梁赞诺夫发表的。在编者说明中，梁赞诺夫把"唯物主义历史观"和关于"经济因素在历史中占优势"的理论加以区分。这是很重要的一点，但是已和它的作者一起被人遗忘了。

《德意志意识形态》无论在编排形式上还是在实质上，都有许多不清楚的地方。实质上，这些不清楚的地方在某种程度上是由目前这种对手稿的编辑加工方式造成的。虽然这部著作是准备发表的，但是它目前的形式并不确切反映马克思和恩格斯原来写成的样子，特别是论费尔巴哈的第一章。《神圣家族》的个别章节标明是由马克思或恩格斯写的，而《德意志意识形态》则被说成整部著作是由两人合写的。《德意志意识形态》的作者问题很重要，因为它的某些提法涉及马克思对自然辩证法信奉的程度，特别是论述费尔巴哈的第一章。梁赞诺夫在编者说明中说标题为"一般意识形态，德意志意识形态"的第一节是马克思写的。但是马克思特有的文风在这一章的以后各节中也很明显。所以，我们将认为整个这第一章基本上出自马克思之手。

这一章中有两个问题与唯物主义观点的讨论有关。第一个是在这一章的副标题"唯物主义观点和唯心主义观点的对立"中提出的。按照梁赞诺夫的说法，这个副标题是恩格斯用铅笔加在这一章末尾的，加的日期没有注明。这可能是恩格斯在1888年重新翻阅这部著作时加上的，从恩格斯自己论述费尔巴哈的著作中可以为这一结论找到证据，但是不能肯定是如此。这既不是马克思的观点也不是他的词句，也许他并没有看到过。《德意志意识形态》第一卷只有论费尔巴哈的这一章有副标题（第二卷各章都有），这个问题的形式方面在这里也有助于说明不是马克思把唯物主义观点和唯心主义观点对立的概念带进论费尔巴哈这一章的。

第二个问题涉及在论费尔巴哈的这一章中多处出现的"自然"、"自发"这些词。《德意志意识形态》的英文版编者说马克思对这些词的用法是不一贯的，但是"不一贯"也许并不确切。马克思扩大了这些词的含义，把先进文明之外的人类史、与现代资本主义时代的人相对立的自然状态的人、资本主义以前的文明等包括进来。此外，这个词似乎还用来表示不是按有意识的安排产生出来的东西；例如，在论费尔巴哈的这一章的专门论述共产主义的第三节中，"自发"这个词后面有一个解释："就是说它不服从自由联合起来的个人的共同计划"。这排除了与霍布斯或卢梭有关的那种社会关系概念。马克思在《德意志意识形态》的不同地方使用"自然"、"自发"、"自发性"这些词，反映了黑格尔对完整的人和分裂的人的区分以及费尔巴哈对异化的人和真正的人或异化劳动和真正劳动的区分，前一种区分马克思在《资本论》中仍继续使用，后一种区分在马克思的《经济学哲学手稿》中非常明显。这个问题不属本文的范围，需要专门研究。在《德意志意识形态》中，马克思避开了自然哲学的体系，问题不是不一贯，而是没有得到充分的阐述。在《资本论》和《剩余价值理论》中关于自然的论述也是这样。

马克思是不让人拖着往他并没有为自己确定的方向走的。另一方面，马克思所不愿弄成一个完整体系的论述，被恩格斯在自己的著作中拼凑到了一起。这些论述凑在一起，获得了马克思本人不曾赋予它们的重要意义。主观判断不能排除，但是恩格斯加到他编辑的那一版《资本论》中去的东西，除了对化学史的一处修正这一无关大局的问题以外，没有什么不是已经用马克思自己的话和思想表达过了的。马克思并不把自然科学排除在辩证法之外，因此在这个问题的形式方面与恩格斯并没有什么不同。至于实质方面，恩格斯著作中的自然辩证法必须就其本身来判断，不能看成是马克思或马克思主义的产物。人类史的辩证法同样是他们两人以不同的方式发展的。正像胡克说的那样，这不仅仅是着重点的问题，虽然有一部分的确是这种问题。他没有提到的部分指恩格斯及其他人对马克思著作的使用，在这种使用中马克思的这些著作变成了不同正统的经典。世界观和哲学之间似乎没有什么差别。恩格斯著作的经典不是像李希特海姆说的那样是在马克思逝世后第一次问世的，恩格斯在这方面的独立创造远远早于马克思的逝世。恩格斯思想中的经典的东西存在于它的内容之外，它同时既是恩格斯在马克思逝世前后对马克思的关系，又是我们对那种关系的关系。

恩格斯的谦逊产生了一个副作用，就是在关于马克思和恩格斯的讨论中出现了某种势利眼的作风：除了在他的忠实信徒、传记作者以及其他像哈尔丹那样介绍过他的著作的人们眼中之外，恩格斯的威望受到了贬损。对恩格斯的误解近年来有所发展，其中有些人对马克思和恩格斯的思想都了解得很肤浅。

（三）马克思和恩格斯在民族学方面的著作

恩格斯的著作再没有比《家庭、私有制和国家的起源》更著名的了。这部著作的产生与马克思的一部依据同样资料来源（摩尔根的《古代社会》）的著作有密切的关系。马克思的摩尔根著作摘要笔记手稿的历史、恩格斯研究马克思的资料和摩尔根的著作的情况以及恩格斯关于这个问题的著作分别与摩尔根和马克思的著作之间的关系的形式方面，在《卡尔·马克思的民族学笔记》的前言中已做了说明。根据19世纪80年代的民族学研究状况，可以对马克思和恩格斯的著作进行一些比较。

马克思在19世纪40年代站在哲学人类学的行列中：他的博士论文、研究、黑格尔俱乐部中的活动、他发表的著作、与阿·卢格的通信等，是这点的证明。马克思关于哲学人类学写的东西比这多得多，一部分是作为对黑格尔、费尔巴哈、蒲鲁东等人的论战写出的，其中只有少数在他生前发表了。但是，不管它们是发表了还是未发表，都对我们后来在他的著作中可以看到的提法产生了影响。莫斯科和柏林的《马克思恩格斯全集》编辑部最近重版的马克思的《剩余价值理论》，使这一点变得很明显。

最近发生了关于马克思的生平和学说是否有连续性的争论。有些人，如科尔纽，认为1845—1846年的经济学著作标志着断裂点，因为这是"历史唯物主义形成"或者说马克思和恩格斯制订历史唯物主义的时候。《全集》的编者们认为这两人的著作在1845—1846年以前的时期同等地创造了辩证唯物主义和历史唯物主义的前提，在1845—1846年期间同等地进行了对它的系统制订；他们在这时创立了科学共产主义。阿尔都塞以明确的语言表述了同样的思想："从1845年起，马克思同一切把历史和政治建立在人的本质之上的理论彻底决裂。"这颇有点权威声明的味道。

我们将从马克思的著作中既有连续性又有间断性的前提出发。包括民族学、史前史、人类生物学及有关学科在内的经验人类学，马克思在世时就开始发展了。他在40年代以当时的哲学人类学方式表述的许多提法，在他后来的包括民族学笔记在内的著作中都可以看出来。

马克思的摩尔根著作笔记占B146号笔记本的98页，菲尔著作笔记占26页，梅恩著作笔记占38页，拉伯克著作笔记占B150号笔记本的8页。梅恩著作笔记与其他几个笔记不同，马克思在摘要过程中加了大量的评论和论战性意见。马克思的字写得很细，有许多省略语、缩写式，一部分是通用的、一部分是自造的。他对摩尔根的著作摘得很全，在不同的地方加了许多评论。恩格斯到1883年的某个时候才看到这个笔记本。他在1883年11月7日准备付排《资本论》第一卷第三版时，还没有好好了解这个笔记本的内容。恩格斯给第三版加的注中提到Stamm[①]，而根据他在《家庭的起源》中的概念，在这种场合本来是会用gens的，他在给《共产党宣言》1888年版加的注中就是这样用的。恩格斯在1884年1月初开始寻找摩尔根的原书。由于找不到，他根据马克思的笔记为该书编写了一个梗概，当伯恩施坦1884年2月底至3月初在伦敦逗留时，曾把它读给伯恩施坦听。在1884年3月下旬他找到了一册摩尔根的原书，由于掌握了摩尔根的书、马克思的笔记、他自己编写的梗概，再加上有渊博的背景知识，他接着用两个月的时间就完成了他的

---

① 《马克思恩格斯全集》第26卷第3册，北京：人民出版社1974年版，第389—390页。Stamm一般指"部落"，这里中译者按照恩格斯后来的概念，把它和gens一样译为"氏族"。

小册子。恩格斯在那个时期的通信中没有提到在 B146 号笔记本中也包含有的菲尔或梅恩的著作；他在一封给考茨基的信中，后来又在一封给保·拉法格的信中提到莫尼的书，在给拉法格的信中提到了梅恩的名字，但是没有提到他的任何著作。① 马克思做过摘记的民族学领域的其他著作，有约·拉伯克爵士的《文明的起源》（1870），对这本书他是在 1882 年才进行研究的。此外，马克思还对俄国社会学家柯瓦列夫斯基的一部著作作了详细摘要，并且加了评论。

马克思在哲学人类学方面进行工作的时候就开始研究经验人类学了。那时他已经读了沙尔·德·布罗斯、克·迈纳斯及其他研究原始民族的学者的著作。他定居伦敦后不久，又重新开始了民族学的研究。1851 年，他对 W.C. 泰勒的《野蛮和文明状态中的社会的自然史》（1840）一书做了摘要。从那时起，他非经常地研读民族学方面的书籍，到 19 世纪 70 年代末 80 年代初，他又在这个领域进行紧张的工作。有时，他要他的朋友为他做书刊摘要，恩格斯按照马克思的请求读了 H.H. 班克罗夫特的《太平洋国家的土著人种》（1874—1876）一书的一些章节。

马克思是由于他的"学术朋友"柯瓦列夫斯基的推荐而对摩尔根的书发生兴趣的。摩尔根的书所根据的材料一部分是他自己在易洛魁人当中的研究以及他的一些朋友和通信者在大洋洲的研究，还有一部分是摩尔根对古希腊罗马人以及在较少的程度上对希伯莱人的研究。关于北美洲和大洋洲的民族学，马克思对摩尔根没有什么可以补充，但是在古代和中世纪的民族学方面，他补充了许多自己的资料。恩格斯在写《家庭、私有制和国家的起源》时，除了摩尔根和马克思的资料和论据以外，又补充了一些他自己的东西。

恩格斯在该书的序言中写道，这"在某种程度上是执行遗言"，马克思曾打算"联系他的——在某种限度内我可以说是我们两人的——唯

---

① 《马克思恩格斯全集》第 36 卷，北京：人民出版社 1974 年版，第 112、194 页。

物主义的历史研究所得出的结论来阐述摩尔根的研究成果"。恩格斯提到马克思写在摩尔根一书的详细摘要中的批语,然而说他的书只能"稍稍补偿"马克思未完成的工作。①

恩格斯接着说道:"根据唯物主义观点,历史中的决定性因素,归根结蒂是直接生活的生产和再生产。但是,生产本身又有两种。一方面是生活资料即食物、衣服、住房以及为此所必需的工具的生产;另一方面是人类自身的生产,即种的繁衍。"② 恩格斯这句话受到亨·库诺夫、伯恩施坦以及苏联和民主德国的《马克思恩格斯全集》的编者们的批评。社会中的生产和再生产应该和生物学上冠有同样名称的过程区分开来。

曼亨-赫尔芬把促使恩格斯没有区分生物学上的生产和社会经济生产的观念追溯到《德意志意识形态》。如果是这样的话,那么《德意志意识形态》这部著作或有关的章节就必定离开了历史中的经济因素的领域。的确,恩格斯力求区分原始社会和先进社会;在前者中,经济因素让位于亲属关系的因素。然而,曼亨-赫尔芬在《德意志意识形态》中指出的证据不是很明确的。马克思在那里写道:"人们用以生产自己必需的生活资料的方式,首先取决于他们得到的现成的和需要再生产的生活资料本身的特性。这种生产方式不仅应当从它是个人肉体存在的再生产这方面来加以考察"。③ "人们用以生产自己必需的生活资料的方式"是"生产方式"(社会中和社会的经济中的),它"不仅应当从它是个人肉体存在的再生产这方面来加以考察"。个人肉体存在的再生产,与两性配偶或类的肉体存在的再生产并不是同一回事。正像库诺夫等人指出的那样,再生产这个词既可指两性的过程,也可指社会经济过程。马克思在这里是不是除了指经济的再生产,还指生物学上的再生产,并不清楚。

---

① 《马克思恩格斯选集》第4卷,北京:人民出版社1972年版,第1页。
② 同上书,第2页。
③ 《马克思恩格斯选集》第1卷,北京:人民出版社1972年版,第25页。

曼亨-赫尔芬认为马克思和恩格斯已经把生物学过程包括到唯物主义观点中，因为他们并没有把生产力的概念看作纯经济的概念，后来生产力这个不明确的观念被抛弃了，重新把它拣起来的是恩格斯而不是马克思，因为恩格斯设想了一个"经济以前的"时期。库诺夫认为恩格斯的这种观念是错误的，唯物主义历史观应该具有统一性。恩格斯采取了《德意志意识形态》那个提法可能包含的意义的一个方面。可是，如果那里指的是生物学上的再生产，那么这部著作的这一部分就必须从恩格斯的历史唯物主义经典、即经济因素在历史解释中占优势的经典，从普列汉诺夫的辩证唯物主义的经典等等当中被剔除出去。

马克思论自然规律、原始社会和文明社会

马克思在他的摩尔根笔记中的许多地方谈到早期人的生活中的经济和社会因素问题。他把等级制度①完全看作一种服从社会规律的社会现象，而在《资本论》的论述分工和手工业的那一章中他写道："种姓和行会由以产生的自然规律，就是调节动植物分化为种和亚种的那个自然规律。不同的只是，种姓的世袭性和行会的排他性发展到一定程度会当作社会法令来颁布。"② 马克思在这里区分社会的不同发展阶段：一方面，支配等级的世袭性等等的规律与自然规律是一样的；另一方面，它们又服从人类的法令。这个提法中模棱两可的地方是，按照一种解释，古代社会的等级制度被理解为完全是一种自然现象；按照这种解释，一种服从社会法令的完全不同的规律在人类社会的另一个发展阶段起作用。按照第二种解释，古代规律中的世袭因素是自然的，正如在动植物中一样；它们被作为社会法令颁布的事实既不改变在较后发展阶段上的世袭性的自然内容，也不取消在较早发展阶段上的世袭性的社会内容。马克思的摩尔根著作摘要中那段论述等级制度的话把这种模棱两可澄清了，只能按第二种解释来理解。恩格斯在《家庭的起源》中选择了第一种解释所提出的立场。这种立场不是从一种关于人的完全社会的概念

---

① 《马克思恩格斯全集》第45卷，北京：人民出版社1985年版，第470—471页。
② 《马克思恩格斯全集》第23卷，北京：人民出版社1972年版，第377页。

中产生出来的，或者说是与这种概念不一致的。马克思在1844年的《经济学哲学手稿》和《关于费尔巴哈的提纲》中提出了这种概念，在50年代末的著作《政治经济学批判大纲》和《政治经济学批判》序言中又有进一步的论述。《剩余价值理论》，特别是其中的第三卷对它又有进一步的发展。马克思在《资本论》中补充新的资料和见解，继续完善他对这种立场的论述。从马克思根据摩尔根的《古代社会》和梅恩的《早期制度史》做的摘要和笔记可以看得很清楚，马克思认为社会生活中的经济影响无论在人的文明生活还是早期生活中都是首要的因素。恩格斯对经济因素在人的原始生活和文明生活中的作用所作的区分，并不符合马克思自己在关于摩尔根的评论和对梅恩的批驳中所表达的结论。马克思关于加拿大育空河地区的库钦部落写道，他们有"三个社会等级，或阶级"，它们都是在等级之外通婚的单位。马克思就此评论道："而以氏族原则加征服这样的方式，不会使氏族逐渐形成为等级吗？"接着他补充说："一旦在氏族的血缘亲属之间产生等级之分，这就同氏族原则发生冲突，而氏族就会僵化为自己的对立面即等级。"①在这里，等级不是继氏族之后、而是与氏族同时发生的，是氏族的对立物；它被看作是社会的文明组织的一部分。这样，原始人和文明人之间的又一条分界线被马克思排除了。

社会通过各种阶段和亚阶段的演进（一）

亚里士多德认为人类社会的演进是从野蛮走向政治生活的。人的社会生活的第一种形式是家庭，但是村子的出现在国家之先，国家是相当大量的村子的结合，几乎或完全能自给自足。亚里士多德所说的国家是polis，这是希腊人喜爱的一种社会生活形式，但是当时其他许多民族并不喜爱。亚里士多德把人按其本性称作zôon politikón。但是这个本性（Phýsis）不是在每一个人类社会中都实际存在的，因为他提到有些人并不生活在polis中。所以，我们的结论是，polis是人类生活的状况，它

---

① 《马克思恩格斯全集》第45卷，北京：人民出版社1985年版，第471页。

是一些人的实际本性，另一些人的潜在本性。某些亚里士多德的评论家，如圣托马斯，在这方面并不作实际和潜在的区分。黑格尔采用亚里士多德的概念；在他的《逻辑学》第二版前言中，黑格尔引用亚里士多德的意见说，只有在生活必需品得到保障以后，埃及人才转向哲学。亚里士多德后来补充说："数学在埃及很早得到发展，是因为教士阶级很早就处于有闲暇的地位。"

黑格尔提出了由低级向高级发展的思想，并且把它应用于人类的历史和社会。李奇曾提醒人们注意黑格尔的发展概念是一种思维过程。华莱士指出，黑格尔不是生物学的进化论者，但是他是社会的进化论者。除了这里提到的个别观点以外，黑格尔的总的体系如何有助于19世纪类型的进化论，已由费舍尔以及再后的卡西勒尔所说明。达尔文这样谈到结构的不变和变之间的辩证关系："我现在承认，在我的《物种起源》的前几版中，我也许过分注意自然选择或适者生存了。我对《起源》的第五版作了修正，把我的看法局限在结构的适应性变化上；但是我根据最近几年的经验确信，许多现在看来无用的结构以后将显得有用，因此会进入自然选择的范围。不过，我以前没有充分考虑到存在着既不有益也不有害的结构，我认为这是我这部著作中至今发现的最大的疏忽之一。"达尔文所表达的结构和适应性变化的相互关系，是具体化的存在和形成之间的辩证的相互关系，而它曾被黑格尔潜在地作为这种关系、实际地作为一种抽象的潜在性表达过。马克思发展了黑格尔的这一方面。他与达尔文的关系已由他们两人共同持有的自然界的反目的论所确定。达尔文反对关于自然选择引起物种中的变异的概念，反对关于自然选择意味着有意识的选择的概念。达尔文说："我说自然，只是指许多规律的总的行动和产物，而规律只是指我们所弄清的事件发生的顺序。"马克思在给恩格斯的一封信中说，达尔文的《自然选择》一书"为我们的观点提供了自然史的基础"[①]。而在一封给拉萨尔的信中，马

[①] 《马克思恩格斯全集》第30卷，北京：人民出版社1974年版，第131页。

克思说:"虽然存在许多缺点,但是在这里不仅第一次给了自然科学中的'目的论'以致命的打击,而且也根据经验阐明了它的合理的意义。"①

马克思在《德意志意识形态》、《共产党宣言》、《政治经济学批判》、《资本论》、《剩余价值理论》等著作中,对人从动物王国发展出来的理论以及人作为人发展的理论有大量的阐述。他密切注视生物学上的发展。然而,他把达尔文的自然哲学与他的社会哲学区分开来。例如,他批评达尔文接受马尔萨斯关于人口和人类社会的思想,但是并不改变他对作为生物学家的达尔文的评价;他赏识的是作为自然哲学家的达尔文。

另一方面,恩格斯表述了生物学的进化理论的立场。恩格斯并没有考察达尔文后来得出的物种的保持和变异的相互关系,如果恩格斯对它进行了考察的话,他也许会把它表述为辩证的对立和转化。恩格斯只是考察了重复的个体变异的原因,他指责达尔文忽略了这一点。② 恩格斯的《自然辩证法》表达了同样的观点。着重点通篇放在形成上,完全撇开与存在的关系。而且,在后一部著作中,恩格斯把讨论引进了社会达尔文主义的领域。但是恩格斯对这种学说提出的批评是很不够的,因为他写道:"把历史看作一系列的阶级斗争,比起把历史单单归结为生存斗争的差异极少的阶段,就更有内容和更深刻得多了。"③ 这的确只是对社会达尔文主义的形式方面的温和攻击。内容方面完全没有触及。不是社会达尔文主义在历史观方面比阶级斗争学说更贫乏和肤浅,而是它与阶级斗争学说完全不同,因为它们在人和社会的本性以及人和社会的相互关系方面是从不同的前提出发的。

在恩格斯的著作中,包括社会进化在内的人类进化学说,无论在其直接的还是附带的发展方面,都只是部分地和科学唯物主义,或者在具

---

① 《马克思恩格斯全集》第30卷,北京:人民出版社1974年版,第575页。
② 《马克思恩格斯选集》第3卷,北京:人民出版社1972年版,第109页。
③ 同上书,第573页。

马克思《马·柯瓦列夫斯基〈公社土地占有制,其解体的原因、进程和结果〉一书摘要》研究读本

体形式上和辩证唯物主义有关系。恩格斯采取了单线的发展观点,而且在这一点上比摩尔根更严格。摩尔根偶尔还有关于多线发展的一些考虑。例如,新世界和旧世界在他的描述中是按不同的线索发展的,因为他发觉新世界在被发现以前不曾有过对动物的驯养。因此他寻找在两个半球之间相等的形式。马克思对这一方面没有补充任何自己的东西,但是把它摘抄下来了。摩尔根偶尔提到一条发展线索对另一条发展线索的横向影响,马克思摘抄了这些情况,并且以赞许的口气补充了一些他自己的资料。这些思想线索在恩格斯的《家庭的起源》中是看不到的。

家庭的起源无疑是恩格斯这部著作的最薄弱的方面。库诺夫第一个对它提出了批评。顿凯尔采取了与库诺夫同样的观点。马克思从摩尔根那里把家庭体系接过来,只表达了少数几点不同看法。摩尔根把古希伯莱人和罗马人的父权制家庭看作是离开家庭发展主线的例外情况,从而反对亨利·梅恩的看法,反过来又受到 M.柯瓦列夫斯基的反对。恩格斯采纳了家庭从母权制到父权制的简单发展体系,像在摩尔根的著作中一样不考虑希伯莱和罗马的变形。在《起源》的第四版中,恩格斯吸收了柯瓦列夫斯基关于家长制家庭的资料①,但是将第一版和第四版加以比较可以看出,恩格斯并没有根据柯瓦列夫斯基的著作改变他的观点。他并没有把摩尔根和柯瓦列夫斯基的相反体系统一起来。

顿凯尔批评恩格斯对家庭发展的立场,然而赞扬他对国家发展的描写。相反,卢卡奇在他的早期著作中没有发现恩格斯关于家庭的阐述有什么错误,但是批评他对雅典国家形成的描写。恩格斯认为雅典国家的产生乃是一般国家形成的一种非常典型的例子,他的理由是,它是在没有受到任何外来暴力的干涉下以纯粹的方式进行的。② 卢卡奇反对这种观点,认为这是"不完全确切的,而且对这个发展阶段的过渡来说是完全不典型的"。对恩格斯的指责又是简单化。恩格斯所要解决的是一个比较复杂的问题,需要进行详尽的阐述,可是恩格斯对它的说明却太简

---

① 《马克思恩格斯选集》第 4 卷,北京:人民出版社 1972 年版,第 52 页。
② 同上书,第 115 页。

略了。通过征服形成国家的理论在当时为许多人所相信；不久之后 L.古姆普洛维茨和 F.奥本海默就从这个立场来论述国家的形成，这导致了暴力论。恩格斯在他的《反杜林论》中就已对这种理论进行了批判。恩格斯清楚地证明了，国家形成过程中的内部暴力是经济性质的，外部因素则使情况变得不清楚和很复杂。卢卡奇提出的简单化的指责一部分是有道理的，但是显然情况比他所说的更复杂，他也犯了简单化的毛病。

在库诺夫、伯恩施坦、顿凯尔、卢卡奇对家庭和国家的起源的讨论中，恩格斯所设定的中项没有被看到。柯瓦列夫斯基的文章没有什么不同，因为他关心的是恩格斯著作的"理论"和"政治"方面，而不是经济因素在古典古代社会研究中的作用。恩格斯对私有制起源的论述分散在他对其他题目的讨论当中。在简略地概述了史前的蒙昧和野蛮文化阶段之后，他把他的书分成以下各章：家庭、易洛魁人的氏族、希腊人的氏族、雅典国家的产生、罗马的氏族和国家、克尔特人和德意志人的氏族、德意志人国家的形成、野蛮时代和文明时代。各章的标题把读者的注意力引向家庭、氏族和国家的制度，各个文化发展阶段和被论及的民族同样被突出来，但是所有权制度无论在各章的标题和小标题中都看不到，除了在书名中提到以外，在内容中是分散到各处的。另一方面，摩尔根在《古代社会》中用第四编专门论述"财产观念的发展"。马克思在他的笔记中改变了在摩尔根著作中的顺序，把这第四编放在第二编里使得他根据这一编做的摘要在整体中所占的比例大于在摩尔根著作中的比例。

然而，恩格斯把所有制问题当成中心问题。他写道，对出生自一定的父亲的社会承认"之所以必要，是因为子女将来要以亲生的继承人的资格继承他们父亲的财产"[①]。在希腊的英雄时代，氏族制度已开始衰落；这点的证据是父权制、财富在家庭内部的积累、财富的不平等分配及其反作用、世袭贵族的最初萌芽；新获得的财富；私有财产的神圣

---

① 《马克思恩格斯选集》第 4 卷，北京：人民出版社 1972 年版，第 57 页。

化；国家被发明出来保障财富以及社会分裂为有产阶级和无产阶级的永久化，等等。① 这些段落阐述了国家形成的客观方面和财产及其在私人手中的积累等等的中心作用。

摩尔根详细讨论了这些过程，特别是在《古代社会》的第二编第十章中。他在这里阐述了据认为是提秀斯进行的改革，他认为提秀斯不是一个人，而是代表一个时代；他提到阿提卡社会被划分为三个阶级："这一阶级划分不仅是承认财产和贵族分子在社会管理中的地位，而且也是一次直接反对氏族掌权的行动。"马克思在摘抄这一段后补充道："普卢塔克所说的'卑微贫穷的人欣然响应提修斯的号召'，以及他所引用的亚里士多德所说的提修斯'倾向于人民'这些话，和摩尔根相反，显然表明氏族酋长等人由于财富等等已经和氏族的群众处于内部冲突之中，这种情况，在存在着与专偶制家庭相联系的房屋、土地、畜群的私有制的条件下，乃是不可避免的。"②

摩尔根在这一点上没有援引普卢塔克或亚里士多德，这是由马克思连同他对摩尔根的反对意见作为一种插入的评论加进来的。恩格斯在这个问题上完全按照摩尔根的阐述，略去了马克思的这些考虑。但是马克思提出的问题，除了他在一夫一妻制家庭和私有财产之间所作的联系以外都是很重要的。第一，他在氏族的领袖和群众之间的关系问题上与摩尔根争论。第二，争论的内容不仅涉及财产和管理关系的客观和公开方面，而且涉及领袖和群众之间的利益冲突。马克思在此处并没有详谈利益问题，但是在对亨·梅恩著作做的摘要中他又回到这个问题上来。他在这里清楚地说明了，利益问题有一个客观方面和一个主观方面，这两个方面是相互有关联的。③

马克思写道，国家在社会发展的一定阶段是社会的赘疣，当那个发

---

① 《马克思恩格斯选集》第4卷，北京：人民出版社1972年版，第104页。
② 《马克思恩格斯全集》第6卷，北京：人民出版社1961年版，第516—517页。
③ 《马克思恩格斯全集》第45卷，北京：人民出版社1985年版，第581、586、609、612页。

展阶段不存在了，国家就消失了。至于这一过程的开始："先是个性摆脱最初并不是专制的桎梏[……]，而是群体即原始共同体的给人带来满足和乐趣的纽带——从而是个性的片面发展。"① 至于后者的真正性质，它只有在我们分析内容即这个"个性"的利益时才会显露出来。马克思把这个个性放在引号中，把它看作某种不是或不完全是所显露出来的那种样子的东西。个性既是属于个人的，同时又不仅是属于个人的。利益有内外两面，就像个人的内容与形式的关系一样。这个个性的内容就是利益，利益在一方面是人类个体的主体性。马克思接着写道："那时我们就会发现，这些利益又是一定的社会集团共同特有的利益，即阶级利益等等，所以这种个性本身就是阶级的个性等等，而它们最终全都以经济条件为基础。"② 这样，个性的内在的、主体的内容就变成了个人的外在的、社会的关系，而这就是社会经济阶级。形式变为内容同时就是个人利益变为它的另一面即集团利益，主体性变为客体性，以及内在性变为外在性。这些是以其相互关系表现出来的，这些相互关系本身是复杂的，因为它们一方面是对立面，另一方面是个人和社会阶级的组成成分。对立面又是社会阶级之间的，阶级内部的个人之间的。最后，利益是个人内部的对立面。

恩格斯则提出卑劣的贪欲作为历史的主观因素，他认为这种贪欲"是文明时代从它存在的第一日起直至今日的动力"③。一方面，恩格斯关心的不仅是人的外表，而且还有他的内部生活。另一方面，这个意见的实质还和历史中的客观影响有相互关系。

恩格斯虽然只是偶尔积极从事民族学研究，但是他有这个领域的发展观念，这一点比马克思强。恩格斯写道，摩尔根所提出的分期法只能暂时被接受，它只有在没有重要的新资料补充到这门发展的科学中来时

---

① 《马克思恩格斯全集》第45卷，北京：人民出版社1985年版，第646页。
② 同上书，第647页。
③ 《马克思恩格斯选集》第4卷，北京：人民出版社1972年版，第173页。

马克思《马·柯瓦列夫斯基〈公社土地占有制,其解体的原因、进程和结果〉一书摘要》研究读本

才是有效的。① 正像通常可以预期的那样,他的分期法并未能维持很久。然而这种对问题的观念是纯粹理论上的,因为《家庭的起源》的一般理论概念从 1884 年到 1891 年并未因此发生任何变化。在那段时间里,除了被恩格斯评论过的著作以外,还出版了 F.波阿斯论爱斯基摩人、波·道金斯论史前史的著作,以及 G.德莫尔蒂耶、A.H.兰福克斯、S.雷纳赫、A.H.骚瑟、F.西波姆、W.罗·斯密斯等人的书。恩格斯主要在他的《论日耳曼人的古代历史》的文章中探讨了道金斯的著作。

马克思的摘要是根据 1870 年至 1880 年之间出版的书籍做的。当时有许多活动,但是在英国有关领域中的主要人物是查·达尔文和赫·斯宾塞。马克思给这两人赠送了他的《资本论》,他们已经就人和社会的研究表达了自己的立场。达尔文对拉伯克的影响是众所周知的。当达尔文的著作最初问世时,马克思密切注视着发展情况,因为他在当时给恩格斯和拉萨尔的信中以及在《资本论》的脚注中都评论了达尔文。后来达尔文的著作如何影响拉伯克、E.雷·兰卡斯特等人的情况,马克思没有评论。恩格斯的著作谈到了各种资料、对这些资料的解释和理论之间的相互关系,对民族学说来是一个具有决定意义的贡献。

恩格斯的《起源》从第一版到第三版没有什么改动。出第四版时(1892),他除了在词句上做了许多修改以外,还对第二章(家庭)和第七章(克尔特人和德意志人的氏族)作了相当大的变动。第二章的变动吸收了马·柯瓦列夫斯基关于家庭起源(1890)、亨·库诺夫关于古代秘鲁(1890)、法森和豪伊特关于澳大利亚土著居民(1880)的进一步研究成果,以及老一辈著作家的其他资料:A.霍伊斯勒论中世纪的德意志人;巴霍芬论母权制(1861);梅恩的《古代法律》(1861)以及沙·傅立叶的著作。此外还增加了对荷马、欧里庇得斯、尼贝龙根之歌等的引证。第二章的总篇幅在第四版中增加了三分之一。第七章的变动包括从柯瓦列夫斯基、格林以及古北欧民谣中补充的资料。法森和豪

---

① 参看《马克思恩格斯选集》第 4 卷,北京:人民出版社 1972 年版,第 17 页。

伊特的资料，他是在书的开头涉及他的纲领性立场的地方补充进去的。但是，不管这些新资料就本身来说如何重要，都没有能使恩格斯改变他的观点的整个体系。然而，柯瓦列夫斯基关于家庭发展体系的看法与摩尔根的看法是不同的。恩格斯按照他自己的科学计划，本来应该说明他为什么在争论中选择一方而不选择另一方的理由。V.G.恰尔德曾企图在摩尔根和恩格斯的一般理论意向的基础上，根据在19世纪末和20世纪中叶之间对人类学补充的新资料，制订出一个新的体系来（见他1951年出版的《社会的演变》一书）。

（待续）

二 〔美〕劳·克拉德：马克思和恩格斯在民族学著作方面的比较（二）*

社会通过各种阶段和亚阶段的演进（二）

对马克思和恩格斯在民族学领域的著作进行比较的下一个问题，涉及人类社会向文明时代或政治上组织起来的社会过渡中的发展阶段。摩尔根谈到了古代氏族的自由、平等和博爱，随后在氏族的瓦解中形成军事民主制，在这一点上恩格斯紧紧追随摩尔根。这里涉及荷马时代希腊的军事指挥官basileus（巴赛勒斯，有时译作"王"）。摩尔根援引易洛魁、阿兹忒克和希腊的领导人作例子，认为在野蛮时期有民政首领和军事首领之分。荷马时代的希腊人在他的分析中一方面有军事指挥官，另一方面除了军事的、司法的和僧侣的权力以外有管理权。摩尔根把这种统治形式看作是野蛮时代高级阶段末期的一个特殊的亚阶段，恩格斯在这一点上追随他。

马克思认为荷马时代的社会组织的概念是这样的。每一个氏族都起

---

* 本文选自中央编译局编：《马列主义研究资料》第4辑总第50辑，北京：人民出版社1987年版。

源于某一个神，部落酋长则起源于一个更显赫的神。甚至人身不自由的人，例如牧猪人优玛士和牧牛人菲洛修斯也都是出身于神，在《奥德赛》中，也就是在比《伊利亚特》晚得多的时候是这样。在《奥德赛》中把"英雄"的称号也给予传令官木利奥斯和盲人歌手德英多克，等等。《奥德赛》用来称呼亚加米农的"科伊拉诺斯"这一词和"巴赛勒斯"这个词一样，也仅仅意味着"战争中军队的统帅"。"希腊著作家用来表示荷马时代王权的**巴赛勒亚**一词（因为这一权力的主要特征就是**军事的统率**），在同时存在**酋长会议**和**人民大会**的情况下，其意不过是一种**军事民主制**而已。"①

这种提法与摩尔根和恩格斯的不一样。摩尔根和恩格斯把"军事民主制"作为一种正式的范畴。然而马克思把军事民主制当作一种比喻，而不是人类发展的一个明确的亚时期或阶段。军事领袖、酋长会议和人民大会加在一起，构成一种类似军事民主制的东西。这种比较松散的表述，意味着马克思对他所看到的那种形式的分期法没有明确表态，或者表示怀疑。

（四）从哲学人类学到经验民族学

在关于费尔巴哈的第六条提纲中，马克思写道："费尔巴哈把宗教的本质归结于**人**的本质。但是，人的本质并不是单个人所固有的抽象物。在其现实性上，它是一切社会关系的总和。"② 社会关系是古典经济学家的鲁宾逊·克鲁梭形象中包含的孤立个人的对立面。马克思不断反对鲁宾逊形象，反对类似鲁宾逊漂流记的故事。孤立的个人不仅是古典经济学家和经济学中的主观价值论的虚构，而且也是社会契约论的前提。社会契约论提出，个人为了达到他们的目的——和平、不再担惊受怕、改进物质生活和更加长寿——而彼此间订立契约，组成一个社会。在社会契约论者霍布斯、斯宾诺莎、卢梭直至斯宾塞的理论中，个人存

---

① 《马克思恩格斯全集》第45卷，北京：人民出版社1985年版，第511—512页。
② 《马克思恩格斯选集》第1卷，北京：人民出版社1972年版，第18页。

在于社会之先,个人的存在是社会成立的先决条件。马克思的思想是,人只存在于社会中,社会是人的生活的一个条件,正像人是社会的条件一样(没有个人就不存在社会)马克思用"人的本质"这个说法来表示这一点。他所说的"人的本质",不是抽象的而是具体的,不是天生的而是后天的。在它的具体性和现实性上,它是人类关系的总和,一种抽象的内在本质的对立面。从这当中能够做的文章太多了,因为马克思避开了人的东西的本体论。他只说到人存在于社会中为止,至于人只是一种社会存在物,个人身上的社会的东西是他作为人的存在的要素,他留给别人去论证。

马克思在他的许多著作中提出了关于人身上存在着社会的东西的思想:《政治经济学批判大纲》、1859年的《政治经济学批判》、《资本论》等。人是而且只可能是社会中的存在物,19世纪早期的空想社会主义者和共产主义者把这作为口号来反对当时在欧洲当权的个人主义的社会经济学说。马克思和恩格斯在《共产党宣言》中,后来恩格斯又在《社会主义从空想到科学的发展》中明确地说明了他们的学说。社会主义和共产主义这两个词并不是严格分开的,恩格斯断言,马克思和他当时决定用这个或那个词,是由于实际的原因而不是理论的原因,即为了与罗·欧文、沙·傅立叶等的追随者区分开来。① 然而,他们仍然是社会主义者,没有把社会主义者这个词在理论上与共产主义者区分开来。

斐·滕尼斯虽然不接近马克思或马克思主义,然而他在自己的书中在六七处提到马克思和他的著作,以表示他的敬意。滕尼斯的《公社和社会》表达对政治运动中的个人主义的极度反对,因为他和他的老师亨·梅恩一样,是从人是社会动物这一前提出发的。不过,梅恩从断定人是社会存在物开始,然后从作为身份的生活形式进到契约形式。滕尼斯的"公社"是在身份形式中产生的,在这种形式中,个人是社会的

---

① 参看《马克思恩格斯选集》第1卷,北京:人民出版社1972年版,第244页。

实体，而在梅恩那里，家庭是这种实体。滕尼斯从个人主义者的学说中借用了意志的概念，断言在"公社"中有意志。滕尼斯把社会主义和共产主义这两个名词放在一起，但是不是以说明"公社"（Gemeinschaft）和"共产主义"（Communism），"社会"（Gesellschaft）和"社会主义"（Socialism）有共同辞源基础的方式。而马克思通常是把"公社"（Gemeind，Gemeinwesen）与"社会"（Gesellschaft）截然分开的；他也把亚里士多德关于人的定义从"社会动物"改成"国家公民"。在马克思的《政治经济学批判大纲》和《资本论》中，对公社（Gemeinwesen）赋予很大的注意。对摩尔根、梅恩和菲尔著做的摘要为马克思在这个领域的思想补充了很多材料。

1. **原始公社和农民公社**

马克思对农民公社、原始社会的集体公社制度和个人在社会中的地位的关心有许多方面，其中之一是对亚细亚社会或亚细亚生产方式的讨论。亚细亚社会的基础是农民公社，农民公社内部又包含有许多集体制度。马克思认为这种制度属于共产主义的低级形式，研究这种低级形式，可以发现未来的高级形式的某种东西，他在给查苏利奇的回信草稿中，在《共产党宣言》1882年俄文版序言中和在摩尔根著做的摘要中，就是这样说的。摩尔根的观点是，人追求财产的生涯对人的精神有歪曲的作用，这个观点与马克思的观点并不是不相容的。所以，他开始了对古代氏族、东方公社和欧洲农民制度的研究。此外，由于这些公社从古代一直延续到现在，它们表明人类发展除了通过资本主义道路以外还有另一个方向。这是对人的现在和未来问题的多元态度，一种反决定论的态度。

马克思不仅研究了古代的公社形式，而且补充了农民公社的资料，他的最重要的来源是G.L.毛勒，他从毛勒的著作中采用了大量关于日耳曼古代的材料。此外，他还研究了许多关于斯拉夫农民制度和东方公社的著作，其中包括梅恩和菲尔的著作。我在《卡尔·马克思的民族学笔记》一书的前言中已详细介绍了马克思对农民公社的研究情况，这里只谈几个附带的问题。

第一个问题涉及公社和集体性之间的差别。这种公社可能是农村的或城市的；的确，在主要成分是农民的民族、社会、文明中，城市制度都受到农村制度的强烈影响。例如，我曾描写过19世纪俄国的起源于农民的生产集体（劳动组合）。在直至19世纪、甚至20世纪的东欧，在古代的希腊和罗马，在古代的东方和其他地方，都有过生产或消费的集体制度。

在关于凯撒的《高卢战记》、塔西佗的《日耳曼尼亚志》和日耳曼的"马尔克"、俄国的"米尔"、南方斯拉夫的"扎德鲁加"和东方的公社的讨论中，提出了公社集体性的问题。马克思在他的摩尔根笔记结尾处补充了一系列他从凯撒、塔西佗和塔西佗的解释者利普西乌斯的著作中做的摘记，它们是摩尔根的著作中没有的，大部分谈的是古代日耳曼民族的集体制度。至于他当时脑子里考虑的是印度的公社问题，可从他把菲尔的《雅利安人村庄》（*The Aryan Village*）误写成"雅利安人公社"（*The Aryan Commune*）看出来①；他研究雅利安人的村庄，在某种程度上正是为了研究印度的公社。摩尔根著作摘要包括有马克思补充的论南方斯拉夫的"扎德鲁加"、俄国的"米尔"及有关制度的材料，在梅恩著作摘要中同样有关于公社生活的讨论。

对古代公社集体组织中的公共的和私人的关系和惯例之间的差别，马克思只是开始了考察而已；同样，在古代氏族的瓦解中，从身份向契约的过渡只是被马克思作为事实对待。文明状态中的公共财产与私有财产问题同原始状态中的共同集体享有相对立。马克思同梅恩和摩尔根一样，把古代的民族看作是集体，不同的只是梅恩赞美个人、个人的财产所有制、法律和道德地位的出现，摩尔根则哀叹财产的出现、在文明时代对财产的过分追求以及这对人及其精神世界的有害影响。恩格斯对摩

---

① 参看《马克思恩格斯全集》第45卷，北京：人民出版社1985年版，第688页（中译者把Village和Commune都译成了"村社"，本文作者所说的这层意思就看不出来了）。——译者注

尔根真心诚意地表示赞同，马克思并没有表示异议。

确认人是社会存在物的概念，在19世纪40年代早期马克思的许多著作中都可看到。他后来又对它继续进行研究，但是关于原始社会只是简略地涉及。然而原始公社的生活与这早期的思想有密切的联系，后来他在对毛勒、柯瓦列夫斯基、摩尔根、梅恩、菲尔和拉伯克的著做的摘要中又继续进行研究。马克思所假定的原始公社和人的个性之间的关系，不仅与梅恩相反，而且也与霍布斯和卢梭相反。研究从原始公社的过渡，不仅是为了研究其本身，而且也是为了理解社会过渡问题、先前的原始共产主义状况、后来的社会分为阶级的状况以及原始共产主义对在文明条件下向共产主义过渡的教训。柯瓦列夫斯基曾把从原始公社过渡的基础与私有制的发展联系起来。他假定了一种在共同占有土地并且隔一定时间重新分配土地的公社村子里或亲属公社里的初民生活。较远的亲属的增加和新的移民的到来，造成对较远的亲属和新的移民不利的不平等分配。较近的亲属和较老的居民占有着较大的（也许是较好的、较肥沃的？——柯瓦列夫斯基在这里简单化了）份地，他们看到，如果其他人被赋予平等权利，他们的财富就要减少，为了自卫而将这些较大的份地转变为私有财产。柯瓦列夫斯基然后提出了一种把占有时效先定为20年，后定为10年，一达到这个时效就合法地永远取得土地权的理论。马克思评论道："这样说要简单得多：**份地的不平等已经很大**，这种不平等必然逐渐地造成财富、要求等等方面的各种不平等，简言之，即造成各种社会的不平等，**因而产生争执**，——这就必然使事实上享有了特权的人极力**确保自己作为所有者的地位**。"①

马克思接受了关于原始的分村氏族公社、共同土地所有制、各个家庭之间隔一定时间重新分配土地以及有某些较远的氏族成员和新的移民到来的概念。土地分配的不平等造成争执，于是拥有对土地的优先要求权的老居民为了自卫而建立了私有制。（自卫是双重意义的，第一是维

---

① 《马克思恩格斯全集》第45卷，北京：人民出版社1985年版，第247页。

持优先的权利,第二是在发生麻烦时防止侵犯。)然而,分为氏族集团定居,必须以氏族公社的各支系在空间上的分隔为前提条件,空间上的分隔又与离开原来定居地的时间上的距离有联系。这是柯瓦列夫斯基和马克思之间的共同基础。然而,柯瓦列夫斯基提出血亲意识的因素而不是氏族不同支系分居各地的事实作为有促进作用的原因。马克思反对把意识因素这样引进历史。①

按照马克思对柯瓦列夫斯基的理解,各民族集团的分村定居、外人的到来、早定居者的反应,造成了社会和经济的不平等。因此,社会和经济的不平等是建立在民族公社固有的社会经济因素上和这样一些外部关系上:同宗旁系亲属的分出、其中有些人的返回以及其他的移居因素。导致私有财产的社会安排之所以被采用,是为了保护在社会财富分配中业已存在的不平等,或者保护那些已经从这种不平等中得到好处的人们不致遭到可能出现的社会骚动之害。

原始的平等、博爱和共产主义由于内部因素的作用而衰落的理论,应该和公社之间的交换因素联系起来看,商品和商品交换正是从这里开始它们的历史旅程的。这是和前者相反的辩证成分,因为它包括公社对一个外部关系即商品之间的交换的内在化,商品生产的内部关系从而建立起来。相反,在第一种理论中,对不平等出现的解释建立在内部关系的外在化以及通过旁系亲属迁入、回来等的重新内在化上。马克思没有把内部因素和外部因素结合起来,因为他的研究由于逝世而中断了。

恩格斯提出的对古代公社衰落的解释,一部分已经说过:主观因素是贪婪等,客观因素是公社中财产的积累。关于日耳曼的原始公社马尔克制度,恩格斯同样认为它的基本特征是乡村氏族公社共同占有和使用土地。按照恩格斯的观点,血统联盟随着人口数目的不断增加和民族的继续发展而被破坏。从这种原始的联盟中产生出了母村和移民村的体系。② 在稍后对马尔克的研究中,恩格斯提出了同样的概念,他甚至认

---

① 《马克思恩格斯全集》第45卷,北京:人民出版社1985年版,第232页。
② 《马克思恩格斯全集》第19卷,北京:人民出版社1963年版,第540页。

为整个民族在最初构成一个统一的马尔克,从那里产生出母村和女儿村的体系。① 恩格斯在评述马克思描写的商品交换开始时的情形时,在交换开始中引进了剩余(社会)产品的因素。②

人口数目增加的因素和民族继续发展的因素,实际上是社会历史发展的内在因素。母村和女儿村的体系看起来是这一发展中的外部关系的因素,但是恩格斯把它看作是一个统一民族的整个社会生活内部固有的统一体系的社会运动。(这是从内在因素到外在因素的过渡。)剩余社会产品的假定同样是向一种外在关系即公社之间的商品交换的过渡。这些因素并没有被恩格斯集中到一起,而是分散在不同的地方。这种过渡既没有被明确假定,也没有与它们的结局联系起来,这些结局就是达到商品交换和商品生产的各公社的历史发展,从而产品的异化、人们相互之间的和与自然界的异化、公社内部的对立,公社之间的对立。恩格斯所假定的向文明时代的过渡,是与上述关系分开的。

技术的改进、征服自然的科学的发展、动植物新品种、新工具(犁、风车、冶金术的发展等)的采用,没有被考虑到。也许恩格斯在《法兰克时代》一文中说的"民族的继续发展"这句话包含着这些内容,但是这句话太含糊,不能让人得到什么确定的概念。

恩格斯那里缺少的,是原始民族社会生活的主观的和客观的、内在的和外在的、形式的和本质的关系,这些不同因素之间的相互关系。在马克思逝世时,这些因素是零散的。我们不能说恩格斯把它们联结成了一个辩证的体系,虽然他在主观方面和客观方面的贡献都比后面几代人认为的更丰富;遵循他的传统的后面几代人的贡献是颇为片面的,因此一般说来并没有遵循他的传统。

2. 亚细亚社会和生产资料

马克思无论在菲尔著作摘要中还是在梅恩著作摘要中,都把东方和欧洲的历史过程严格区分开来。只要菲尔试图按照封建主义来思考亚洲

---

① 《马克思恩格斯全集》第 19 卷,北京:人民出版社 1963 年版,第 354 页。
② 《马克思恩格斯全集》第 25 卷,北京:人民出版社 1974 年版,第 1015 页。

的问题就受到他的嘲笑，梅恩对隆·辛格的东方君主国做与欧洲君主国对照的描述，则受到他默默的支持。他还反对柯瓦列夫斯基关于传统印度的封建主义的理论。马克思也像菲尔一样，把印度和西欧的分村加以区分。马克思在19世纪50年代从事新闻写作的时期，曾密切注视亚洲的发展，特别是中国和印度的发展。不管亚洲的进一步发展是不是会与欧洲历史趋于一致，他拒绝关于在那时以前欧亚两洲历史道路相同的思想。

恩格斯作为出发点的前提是："在先前的一切社会发展阶段上，生产在本质上是共同的生产，同样，消费也归结为产品在……共产制公社内部的直接分配。"社会的分工破坏了生产和占有的共同性。① 这是排除地理差异的一般规律。恩格斯曾谈到亚洲驯养、繁殖和放牧牲畜；游牧部落在第一次社会大分工中与其余的野蛮人分离开来。恩格斯认为社会分工的结果是商品生产、个人之间的交换逐渐发展；畜群逐渐转归私人所有，个人之间的交换变得更普遍。因此，亚洲符合对全人类适用的一般规律。

魏特福格尔指责恩格斯对"作为主要社会制度"的亚细亚社会的存在在赞成和反对之间动摇不定。他说，恩格斯的基本态度是，在《家庭的起源》一书发表以前和以后的著作中都承认亚细亚社会是一种能够与封建制度等相比的历史和社会范畴，而在《家庭的起源》这本书中则看不到这种性质的亚细亚社会。在《反杜林论》中，恩格斯确认东方专制主义的存在，把它直接与农村公社的长期存在联系起来，这种公社"在数千年中曾经是从印度到俄国的最野蛮的国家形式即东方专制制度的基础"②。

魏特福格尔的论据是，东方专制制度是社会中的一种统治形式，它一般是在亚洲早期国家中从垄断控制供水和水利工程的行政职能中产生出来的，有些地方一直存在到20世纪。其次，列宁和斯大林得出结论，

---

① 《马克思恩格斯选集》第4卷，北京：人民出版社1972年版，第170页。
② 《马克思恩格斯选集》第3卷，北京：人民出版社1972年版，第220页。

马克思《马·柯瓦列夫斯基〈公社土地占有制，其解体的原因、进程和结果〉一书摘要》研究读本

这类职能的行政垄断创造了一种可以适用于苏联国家形式的政治、经济和技术的社会范畴，因此禁止使用这个范畴对于社会、历史和经济的分析。

恩格斯应该与这种论据有什么联系，魏特福格尔没有肯定。他在提到《反杜林论》时认为恩格斯"缺乏敏锐性"，虽然他发现恩格斯在那部著作中谈到亚细亚社会。恩格斯被指责"隐藏了"他在别的地方大谈特谈的东西，即功能国家的专制主人无情的剥削方法，还被指控"转弯抹角地承认了"他在提到文明时是把东方专制主义排除在外的。然而魏特福格尔对恩格斯的评价与列宁和斯大林的不一样。要么是魏特福格尔对自己的读者没有足够开诚布公，要么是他没有完全制定出自己的立场。这些是关于论据的政治背景、用法和目标的形式的和外部的问题。至于魏特福格尔对恩格斯的分析的实质，有一个他没有谈到的看法值得考虑。《起源》与恩格斯在1888年准备出版的《共产党宣言》英文版一样，只关心单线的发展。恩格斯的《反杜林论》、《共产党宣言》1882年俄文版和1890年德文版则断定有多线的社会发展途径，这些著作或是和马克思合作的产物，或是反映了马克思和恩格斯以前共同制定的立场。恩格斯论述马克思《资本论》第三卷的著作同样表现出两种情况：第四十三章的第一部分是恩格斯根据马克思的材料加工成的，在这里，北美的大草原、阿根廷的帕姆帕斯草原以及俄罗斯和印度的共产制公社的土地被向中欧和西欧的租地农场主和农民的土地区分开来。① 在恩格斯为补充说明《资本论》第三卷所写的文章中，对从农民公社生产方式到资本主义生产方式的发展是按直线式阐述的。②

问题不在于，恩格斯独自一人时是单线发展论者，而和马克思在一起时则是多线发展论者。问题在于，恩格斯没有掌握一和多、抽象和具体、一般和特殊之间的关系的辩证法。马克思是从抽象到具体进行思考的，他的著作表达了这些关系的辩证法。恩格斯的辩证法在许多场合是

---

① 《马克思恩格斯全集》第25卷，北京：人民出版社1974年版，第817—818页。
② 同上书，第1015、1020页。

有缺点的,因为是片面的。魏特福格尔的辩证法也是有缺点的、片面的,但是在国家形成的问题上,他的辩证法是恩格斯的辩证法的对立面。恩格斯在《起源》中假定了国家发展的一种"完全纯粹的"情况。恩格斯撇开了自然的关系,从而撇开了与周围的公社、氏族、部落的关系。按照恩格斯的观点,国家形成的过程完全在雅典氏族体系的内部进行,由那里面的社会和经济关系的瓦解和转变来说明。他不考虑在这从社会生活的公社形式向政治形式过渡的时期中人对自然的不断变化的关系,也不承认公社之间的经济交换或征服这种外部关系。

然而,马克思曾表达了这样一种看法,即产品发展成为商品,是由不同公社之间的交换,而不是由同一公社各个成员之间的交换引起的。① "商品交换是在共同体的尽头,在它们与别的共同体或其成员接触的地方开始的。"② 恩格斯在1894年的评论是:"今天,自从毛勒到摩尔根等人对原始公社作了广泛的研究以来,这已经成了不容争辩的事实了。"③ 这样一来,《起源》的论述方式的缺陷就更加令人吃惊,因为恩格斯完全孤立地(抽象地)谈雅典的发展,可是产品转变为商品这一在古代氏族瓦解和政治社会形成时期起作用的经济因素,却是公社之间的关系。因此,可以向恩格斯提出的指责,比不确切(卢卡奇)或忽略过程中的地理差异(魏特福格尔)更严重。这就是他否认了自己的原则,不要说应用对这种原则的辩证理解,连理解也没有做到。

恩格斯对两个因素置之不理。第一,在产品向商品转化中的不同公社、氏族等等之间的相互关系。古代社会并不是作为一种纯粹的情况转变为政治社会的;因此把雅典作为这种情况处理不仅在事实上是错误的,在理论上也没有意义。任何事情都不是孤立地发生的,而且马克思曾明确反对说孤立的实体过渡到一般政治社会,不管这种实体是部落、

---

① 《马克思恩格斯全集》第25卷,北京:人民出版社1974年版,第198页。
② 《马克思恩格斯全集》第23卷,北京:人民出版社1972年版,第106页。
③ 《马克思恩格斯全集》第25卷,北京:人民出版社1974年版,第198页注27。

民族，还是公社、村子等。第二，经济因素在向文明过渡的时期就已起作用，而不是只在文明时期起作用，这是恩格斯把原始人和文明人分隔开来的一处重要修正。从这两点考虑得出的第三点考虑是：产品生产到商品生产的转变和公社生活到文明生活的转变，并不是以同一速度平行地进行的；它们是相互交错的，但是恩格斯没有把经济上的相互关系弄清楚。

另一方面，魏特福格尔的立场得到后来发表的马克思著作的支持：马克思继续反对把东方的历史范畴归入欧洲的历史范畴。马克思把亚洲的传统社会与古典的封建欧洲的传统社会截然区分开来。魏特福格尔探讨已经形成的早期国家（恩格斯探讨的是形成中的国家）。他展现了不同等级的社会，一端是没有国家的较简单的社会，另一端是有国家的复杂的社会。贯穿政治发展的不同阶段的共同因素，是水的控制、控制水的社会机构以及与控制水有直接联系的技术、所有权等的发展。这些首先是人对自然的关系以及从这些关系中产生出的内部和外部的安排。财富的增加和财产的积累、公社所有制与私有制的经济关系、产品转变为商品的经济关系、公社之间的商品交换、社会内部的社会关系、社会中个人的主观因素和社会发展的内在因素——马克思和恩格斯考察过的这一切，魏特福格尔都没有谈。另一方面，他讨论了在已经分为阶级、形成国家的社会中的征服这种外部社会因素。魏特福格尔讨论了在复杂的、分为阶级的社会形成过程中人和自然环境的辩证关系以及人与其外部社会环境的关系，但是没有讨论正在形成国家过程中的社会本身内部的关系和过渡情况。然而，这是马克思在他对柯瓦列夫斯基、摩尔根和梅恩的批评中主要关心的东西，在这一点上，恩格斯和马克思是一样的。

马克思的民族学笔记处于哲学人类学和经验人类学发展的中心。在哲学人类学中，人是社会存在物、在社会中相互作用，而社会本身是集体的理论早就针对人是独立个体的理论被提出来了，但是还没有得到充分的阐述。在经验人类学中，人类社会的发展已经在一方面作为一定社会的外部关系，另一方面作为内部关系得到考察。这两者的关系仍然是一个辩证问题。

恩格斯在马克思关于民族学的著作中探寻通过人类历史和社会斗争的航海图。他采用了这些著作的一部分而不是全部作为他的指南，甚至把马克思的未完成的意见作为规范，鼓励别人也这样做。他做出自己的评论，从而以具体的方式对人的科学做出了贡献。他的作用与马克思相比是矛盾的，一部分是按规范行事的，一部分是科学的。

马克思在19世纪40年代初开始作为哲学人类学家发表著作，他非常关心对人的经验研究，但是并没有做出这种研究。另一方面，经验人类学研究当时并没有很好的发展，并不能支持在《经济学哲学手稿》中所包含的经验人类学。在以后的40年中，马克思密切注视关于人的经验科学的发展，并且认真加以研究。A.巴斯提安、E.B.泰勒以及上面提到的那些民族学家，是他在这个领域阅读和批判的重要部分。因此，随着社会文化人类学越来越成为一门具体的经验科学，马克思从一种抽象的立场过渡到一种科学唯物主义的立场，并且随着这个领域中的科学中心的发展，自己参加到运动当中去。

三 〔联邦德国〕汉斯-彼得·哈斯蒂克：马克思恩格斯与柯瓦列夫斯基及其著作*

柯瓦列夫斯基的《公社土地占有制，其解体的原因、进程和结果》一书，于1879年由莫斯科F.B.密勒出版社出版。该书在将近一百年之后影印出版，这不仅因为著作本身具有历史影响，还因为作者本人在许多学科的科学史上占据着不容置疑的地位。

---

* 本文选自中央编译局编：《马列主义研究资料》第3辑总第49辑，北京：人民出版社1987年版。王宏道译。本文是作者为1977年法兰克福—纽约康普斯出版社据柯瓦列夫斯基《公社土地占有制，其解体的原因、进程和结果》（1879年莫斯科版）第一册照相复制版所作的序，标题是译者加的。——译者注

马克思《马·柯瓦列夫斯基〈公社土地占有制,其解体的原因、进程和结果〉一书摘要》研究读本

在这本专著的序言中,柯瓦列夫斯基引述过慕尼黑法史学家格·路·冯·毛勒的著作,同毛勒一样,他本人对马克思恩格斯历史观的形成也有过长远的影响;而毛勒于1854年发表的主要著作,由于它同"社会主义方向"(马克思语)有着思想史上的联系,如今已经出过第三版①了。恩格斯的著作《家庭、私有制和国家的起源》奠定了马克思主义分期法的基础;他在1891年该书修订第四版中,特别提到马·马·柯瓦列夫斯基,该书的第二章有一段话:"我们感谢马克西姆·柯瓦列夫斯基(《家庭及所有制的起源和发展概论》1890年斯德哥尔摩版第60—100页),他向我们证明了,今天我们在塞尔维亚人和保加利亚人中还可以见到的那种称为Zádruga〔扎德鲁加〕(大意为大家庭)和Bratstvo(胞族社)的家长制家庭公社,以及在东方各民族中所见到的那种形式有所改变的家长制家庭公社,乃是一个由群婚中产生并以母权制为基础的家庭到现代世界的个体家庭的过渡阶段。"② 在论述克尔特

---

① 毛勒的著作《马尔克制度、农户制度、乡村制度、城市制度和公共政权的历史概论》(1854年慕尼黑第1版)于1896年再版,再版特别说明了是由亨·库诺主持的;第三版于1966年在阿伦由科学出版社出版。有关该著在科学史上的地位及其历史影响,参看:K.狄克考普夫:《格·路·冯·毛勒(1790—1872)传记》(1960年卡尔冕茨版),E.W.伯肯费尔德:《十九世纪德国制度史研究。合乎潮流的课题和榜样》(1961年柏林版)第134—147页,以及A.I.达尼洛夫:《毛勒的马尔克理论的特点问题,兼论其在中世纪农业历史编纂学中的地位》(载《国立托木斯克古比雪夫大学丛刊》第128期(1954年托木斯克版)。早些时候出版的马克思恩格斯的通信和阿姆斯特丹国际社会史研究所珍藏的马克思恩格斯遗著手稿,都提供了众多的证据证明他们对毛勒理论的吸收。有关恩格斯的情况参看汉·彼·哈斯蒂克编《弗里德里希·恩格斯:古代马尔克制度》,载《弗里德里希·恩格斯(1820—1970)。报告,讨论,文献(1970年5月25—29日乌培塔尔国际学术会议)》(1971年汉诺威版)第261—289页,书中注9证明了马克思认真研究过毛勒著作。

② 《马克思恩格斯选集》第4卷,北京:人民出版社1972年版,第53—54页。1890年出版的柯瓦列夫斯基的《家庭及所有制的起源和发展概论》一书,恩格斯初次阅读后所作的评论,还基本上是持保留态度的。他在1890年8月27日致保·拉法格的信中写道:"柯瓦列夫斯基的书中有一点很重要:他提出在母权制和马尔克公社(或米尔)之间隔着家长制的大家庭,这种家长制的大家庭在法国(法兰斯孔太和尼韦尔内)一直存在到1789年,在塞尔维亚人和保加利亚人中至今还存在,叫扎德鲁加。柯瓦列夫斯基对我说,这是俄国普遍的看法。如果这一点能成立,那么塔西佗和其他作者的许多不好懂的地方将得到解释,但同时也会产生新的问题。柯瓦列夫斯基书中的主要缺点就是**法学上的谬误**。我的书再版时,我将谈这个问题。另一个缺点(也是所有研究学问的俄国人的通病),就是过分相信**公认的权威**。"(《马克思恩格斯全集》第37卷,北京:人民出版社1971年版,第447—448页)

人氏族和德意志人氏族的那一节中,恩格斯还参照前述引文来阐明塔西佗的《日耳曼尼亚志》第26章以及凯撒的《高卢战记》第4卷第1章和第6卷第22章:

"柯瓦列夫斯基已经证明……家长制家庭公社乃是母权制共产制家庭和现代的孤立的家庭之间的中间阶段,它虽不是到处流行,但是流行很广。在这以后,问题已经不再像毛勒和瓦茨争论不下的那样——是土地公有还是土地私有,而是关于土地公有的形式是什么了。毫无疑问,在凯撒时代,苏维汇人不仅有过土地公有,而且也有过共同核算的共同耕作。至于他们的经济单位是氏族,还是家庭公社,或者是介于两者之间的某种共产制亲属集团,或者所有三种集团依土地条件的不同都存在过,关于这些问题将来还会长久争论。但柯瓦列夫斯基认定,塔西佗所描述的状况,不是以马尔克公社或农村公社为前提,而是以家庭公社为前提的;只是过了很久,由于人口增加,农村公社才从这种家庭公社中发展起来。

按照这个观点,德意志人在罗马时代在他们所占据的土地上的居住区,以及后来在他们从罗马夺取的土地上的居住区,不是由村落组成,而是由大家庭公社组成的,这种大家庭公社包括好几代人,耕种着相当的地带,并和邻居一起,像一个共同的马尔克一样使用四周的荒地。在这种情况下,塔西佗著作中谈到更换耕地的那个地方,实际上就应当从农学意义上去理解:公社每年耕种另一块土地,将上年的耕地休耕,或令其全然荒芜。由于人口稀少,荒地总是很多的,因之,任何争夺土地的纠纷,就没有必要了。只是经过数世纪之后,当家庭成员的人数大大增加,以致在当时的生产条件下共同经营已成为不可能的时候,这种家庭公社才解体;以前公有的耕地和草地,就按人所共知的方式,在新形成的单个农户之间实行分配,这一分配起初是暂时的,后来便成为永久的,至于森林、牧场和沼地依然是公共的。

这一发展过程,对于俄国,已是历史上完全证实了的。至于德意志,乃至其余的日耳曼诸国,不可否认,这个推测,在许多方面,较之

马克思《马·柯瓦列夫斯基〈公社土地占有制,其解体的原因、进程和结果〉一书摘要》研究读本

以前流行的把农村公社的存在追溯到塔西佗时代的见解,能更好地诠释资料,更容易解决困难。"①

恩格斯在《起源》的修订第四版中所引用的著作,就是柯瓦列夫斯基1890年在斯德哥尔摩出版的《家庭及所有制的起源和发展概论》。柯瓦列夫斯基同马克思以及在马克思逝世后同恩格斯曾一度过从甚密。1879年马克思曾经这样描述同这位较他年轻三十岁的青年人之间的关系:"他是我的'学术上的'朋友之一,每年都要来伦敦,利用英国博物馆的珍藏"②。而柯瓦列夫斯基在他于1909年发表在《欧洲通报》上的回忆马克思的文章中,也谈到了"同《资本论》作者的长达两年几乎每周一次的思想交流",他说,这种思想交流即使在他受聘于莫斯科大学以后每年夏季去伦敦时,仍时而进行。③ 柯瓦列夫斯基的回忆文章虽然在政治上有所距离,但还是比较热情的。在马克思致恩格斯的一封信中有一段话很能说明这位莫斯科的法史学家、未来的大学教师同马克思和恩格斯在七十年代中期所建立的关系的性质和内容,马克思写道:"柯瓦列夫斯基昨天来我这里,他要汉森的著作;我对他说,他明晚可以拿到;同时,根据他的要求,约好明晚(星期二)去看你。现将汉森的著作寄给你,你会像我一样用两三个小时很容易地读完它。"④ 这里指的是格·汉森论述特利尔专区农户公社的论文,这篇论文为古代自

---

① 《马克思恩格斯选集》第4卷,北京:人民出版社1972年版,第137—138页。

② 1879年9月19日马克思致圣彼得堡的尼·弗·丹尼尔逊的信(《马克思恩格斯全集》第34卷,北京:人民出版社1972年版,第385页)。有关描述他们之间关系的,还有马克思和恩格斯之间的通信以及他们同丹尼尔逊、拉甫罗夫、吴亭、保·拉法格、考茨基以至同柯瓦列夫斯基本人的通信,即《马克思恩格斯全集》第34卷,北京:人民出版社1972年版,第27、30、76—77、82、93、98、101、104、192、202、221、333和343页,第35卷第341页,第38卷第27、457和483页。《马克思恩格斯与革命的俄国》(1967年莫斯科版)还有许多证明材料,见该通信集第320、336、350、356、394—395、396、398—399、454、469、481、483—484、505、619—620、626—627、677、729和736页。

③ 柯瓦列夫斯基的文章《两个人生》,载于《欧洲通报》1909年卷第6期第495—522页,第7期第5—23页。柯瓦列夫斯基撰写的马克思及其同时代人赫·斯宾塞的生平事略中有关马克思的部分被译成德文,转载于《卡尔·马克思。回忆和论文集》(莫斯科马克思恩格斯列宁研究院编,1934年莫斯科—苏黎世版)第212—213页,文内引文见该书227页。

④ 《马克思恩格斯全集》第34卷,北京:人民出版社1972年版,第30页。

由的马尔克公社学说奠定了基础,在马克思恩格斯遗稿中实际上所见的是他们所做的摘要。① 柯瓦列夫斯基在伦敦进行研究的时候,正值马克思的创作时期,这个时期马克思对于土地所有制进行了深入的历史的研究,并且除了对汉森这位"德国农业史研究的巨擘"② 的上述论文做过摘录以外,还对如毛勒论述日耳曼—法兰克以及德意志法的历史的著作③,哈克斯特豪森、柯舍列夫、德麦利茨和乌季耶舍诺维奇等人论述俄国制度以及南斯拉夫制度的著作④,克雷马齐论述印度法制的著作⑤和被柯瓦列夫斯基借走的卡德纳斯论述西班牙土地所有制的两卷本著

---

① 格·汉森著《特利尔专区的农户公社(世代相承的协作社)》,见《柏林皇家科学院1863年语文学和历史论文集》(1864年柏林版)第75—96页。估计于1876年12月上半月马克思和恩格斯所作的汉森著作的摘记,在阿姆斯特丹国际社会史研究所的马克思恩格斯遗稿中编号为B123及J3,两本笔记本分别为第43—51页和第19—21页。

② K.Th.冯·伊纳马-施泰内格:《格·汉森〈农业史论文集〉第1卷(1880年莱比锡版)评注》,载于《国民经济和统计年鉴》第36卷(1881年)第504页。

③ 马克思对毛勒晚年总共十二卷的著述进行了全面的、认真的研究,这些著作是1854年出版的《概论》,和随后的1856年的《德国马尔克制度史》,1862—1863年的四卷本《德国领主庄园、农户和农户制度史》,1865—1866年的两卷本《德国乡村制度史》和1869—1871年的又一四卷本《德国城市制度史》。在阿姆斯特丹国际社会史研究所的马克思恩格斯遗稿中藏有8开纸总共286页的评注性摘要,大部分可能约于1876年5、6月份完成,部分甚至可能早在1868年3月即已完成。

④ A.冯·哈克斯特豪森:《俄国农村制度。它的发展及其在1861年立法中的确立》(1866年莱比锡版);1876年5月笔记摘录,国际社会史研究所马克思恩格斯遗稿笔记本B127第14—39页。亚·柯舍列夫:《论俄国公社土地占有》(1875年柏林版);1875年笔记摘录,据莫斯科苏共中央马列主义研究院所藏复制件在《马克思恩格斯文库》第12卷(1952年版)第140—160页用俄文发表。马克思的手稿藏于阿姆斯特丹国际社会史研究所。F.德麦利茨:《M.V.博吉西奇对南斯拉夫人习惯法的考察》,载《法国和其他各国古代和现代立法评论》1876年卷第235页及以下各页;1876年7月至12月笔记摘录,国际社会史研究所马克思恩格斯遗稿笔记本B123第52—65页。Og.M.乌季耶舍诺维奇:《南斯拉夫人的家庭共有制。关于阐明塞尔维亚民族和克罗地亚民族的民族土地制度和家庭制度的研究报告》(1859年维也纳版),1876年11月至12月笔记摘要,国际社会史研究所马克思恩格斯遗稿笔记本B125第16—43页。

⑤ L.克雷马齐:《印度法和法兰西法比较》,载《法国和其他各国古代和现代立法评论》1876年卷第312页及以下各页;1876年7月至12月笔记摘录,国际社会史研究所马克思恩格斯遗稿笔记本B123第65—70页。

马克思《马·柯瓦列夫斯基〈公社土地占有制，其解体的原因、进程和结果〉一书摘要》研究读本

作①做了摘记。

因此，柯瓦列夫斯基在其传记文章《两个人生》中对于马克思在他的成长道路上所给予的影响做出如下的评价，决非言不由衷，他写道："这是很可能的，如果没有同马克思结识，大概我既不会……去研究土地所有制的历史，也不会去研究欧洲的经济发展。"② 柯瓦列夫斯基还说，马克思对他的著作十分熟悉，并且坦率地发表自己对这些著作的见解。所以，例如他在马克思持否定态度的情况下，曾中止自己第一部论述法兰西税务管辖权的巨著③的出版。相反，对于柯瓦列夫斯基"提示马尔克公社的过去或者是根据比较民族志学和法的比较史的报告描述远古以来家庭形式的发展进程"的尝试，马克思则表示颇为赞赏。④ 这两本著作，马克思都得到过柯瓦列夫斯基的赠本，这是有案可查的。而第二本书无疑是指他的有关公社土地占有制的著作，如今我们把它重印了。⑤ 这本著作除马克思私人用的一册和有据可查的图书馆藏的另外四册以外，似已下落不明，然而不久以来却成了研究马克思的焦

---

① D.F.卡德纳斯：《西班牙土地所有制史论》（两卷，1873—1875年马德里版），1876年11月至12月笔记摘录，国际社会史研究所马克思恩格斯遗稿笔记本B124第1—105页；B125第14—15、44—77、78—86页；B123第70—93页。

② 柯瓦列夫斯基：《两个人生》，引自1934年的德文译本第227页。

③ 柯瓦列夫斯基：《十四世纪至路易十四在位期间法兰西税务管辖权史论》第1卷第1分册（1876年莫斯科版）。

④ 柯瓦列夫斯基：《两个人生》，引自1934年的德文译本第227页。

⑤ 马克思私人使用的柯瓦列夫斯基《十四世纪至路易十四在位期间法兰西税务管辖权史论》（1876年莫斯科版）和三年后出版的论述公社土地占有制的著作，在1895—1933年间为"社会民主党图书馆"收藏，自1933年以后，这些书籍同党的藏书一样，由于党的财产被没收而普遍遭到失散的厄运，而马克思恩格斯的私人藏书，在恩格斯逝世后，即已毫无分别地并入党的藏书。现在莫斯科苏共中央马列主义研究院和中央党务档案馆，编目为F.1, op. 1第5776号的马克思过去所藏的柯瓦列夫斯基《公社土地占有制》一书，1933年以后先是归普鲁士国家机要档案馆，后为图书馆所有，系布鲁诺·凯泽尔重新发现的大约80本俄文书名的原马克思恩格斯藏书之一，这些书已于70年代初移交给莫斯科苏共中央马列主义研究院。柯瓦列夫斯基关于法兰西税务管辖权的著作，据B.M.卢贾克报道，似乎是经过同样的途径而为莫斯科的研究院所保管。这两本著作的扉页上均有作者的题词。1876年出版的那本著作上题写着："献给杰出的友人卡尔·马克思。敬请多多赐教。马克西姆·柯瓦列夫斯基。"《公社土地占有制》一书的赠言是："献给卡尔·马克思，以志友谊和崇敬。柯瓦列夫斯基。"

点。这部于1879年夏在莫斯科出版的俄文著作，据估计是柯瓦列夫斯基于同年8月底9月初亲自送达马克思手里的。① 该书恰恰起了一种催化作用，决定了马克思直到第二年秋季这段时间的研究方向和工作计划。过去，马克思一直密切地注视着欧洲的法的历史研究的进程。现在，柯瓦列夫斯基有关公社土地占有制，其解体的原因、进程和结果的考察研究使得马克思把目光从欧洲舞台转向亚洲、美洲和北非，并且能够使他如此兴致勃勃，以致他不仅决定彻底阅读，为了更好理解著作，他补习了印度政治史和王朝史，而且从现存的遗著手稿来看，还做了将近五十页的评注性的摘要。

马克思的这一重要文稿，同马克思使用的那本满是阅读时作的各种标记的柯瓦列夫斯基的书一样，在马克思恩格斯遗稿里那些未发表的浩瀚的摘记中，埋没达数十年之久。只是在1958年和1962年间，个别章节的俄译文才在一些亚洲问题的专门刊物上发表②，此后，于1975年全文出版了俄文本和摘要出版了英文本。③ 原文文本考证第一版于1977年作为阿姆斯特丹国际社会史研究所编辑出版的文集《社会史资料与研究》之一出版④，该文本在1974年曾作为高等学校读物印行过有限的数量。

关于马克思笔记的内容，在上述考证文本的序和资料部分已有介绍，这里不再重复；但是还应指出如下一点，即马克思对于"资本主义

---

① 《马克思恩格斯全集》第34卷，北京：人民出版社1972年版，第385页。
② 《苏联东方学》杂志1958年卷第3期第3—13页，第4期第3—22页；第5期第3—28页；《东方学问题》1959年卷第1期第3—17页；《亚非人民》1962年卷第2期第3—17页。
③ 由N.B.捷尔·阿科皮扬根据莫斯科苏共中央马列主义研究院所存手稿复制件翻译的。马克思大部分用德文作的柯瓦列夫斯基著作的笔记的俄译文，收在1975年莫斯科出版的《马克思恩格斯全集》俄文第2版第45卷（第153—226页），中译文在《马克思恩格斯全集》第45卷，北京：人民出版社1985年版，第207—327页。马克思笔记的《英属东印度》和《阿尔及利亚》两节的英译文收在劳·克拉德编《亚细亚生产方式。马克思著作中的资料、发挥和评论》（1975年阿森版）第346—412页。
④ 汉·彼·哈斯蒂克编：《卡尔·马克思论前资本主义生产的各种形式。1879—1880年对土地所有制史的比较研究》（1977年法兰克福—纽约康普斯出版社版），《社会史资料与研究》（阿姆斯特丹国际社会史研究所编）第1卷。

马克思《马·柯瓦列夫斯基〈公社土地占有制,其解体的原因、进程和结果〉一书摘要》研究读本

生产以前的各种形式"的阐述前后完全一致。1857—1858年马克思写作《政治经济学批判大纲》① 总结了自己的研究成果,自那时起,我们才从他的著作中知道"资本主义生产以前的各种形式"。在马克思的笔记中,柯瓦列夫斯基常常自相矛盾;恰恰是这种矛盾和大量批判性和引申性的评注使得人们可以认为,马克思阅读柯瓦列夫斯基《公社土地占有制》所作的笔记,主要表达的是马克思自己的见解。马克思在这一创作时期,对于自己所从事的研究和所探讨的问题,发表过哪些言论,可以说鲜为人知。因此,产生于这一时期的上述文稿,正是在复核从前的各种观念方面,具有更加重大的意义。对于有关分期问题的内在论的讨论而言,也同样如此,因为,只要清理马克思和恩格斯遗稿的工作不被视作当务之急,这种争论势必仍旧是思辨式的争论。马克思的笔记对"亚细亚生产方式"有详细的阐述,它呈献给人们的不是一些臆测,而是对于迄今争执不下的问题的大量准确的见解。其中,马克思批判地分析了柯瓦列夫斯基对于尤其是莫卧儿帝国时期印度在制度史方面的发展,他提出论据批驳柯瓦列夫斯基的西欧意义上的封建发展的论点;他支持那种把亚洲历史和欧洲历史区别对待的做法,同时,以他自己的论据来驳斥把封建主义的概念无限推广,坚决反对把从西欧模式中发展出来的各种结构概念简单地套用于印度或者说亚洲的情况。另外,文稿还提供了具体的证据,证明马克思在多大程度上,把当时法的历史和农业史研究的成果——(附带指明)用马尔克公社理论说明土地原始集体占有这一基本命题——融汇到自己的历史观中。

由国际社会史研究所主持出版的马克思的柯瓦列夫斯基著作笔记的文稿考订版,还汇编再现了马克思用书的复制文本中的大量旁注,而这样的版本照例只限于从形式上去描述那些打在旁边和下面的线。如今这样一个版本连同柯瓦列夫斯基著作的复制本,使得人们能一步一步地仔细观察马克思占有和加工材料的漫长过程。这种对马克思"工作间"

---

① 即《马克思恩格斯全集》第46卷(北京:人民出版社1980年版)自第18页《导言》起以后,《资本主义生产以前的各种形式》一节在第46卷上册第470—520页。

的具体观察，和现在才成为可能的把马克思的笔记同原著复制文本加以细致入微的比较，使得我们对科学家马克思的工作方式和方法的认识更加深入。

柯瓦列夫斯基从1879年发表论述公社土地占有制的著作起，便置身于俄国的以及德国的法的历史和农业史研究的传统之中，并直接参加了斯拉夫民族主义者和法的历史学派代表之间围绕"氏族"与"公社"和在德国发展起来的关于古代自由马尔克公社学说的争论。① 此外，《公社土地占有制》一书还表明，人们的视野已由仅限于日耳曼—法兰克的法律范围或斯拉夫的法律范围的制度史学，扩展到法的比较历史和民族学法学。除了毛勒（1790—1872）和牛津法史学家梅恩爵士（1822—1888），柯瓦列夫斯基奉为典范引用他们的著作②以外，在思想史方面尤为杰出的是艾·德·拉弗勒、约·雅·巴霍芬、奥·冯·吉尔克、阿·赫·波斯特和路·亨·摩尔根等人的著作③，柯瓦列夫斯基均求教过。他综合各种初步的研究成果（围绕着马尔克公社理论的种种科

---

① 参看 H.沃普夫纳：《古代马尔克公社史论文》，载《奥地利历史研究所通报》第33卷（1912年）第553页及以下各页和第34卷（1913年）第1页及以下各页；A.多普施：《自凯撒时代止至查理大帝欧洲文化发展的经济基础和社会基础》（上下两部，1924年第2版，1961年阿伦版）。1880年以前俄国有关的文献，收在《农民土地公社研究资料汇编》（实际上马克思也使用过这个资料汇编）第1卷（1880年圣彼得堡版）附录第1—46页。另外参看 C.戈尔克的研究史专著：《关于"米尔"的产生和发展的各种理论》（1964年维斯巴登版）；K.D.格罗图森：《俄国法的历史学派。论十九世纪下半叶俄国思想史》（1962年吉森版）；还有关于民族历史编纂学史的三卷本的文集《苏联历史科学史论文集》（苏联科学院历史研究所编辑出版）第1—3卷（1955—1963年莫斯科版）。

② 见柯瓦列夫斯基原书序言第Ⅲ—Ⅳ页各处。梅恩是法的比较史与制度史和民族学法学这个当时尚属年轻的研究领域的主要代表人物，参看 C.菲沃的传记著作《从身份到契约：亨利·萨姆纳·梅恩爵士传（1822—1888）》（1969年纽约版）。

③ 艾·德·拉弗勒：《所有制及其原始形式》（1874年巴黎版）；约·雅·巴霍芬：《母权论。根据古代世界的宗教和法权本质对古代世界妇女统治的研究》（1861年斯图加特版）；奥·冯·吉尔克：《德国合作社法》第1卷《德国合作社法的历史》（1868年柏林版）；阿·赫·波斯特：《远古时代的血族公社和婚姻的产生。关于一般比较国家学和法学的论文》（1875年奥尔登堡版）；路·亨·摩尔根：《古代社会，或人类从蒙昧时代经过野蛮时代到文明时代的发展过程的研究》（1877年纽约和伦敦版）。

马克思《马·柯瓦列夫斯基〈公社土地占有制,其解体的原因、进程和结果〉一书摘要》研究读本

学史方面的联系,当时虽已得到揭示,但仍有待进一步逐一进行考察①),提出了自己的基本论点,对此,在他的序言中有较为详细的论述,这就是"只有对土地所有制的发展进程作历史的比较研究",才能"解释土地集体占有制形式普遍消亡的原因和结果"。② 对他来说,从最广义的角度来看,在这个问题通过法的历史和制度史以及民族学的比较研究成果,当时已经扩展到世界史范围的情况下,关键就在于早期农业制度的结构。柯瓦列夫斯基开头简要概述了土地所有制史的研究状况,那时的研究普遍证明了,土地私有制的产生比较晚,是通过不动产集体占有制形式的解体产生的。柯瓦列夫斯基通过他在莫斯科"法学学会"所作的许多专题报告③,为写作这部著作做了准备。他给自己提出的任务是,首先要使自己的研究跳出比较法学的传统研究领域;他给自己设定的考察目标是,对墨西哥、秘鲁、阿尔及利亚和印度的农业制度与对德国和瑞士的农业制度分别进行历史比较的描述。他说,他之所以这样做的理由是,在上述欧洲以外的国家,古代的土地占有制形式一直保留到现代,而现在同时正在完成向私有制的过渡;相反,德国和瑞士还明显地大量存在着早已消逝了的土地占有制形式的残余,使得人们可以对古代组织进行确凿的推断。柯瓦列夫斯基论述土地占有制的这部专著第一册的结构也与此相适应:第一章和第二章研究的是古代美洲印第安人文化和西班牙殖民政策对已经形成的社会结构和农业结构的影响。第三至第六章叙述了莫卧儿帝国灭亡以前的印度农业制度史。第七章论述的是英国行政当局对印度农村自古以来的土地占有关系的影响。第八章探讨在另一个地区即北非受伊斯兰教影响的农业制度。最后一章主要谈法

---

① 见汉·彼·哈斯蒂克编:《卡尔·马克思论前资本主义生产的各种形式》第 XXXI 页及注 59,和 K.D.格罗图森:《俄国法的历史学派》第 221—222 页。
② 柯瓦列夫斯基的《序》第 1 页。
③ 从 1878 年卷第 4、5 两期《法学通报》转载的莫斯科"法学学会"的会议记录中可以看出,柯瓦列夫斯基于 1878 年 2 月 13 日和那以后,分别就"印度同时存在的几种公社土地占有制形式"和"英国在印度实行的土地政策"做过专题报告。另见《资料汇编》附录第 43 页书目报告。

国在征服阿尔及利亚以后所实行的殖民政策。第二册应是研究瑞士和德国的情况，未能问世。对此，柯瓦列夫斯基只写了一篇不长的论文，论述瓦特州公社土地占有制的解体，于1876年发表，这篇论文，马克思也得到过他的赠本①。此外，柯瓦列夫斯基在1901—1904年间出版的多卷本欧洲经济史②中，对于中欧的情况也有详细的阐述。柯瓦列夫斯基在其著作的命题和安排上仍完全为时代精神所束缚，并且他所采取的在比较广阔的基础上围绕马尔克公社理论展开讨论的途径不过是漫长的研究进程中的一个片断。虽然如此，他还是把自己论著的相当大的部分建立在对同时代那些原始资料进行独创性的总结基础上的。他不但利用了那些有重要意义的印度的法律文本，埃利奥特和道森搜集的迄今尚无人超过的原始资料，尤其是"印度事务部"的图书与档案，同时还利用了洛·戈马拉、阿科斯塔、本佐尼、拉斯卡萨斯等人的著作。③

《公社土地制占有制》一书也是柯瓦列夫斯基令人赞佩的毕生巨著的起点，其毕生巨著的重点不单单放在法的历史和制度史的领域，而且还放在社会史和经济史，同样也放在民族学、社会学和政治学。④ 柯瓦列夫斯基在19世纪80年代和90年代的俄国科学史上占有独特的地位，他在所有的学科，甚至那些初创的学科中都做了重要的工作。1895年《国民经济和统计年鉴》上有一篇评论文章，评论柯瓦列夫斯基根据在牛津大学讲课时的讲稿所出版的文集《俄国现代习惯法和古代法律》

---

① 柯瓦列夫斯基：《瓦特州公社土地占有制解体史略》（1876年伦敦版），德译文于1877年在瑞士出版。

② 柯瓦列夫斯基：《资本主义经济形式产生前欧洲经济的发展》（1901—1904年柏林版），共七卷。第1卷计539页，研究进入到公元10世纪以前的中世纪地主统治和乡村公社发展中罗马人和日耳曼人的作用。

③ 柯瓦列夫斯基原书第Ⅶ页（序）、第47页及以下各页、第51页及以下各页、第130页及以下各页等处。

④ 柯瓦列夫斯基的全部著作，除在俄国和西方专业刊物上发表的大量论文以外，还包括大约25种独立的著作，部分是多卷本的。参看汉·彼·哈斯蒂克编：《卡尔·马克思论前资本主义生产的各种形式》第324、325页。1917年在彼得格勒出版的一本文集《马·马·柯瓦列夫斯基——学者、国务活动家和社会活动家、公民》把柯瓦列夫斯基评价为学者和政治家，并有他的作品目录。该文集撰稿人中有帕·加·维诺格拉多夫、谢·安·科特利亚列夫斯基和尼·伊·卡列耶夫。

（1891年伦敦版）。文章说，"这位在自己的祖国为人称颂的作者，在西欧被视为法史学家和制度史学家以及一般民俗学的代表也享有日益增高的声望"①，此话颇具代表性。

马克西姆·马克西莫维奇·柯瓦列夫斯基（1851—1916）在他用西方语言出版的作品中均署名为 Maxime Kovalevsky。② 他出身于哈尔科夫的一个拥有庄园的贵族家庭。在哈尔科夫大学修完法律课程以后，于1872—1877年相继在柏林、维也纳和巴黎文献学院，最后在伦敦进行专业学习。在伦敦时，得到亨·萨·梅恩的指导，专攻法的历史、制度史和人类学法学这一领域。1878年，他应聘为莫斯科大学教授，讲授国家法、外国公法和法的比较史。但是，1887年，由于他具有自由主义思想而被解聘，此后他定居巴黎。在以后的年代里，他在欧美许多大学任客座教授，其中有斯德哥尔摩、牛津、布鲁塞尔、伯克利、芝加哥等地的大学。1901年，他创办了"巴黎俄国社会科学高等学校"。1905年革命后回到俄国，在彼得堡执教并积极从事政治活动，创建（自由主义的）民主改革党，出版《国家报》并于1906年被选入第一届杜马。自1907年起，他以大学代表的身份参加国务会议，为其成员。此外，1909年以后，他还是著名的彼得堡《欧洲通报》（月刊）的主编和出版者，早在他流亡之前，他即以《批判评论》杂志编辑和《法学通报》撰稿人而成名。1909年他还被选为法兰西学院团通讯院士，并于1914年由彼得堡科学院多年的通讯院士晋升为正式院士。在此还值得一提的是，柯瓦列夫斯基也是"巴黎社会学学会"会员和（巴黎）"社会学国际研究所"的领导人之一。

---

① 在《国民经济和统计年鉴》第65卷（1895年，第126页及以下各页）上发表书评的作者是 E.冯·贝格曼。

② 参看柯瓦列夫斯基的自传文章《我的写作和学术生涯》，载《俄国思想》第16年卷（1895年）第1期第2部分第61—86页。另外还有德·尼·阿努钦写的《悼念马·马·柯瓦列夫斯基》（1916年莫斯科版）和布罗豪斯—叶弗龙出版的《百科辞典》第15卷（上）（1895年）第502—504页、《社会科学百科全书》第8卷（1932年）第595页及以下各页和《苏联历史百科全书》第7卷（1965年）第452—456栏上的传记条目。

柯瓦列夫斯基作为社会学家、民族学家和历史学家虽然已经成为专门研究①或一般研究②的对象，但是，他的法的历史和制度史的著作③在科学史上应占有何种地位，尚未确定。此外，鉴于已经有人强调指出过，柯瓦列夫斯基在19世纪80年代和90年代俄国和整个欧洲的科学史上具有独特的地位，我认为，现在对于他的"学术生涯"给以跨越各个学科的、详尽的阐述，并进而写出一部政治性的柯瓦列夫斯基传记，便是理所应当的了。

1977年5月于不伦瑞克

---

① 这里首先应该举出的是B.G.萨夫罗诺夫的专论文章《社会学家马·马·柯瓦列夫斯基》（1906年莫斯科版）；还要指出的是R.沃姆斯在《社会学国际评论》第24年卷（1916年）第5期第257—263页上的悼念文章。有关民族学家柯瓦列夫斯基的论文有B.A.卡洛耶夫的《马·马·柯瓦列夫斯基》（载《苏联民族学》1966年卷第6期第30—42页）和M.O.科斯文的《高加索民族学家马·马·柯瓦列夫斯基》（同上书，1951年卷第4期第116—135页）。前面已经提到过的文集《苏联历史科学史论文集》第2卷第351—370、645及以下各页等处，第3卷第414—418、449—463、792页等处。另见St.波斯纳的悼念文章［载《史学评论》第122卷（1916年）第236—239页］以及A.N.萨温：《历史学家马·马·柯瓦列夫斯基》（载《历史消息》1916年卷第1期第170—183页），N.I.卡列耶夫：《法国革命史学家马·马·柯瓦列夫斯基》（载《欧洲通报》1917年卷第2期第211—226页）和N.P.格拉齐安斯基：《中世纪史学家马·马·柯瓦列夫斯基》（同上书，1916年卷第6期第143—155页）。

② C.C.卢吉切夫：《马·马·柯瓦列夫斯基的政治立场和方法论观点》（载《托木斯克大学学报》1957年卷第33期195—222页）。

③ P.F.拉普金在他的文章《马·马·柯瓦列夫斯基著作中的公社问题》（载《历史问题》1955年卷第9期第110—120页）中，从马克思主义的立场出发，开始研究一个重要的方面——柯瓦列夫斯基的公社理论。在德国的研究中，人们持否定态度的整个著作，指的就是柯瓦列夫斯基的欧洲经济史，因为就中世纪早期而言，它写的几乎全是中世纪早期的法的历史。参看A.多普什：《欧洲文化发展的经济基础和社会基础》第1部第209—375页等处；H.沃普夫纳：《古代马尔克公社史论丛》，载《奥地利历史研究所通报》第33卷（1912年）第578页及以下各页，同时J.吉尔柯在其评论1901年出版的柯瓦列夫斯基著作的第1卷的书评［载《法的历史杂志》第23（即日耳曼）部分第338—341页］中发表了有代表性的观点。

马克思《马·柯瓦列夫斯基〈公社土地占有制,其解体的原因、进程和结果〉一书摘要》研究读本

四 〔苏〕伊·列·安德烈也夫:马克思的最后手稿:历史和现实*

卡尔·马克思的最后手稿是他的极其丰富的理论遗产中被研究得最少的部分。马克思在其中集中精力探讨了世界资本主义的资产阶级以前的(基本上是公社农民的)外围地区的社会经济发展的倾向和前景。马克思对那里保存下来的原始社会结构的研究,是根据世界历史过程的辩证唯物主义概念进行的,他始终不渝地力求把世界历史过程的规律性应用于根本不同于西欧的条件。这扩大了马克思主义历史哲学的具体历史应用范围,而更主要的是使它的基本方法论原则得到了富有成效的具体化。

马克思的最后手稿经历了一个世纪之后,也并未丧失其政治的和意识形态的迫切性以及给人启迪的力量。毫不奇怪,随着资本主义殖民帝国的崩溃和民族解放运动的发展,民族解放运动的领导人和思想家们以及它的敌人和"无私的"资产阶级解释者们(就像过去在俄国那样),越来越紧迫地面临着如何对待马克思、马克思主义以及马克思主义在新的历史条件和地理环境中的适用性问题。既然殖民主义在非洲大陆上濒临死亡,很大一批非洲国家选择了社会主义方向的发展道路,创造性地应用马克思列宁主义的问题就成了非洲思想斗争的核心。非洲的革命者越来越坚决地用马克思列宁主义的思想武装自己,这使得外国的资产阶级思想家和本国的改良主义者、修正主义者极为不安。因此,他们打着争取"按非洲方式重新阅读"马克思和恩格斯著作的幌子,企图证明"欧洲的"马克思主义在原则上不适用于非洲。① 他们提出臭名昭著的

---

* 本文选自中央编译局编:《马列主义研究资料》第1辑总第37辑,北京:人民出版社1985年版。杜章智译。原载苏联《哲学问题》杂志1983年第8期。作者是苏共中央社会科学院教授。

① L.S.森戈尔:《争取以非洲方式重新阅读马克思和恩格斯著作》1976年达喀尔和阿比让版。

"非洲民主社会主义"的概念作为非洲解放的出路。

这种"按非洲方式重新阅读"马克思和恩格斯著作的主张本身是谁需要的,是为什么政治目的服务的,可另文研究,这里要考察的是对马克思和马克思主义的特殊非洲"要求"的认识论基础的可靠性和一些内容事实方面的问题,以便弄清楚在非洲流传的关于马克思和马克思主义的概念和见解是否适当和正确。

反对马克思主义的最流行的论据,是说非洲各国人民的社会制度和心理状态具有不可重复的、无与伦比的独特性质。B.A.奥戈特教授(肯尼亚)认为,泛非主义、黑人事物理想化、黑人主义、非洲中心论、非洲民族哲学所歌颂的那些黑非洲精神的传统的"永恒"价值观念,就是构成欧洲人根本不能理解的非洲各国社会的特征的东西,它们是由这样一些社会因素造成的:"个人对公社的依赖(与西方的个人主义相反)、集体的土地所有制、集体的劳动组织、各种不同社会集团(性别的、年龄的、行会的、秘密的等)对制定决策的参与"。① 从这一段话中不难看出按阶段发展的历史的内容,而不仅是地区性的内容。

这个问题的另一方面,涉及对是否能用"阶级的"马克思主义分析非洲各国人民还未形成阶级的社会结构的担心。马克思主义的阶级分析原则有时被混同于过分生硬的、绝对的阶级划分和阶级决定论,这反映了在边际集团居优势的社会中运用这一原则的客观复杂性。著名非洲政治学家阿里·马兹鲁伊(乌干达)认为应该注意到非洲所特有的、似乎不为马克思主义所知的"跨阶级的人"的现象。这种人的轮廓在传统的阴影中和现代化的光芒中是不易看清的,然而在过渡社会的黄昏的天边显得分外明显。②

第三,还有一种论点,说马克思主义显然忽视那些还不是以(或者

---

① 参看 B.A.奥戈特:《使非洲人重新进入世界:非洲政治中的传统公社自治主义和欧洲社会主义》,载《东非杂志》1967 年第 8 期。

② 参看阿里·马兹鲁伊:《东非的文化工程和国家建设》1972 年埃文斯顿版第 147—154 页。马兹鲁伊正是从这个角度揭示非洲社会矛盾的特征,他说:"群众的不满和愤懑是由于新的富人对其穷亲属继续保持亲近关系,而不是由于他们之间出现一定的社会距离而产生的。"

马克思《马·柯瓦列夫斯基〈公社土地占有制,其解体的原因、进程和结果〉一书摘要》研究读本

已不能以)阶级、阶级对立和阶级斗争作为基础的社会结构类型,把本来丰富多样的社会经济关系只是归结为阶级斗争,从而使之贫乏和简单化了。而且往往引用《共产党宣言》中说的到目前为止的一切社会的历史都是阶级斗争的历史的话作为证明。这就更加增强了这样一种印象,仿佛马克思没有研究过不存在社会对立和阶级斗争的社会,没有过问过公社(只是在研究古埃及和殖民地印度的东方专制制度问题时顺便接触过),对至今在非洲很大一部分地区流行的氏族部落关系的本质以及殖民主义加给这些关系的强制变形毫无概念,更不用说他根本不能预见过去是殖民地的各国人民在获得政治独立、正为争取经济自主和社会进步而斗争的时代中的历史发展特点了。

本文想要证明,这类关于马克思和马克思主义的概念,或是由于没有把马克思主义作为指明非洲革命改造道路的学说加以细心研究,只听信肤浅的、零散的和被歪曲的二手材料而产生的误解,或是由于用心不良而对解放中的非洲这种新历史条件下创造性地运用马克思主义所必然遇到的复杂情况进行意识形态的投机。

研读马克思的最后手稿,使得有可能驱散这种在意识形态方面并非完全无害的神话,即马克思似乎不知道、不了解、也未曾研究不同于和先于资本主义的社会经济关系,而且作为典型的"欧洲"学者对欧洲宗主国的殖民政策对这些关系的影响也未曾注意。我们会了解到,马克思从他发现的资产阶级的生产和社会的规律的立场出发,对原始类型的社会结构和经济联系进行了研究,并且按照他制定的可以根据已知高级形态充分理解低级形态发展逻辑的认识论原则的精神(人体解剖是了解猴体解剖的钥匙),根据人类历史的客观逻辑对氏族部落关系和公社关系做出了辩证唯物主义的解释,认为它们是一种世界性的现象,这样就在原则上排除了把它们的特点和地方特性绝对化的倾向。

由于篇幅有限,作者只能集中考察马克思在1879—1881年间的三部按方法论意义说来最主要的手稿:对柯瓦列夫斯基和摩尔根的书的摘要,以及给查苏利奇的信的草稿。

（一）马克思论资本主义世界边远殖民地区人民的公社

马克西姆·柯瓦列夫斯基的《公社土地占有制，其解体的原因、进程和结果》一书，是作者赠送给马克思的，上面带有"赠给卡尔·马克思——以示友好和敬意"的题词。马克思从1879年10月至1880年10月对这本书做了摘要，而且摘录、评论、自己的思考超过了该书本身篇幅的一半。

使马克思感兴趣的是，作者力求揭示公社以及公社成员对主要传统生产资料——土地——的关系的普遍发展规律。柯瓦列夫斯基根据墨西哥和秘鲁、印度和阿尔及利亚，也就是美、亚、非三大洲的材料，研究了公社制度的历史命运和发展趋势，这三大洲的各国人民在一个世纪以后的今天，正在为反对帝国主义和新殖民主义进行着顽强的斗争。

柯瓦列夫斯基对属于各殖民地国家人民的大量民族学资料的细心挑选和整理（包括把公社制度的发展与过去欧洲的不同阶段的多次对比），使马克思对作为世界现象的公社不仅在辽阔的空间领域而且在从16世纪初到19世纪末漫长的时间领域中的历史的能动性和守旧性，获得了相当完整的概念。

柯瓦列夫斯基是有根有据地揭露欧洲列强对新大陆、亚洲和非洲殖民地土著居民的所谓"开化者使命"的反人道本质的第一批资产阶级学者当中的一个。他证明了，在美洲西班牙领地上对印第安人的极残酷剥削，英国人为了给自己的工业"清出"销售市场而对印度乡村中农业和手工业的传统结合进行的有目的的破坏，在阿尔及利亚为了安置法国移民而对阿拉伯人部落的土地实行的强制让渡，都只给宗主国的统治阶层和本地的高利贷者和酋长带来利益。马克思详细地摘录了揭露殖民主义剥削本质的事实，特别强调指出，殖民当局为了有目的的破坏公社和公社土地占有制而采取的措施不是历史的偶然性。殖民主义者力求在附属国以土著居民中的传统特权阶层和善于钻营的暴发户造就社会基础，同时毁坏那里用来抵抗外来入侵的传统团结形式，在客观上就必然要这样做。

马克思《马·柯瓦列夫斯基〈公社土地占有制,其解体的原因、进程和结果〉一书摘要》研究读本

与 L.森戈尔的逻辑相反,马克思虽然"拥有纯粹欧洲的、极其理性的思维",然而他坚决地和毫不妥协地不仅谴责按"起源"地点是"欧洲的"资本主义,而且谴责它的摧残数亿人生命的凶恶产物——殖民主义。

此外,马克思对俄国学者所做的巨量工作给予应有评价,并且利用比较历史研究方法的启发力量的同时,不止一次地指出书中存在着夸大上层建筑、特别是法律的作用的倾向,即企图把客观历史过程的原因归结为人们的意识、感情、愿望,也就是按主观主义和实证主义的精神对社会发展进行一定程度的理想化。例如,柯瓦列夫斯基企图用血亲意识的逐渐削弱来解释氏族公社解体的必然过程,引起马克思深深的疑惑:"为什么意识在这里起着 causaefficiens(动因)的作用,而不是由在氏族分为'支系'时成为不可避免现象的事实上分居各地的情形起这种作用呢?"这里问题完全不在于像柯瓦列夫斯基所认为的那样,"在氏族的每一分支中表现出不顾其他或多或少疏远氏族的支系参加和干涉的范围而要求调整其财产关系的愿望"。马克思纠正他说:"确切地说,就是出现了把共同经济分为更加互相隔绝的各个部分的实际必要性。"①

有人认为正是马克思本人给柯瓦列夫斯基提示了"公社土地占有制"这个题目。② 无论如何,这位俄国大学者着手写一部关于并非欧洲的、而是"海外的"公社的书,绝不是偶然的。当时关于俄国公社命运的论战成为全国政治生活的核心,他一定在思想中对比了国内外的各种公社,这种对比显然大大扩大了他对俄国乡村发生的倾向和过程的视野,把它们提到了世界历史规模和一般社会学规律的高度。

柯瓦列夫斯基与空想社会主义者不同(这无疑是他的科学功绩),证明了公社绝不是历史上的怪事,不是局部地区发展中的弯路,更不是到过遥远国度和南方海岛上的欧洲人的杜撰,不是学者们在书斋中

---

① 《马克思恩格斯全集》第 45 卷,北京:人民出版社 1985 年版,第 232—233 页。
② 参看 B.H.尼基福罗夫:《东方和世界史》1975 年莫斯科版,第 110 页。

幻想的结果。同时,它也绝不是社会炼丹术士期望已久的神奇魔杖,可以用它奇迹般地招来人人平等的人类"黄金时代",不需要任何革命就可以根本改造这个越来越深深陷入资产阶级文明矛盾的世界。在柯瓦列夫斯基的书中,公社不仅是一系列欧洲国家的农民,而且是几大洲的许多民族,总之是大部分人类的一种古老的社会经济存在方式,这种方式是现实存在的,尽管复杂多样、充满矛盾,总的说来又是统一的。

然而,柯瓦列夫斯基与俄国围着农民转的自由主义民粹派和斯拉夫派不同,他看到了公社在历史上注定灭亡的特征,并在寻找杀害它的凶手的过程中注意到了欧洲宗主国信奉基督教的资产阶级对殖民地不信基督教的居民实行的奸诈的、罪恶的,无异于种族灭绝和生态灭绝的"海外"政策。

柯瓦列夫斯基认为殖民地的公社的主要内部敌人是高利贷者、投机商人、富农以及本地与敌人合作的暴发户和传统领袖,这些社会人物都是殖民当局和它强加的经济关系的产物,因为这些经济关系把腐蚀性的私有制病菌注入了公社还没有免疫力的机体。

"殖民(中央)当局——公社内部的富人"这一公式可以应用于俄国,这一情况吓坏了自由派柯瓦列夫斯基,使他没有再继续进行对公社命运的研究(他的书的第二卷没有出,不是因为这个缘故吧?),不然他是会得出侵入俄国的资本主义与在公社内部抬头的富农结成险恶联盟的结论的。

马克思主要注意的是柯瓦列夫斯基关于公社瓦解的内部原因的议论和猜测,这种内部原因曲折地反映了外部环境的破坏作用。他在摘要的有关地方做了有力的评注,指出殖民当局和地方剥削分子对传统的集体主义的劳动和生活方式的破坏企图到处都是一样的。

马克思强调指出英国人和法国人在殖民地的活动的资产阶级性质。他写道:"英国政府利用(已由法律批准的)'抵押'和'出让',极力在印度西北各省和旁遮普瓦解农民的集体所有制,彻底剥夺他们,使公社土地变成高利贷者的私有财产。"① 接着又补充道："阿尔及利亚存在高利贷者的类似活动，在那里，国税重担是他们手中的进攻武器。"②

高利贷者、中间人、本地的富农及其他暴发户，在本地由氏族部落关系和公社关系团结在一起的居民当中起着殖民当局的"第五纵队"的作用，他们的寄生作用可能同所有制（首先是土地所有制）、同权力范围以及行政管理职能的执行有联系。

在英国殖民者统治时的印度，直接生产者和名义上的土地所有者之间形成了长长一系列、多达20个层次的寄生中间人，在20世纪30年代包括有约八百万收租者，而这些土地在1794年是由英国人包给四万六千个柴明达尔的。③

在赤道非洲的大部分国土上，土地私有制还没有扎根，虽然书刊中指出了有这种合乎规律的倾向。这里曾受到殖民当局支持的寄生中间人，主要集中在流通领域和行政管理活动的领域。前者垄断黑市，例如在1979年控制了乌干达贸易额的一半。后者成为这个大陆特有的官僚资产阶级，在非洲各国起着为跨国公司和国家垄断资本牵线搭桥的反动政客的作用。在这两者之间有所谓经纪人资产阶级。

历史材料证实，马克思在创造性地领会柯瓦列夫斯基收集的资料的过程中所形成的对公社研究的方法富有成果。在较早期的著作中，马克思主要分析东方公社惊人稳定的现象，这种公社能在几百年、甚至几千年中经受住"阴云满天的政治领域"中的真正风暴，而现在他感兴趣的是完全相反的倾向——公社的历史能动性，在它的外表保守的属性掩盖下，这种能动性往往不易被察觉。马克思在摘要中略加修正地重述了柯瓦列夫斯基根据印度材料划分出的公社发展五阶段。然而与柯瓦列夫斯基不同，马克思认为，决定公社土地占有制这些类型的连续更替过程

---

① 《马克思恩格斯全集》第45卷，北京：人民出版社1985年版，第324页。
② 同上。
③ P.A.乌里扬诺夫斯基：《两次世界大战之间的农业国印度。殖民地封建资本主义研究》1981年莫斯科版，第36页。

的，不是居住在公社土地上的有亲属关系者和外来人之间不可避免的斗争，不是乡村居民自我组织中的氏族原则和邻居原则的全面矛盾，不是土地继承占有制和自由占用、实际耕作原则的特殊竞争，而是合乎规律地从工业渗入农业的生产力客观发展过程。

《公社土地占有制》以揭示私有制渗入公社内部、在其中发展并冲破古老的集体主义传统的障碍正式登场的机制，引起了《资本论》作者对私有制形成过程问题的注意。然而，马克思和柯瓦列夫斯基关于所有制本质的概念是决不相同的。所以，摘要在这方面比它所根据的原书要更加丰富、确切，在方法论方面更富有成果得多。柯瓦列夫斯基所搜集的珍贵资料，马克思能够从完全不同的角度来领会。柯瓦列夫斯基倾向于不顾所有制的社会本质而把所有制关系的实物方面和正式法律方面绝对化，马克思不得不多次纠正他，例如，反对他把所有制和财产、土地所有制和土地关系或占有混为一谈。

（二） 马克思论氏族部落结构及其在人类历史中的地位

一本在欧洲极为珍贵的摩尔根的《古代社会》，马克思是从柯瓦列夫斯基那里得到的。从1880年10月到1881年2月初，马克思对这本书做了极详细的摘要。摩尔根的这部巨著之所以引起马克思的注意，是因为它依靠大量的、整个说来是按自发唯物主义解释的民族学材料独立地发现了作为原始公社制度基层社会细胞的氏族的普遍性。

马克思仔细地摘抄了摩尔根关于氏族按起源来说先于家庭、特别是一夫一妻制家庭的结论。要知道，在《古代社会》问世以前，氏族被看作是家庭发展的结果，或是一系列被解释成为基本社会单位的家庭的联合形式，而有些民族不知道一夫一妻制的宗法家庭即处于野蛮和蒙昧阶段（按摩尔根的术语），被说成是这些民族蜕化、历史倒退的结果。[①] 马克思在摘要中特别强调了摩尔根的这一思想，即家庭是在氏族的内

---

① 参看《马克思恩格斯全集》第45卷，北京：人民出版社1985年版，第376—378页。

马克思《马·柯瓦列夫斯基〈公社土地占有制，其解体的原因、进程和结果〉一书摘要》研究读本

部，作为氏族的辩证的对立面，作为破坏它并且最终否定（与私有制和国家权力"联合"行动）原始社会的力量而发展起来的。氏族和家庭之间、亲属体系的消极性和现实家庭关系的能动性之间的界线，是导致氏族制度灭亡的主要矛盾之一。马克思写道："氏族一旦产生，就继续是社会制度的单位，而家庭则发生巨大的变化。"①

关于氏族和作为氏族组织主要发展方向之一的部落之间的关系的摘录，使马克思考虑到氏族可能有另一种变化途径，即"一旦在氏族的血缘亲属之间产生等级之分，这就同氏族原则发生冲突，而氏族就会僵化为自己的对立面即等级"②。虽然摩尔根谈的是在等级上有差别的图腾，马克思却提出更广泛的问题："以氏族原则加征服这样的方式，不会使氏族逐渐形成为等级吗？在这种情况下，就产生禁止在不同氏族之间通婚的禁令，与禁止在同一氏族内通婚的古老规则完全相反。"③

氏族和公社之间的关系在摩尔根的书中谈的少得多。大概，在古典原始制度的框框内，对生产的自然前提的社会（个人的、家庭的、公社的）所有制被认为是"理所当然的"，与那种令人触目惊心的、以仪式表现出来的、由权力结构明确规定了的、因此在摩尔根看来是氏族制度瓦解的决定性前提和主要手段的现象比较起来，长时期被人们所忽视。

氏族的残留现象和由它直接派生的社会组织形式，今天在许多已获得解放的国家的农民当中还有很强的生命力。尽管城市化的速度很快，这种农民的数目还在不断增长。据估计，到二十一世纪前夕，可能接近三十亿（根据联合国粮农组织的资料是二十八亿九千六百万）。④ 例如，在赤道非洲，部族的政党、政府、战争、部落的传统团结形式、公社的劳动和生活结构、分布在乡村的手工业行会、同龄人的兄弟会以及秘密

---

① 《马克思恩格斯全集》第45卷，北京：人民出版社1985年版，第499页。
② 同上书，第471页。
③ 同上。
④ 参看 E.B.科瓦列夫：《拉丁美洲：土地改革和经济发展》1982年莫斯科版，第3、8页。

310

的宗教性社团，构成纷繁复杂的地方社会经济关系的不可分割的组成部分和政治斗争的背景。

庞大的家庭和氏族的寄生生活、最原始的集体松散的生产方式和平均主义的消费方式，极大地阻碍着积累、扩大再生产、采取集约经营方法等问题的解决。酋长和元老的过高权威、兄弟会和作为群婚制遗迹的多妻制风俗，有助于保持对青年和妇女的歧视，客观上妨碍在社会生活中实行民主制度。

对这些按起源来说从氏族中派生出来的社会组织形式进行人为的现代化时，人们很容易按马克思主义阶级概念的类比来解释它们。例如，经常有人发表这样的看法，即认为部落或等级在赤道非洲无论过去和现在都起着这样一种社会经济结构的作用，它们不是逻辑地先于阶级，而是"取代"、顶替阶级的，与阶级同一类的居民按民族学或职业标志分化和结合的形式。

氏族的自治和社会监督组织合乎规律地被地域性的组织所取代，是一个在方法论意义上很重要的问题，它在马克思的摘要中得到了辩证唯物主义的解释，对研究非洲问题至今还有现实的意义。成为这种取代的基础的，是对直接生活的社会生产和再生产的客观前提（工具、土地、牲畜、果树、防备意外的基金）和主观前提（生产经验、经营技能、集体主义和互助以及平均主义分配的传统）形成各种不同所有制形式和权力形式，以代替个人相互之间以及和自然之间的按进化沿革的和直接天然的联系。这是在社会联系的结构中的质的转变。这些联系的震中先是氏族，后来则是凌驾于氏族组织之上并且致力于推翻它的国家。马克思正是把国家看作摩尔根的模糊的 civitas（政治社会）的现实的、阶级的体现。

然而，新石器革命时代（相当于摩尔根古代史分期中的野蛮期）的生产力的合乎规律的发展，必然暴露出"建立在氏族制度之上的人身管理"① 在有血统关系的集团之外有地区局限性，效率很低。越来越多的地区被相互联系的经济过程和经常的交换活动连接在一起，越来越多的人被纳入不能分割的经济活动，他们对自然和彼此之间的关系结构由于分工加深而变得越来越复杂——这一切都客观地导致氏族部落结构越来越不能成为权力来源，从它们的控制下涌现出越来越多的各种新的生产形式和社会活动形式。马克思总结说："由于氏族制度不能适应社会的变得复杂的需要，氏族、胞族和部落的所有民政权力就逐渐被剥夺，移交给了新的选民团体。一种制度逐渐消失，另一种制度逐渐出现，两种制度在一个时期中曾经并存。"②

过渡阶段是两种按发展的源泉和前景来说是根本对立的，同时按起源来说是衔接的、毗邻的、相互影响的社会管理和社会监督的体系、结构和原则并存的时代。马克思摘录了摩尔根的这样一段话："人民赋予原始的酋长会议的整个权力，经过分化而逐渐形成了各种权力。这个过渡时期……为连年大乱的时期，大乱的造成，是由于权力的冲突，由于滥用尚未十分明确限定的权力，也由于旧的管理制度已经无能为力；这也就需要用成文法代替习惯法。这个过渡时期持续了数世纪之久。"③

有些非洲作者否定文字是社会发展的重要里程碑，是把有国家之前的社会和形成中的原始国家制度分开来的标准和界限。不过，他们暂且并没有提供任何有分量的论据。而且，利用上述标准揭示马克思在《古代社会》摘要中所强调的两种政权现象的历史进程，对非洲社会来说是特别富有成果的。通过这种办法，在形成国家时不可避免的两种政权现象不仅按时间顺序而且按内容可以区分三个时期：殖民前的（传统）时期、殖民时期和殖民后的（现代）时期。

第一个时期的特征在非洲是，在有血统关系的组织（包含有大家庭的氏族—部落—部落联盟）一旁并和它不可分地结合在一起长时期并存

---

① 《马克思恩格斯全集》第45卷，北京：人民出版社1985年版，第433页。
② 同上书，第514页。
③ 同上书，第514—515页。

着一种与它根本不同、好像与它处于"垂直"关系的社会联系结构（兄弟会——男人的，也有时是女人的社团——秘密的宗教性社团），作者建议把它叫作职能社团组织，以区别于有血统关系的组织。① 形成中的非洲国家制度（加纳、马里等）依靠口头转达的指示并且在它的结构中重复氏族部落联系结构的算法。

在殖民时期，可以看到宗主国镇压管理机关移到海外边远地区的分支机构与传统的各级首领、酋长和家长之间存在着相当明确的界限，前者把当地居民中的各种"杰出人才"吸引到自己的周围，广泛利用书面指示和报表，而后者则依靠个人的权威以及祖传的习俗使人们服从他们的口头指示。形成了国家"自上而下"和传统部落调整"自下而上"的独特结合。这些领域相互之间联系的性质受到宗主国政策的制约。

民族解放斗争的巨浪扫荡了殖民当局的搜刮和镇压机构。开始形成新型的正规的上层建筑。在采取资本主义发展方向的国家里，使这种上层建筑的基层单位变得适合"领导层"确定的仿资产阶级议会制模式的过程，客观上同对它们进行强制性的破坏相联系，在一定程度上与柯瓦列夫斯基书中的某些情节以及摩尔根的亲身观察相符。至于采取社会主义方向的非洲国家，那么摩尔根关于人类将来将通过"更高级社会制度"以特殊形式复活"古代氏族的自由、平等和博爱"的思想②，不仅保持着现实意义，而且这种现实意义还将增强。今天，在这一思想中，不仅可以看到摩尔根对资产阶级文明的虚伪制度的敌视，而且还可以看到他本人没有意识到的关于在资本主义制度危机成熟的条件下那些保有传统的氏族部落和公社的社会结合形式的民族发展的历史轨道可能"拉直"的自发思想。摩尔根本人没有明确提出这个问题，虽然这样提问题的前提他已模糊地提到。的确，摩尔根所想象的"更高级社会制度"是极端抽象的（"管理民主，社会关系友爱，权利平等，普遍受教

---

① 参看 И.Л.安德烈也夫：《论从原始公社制度向阶级社会过渡时代的社会联系的性质》，载《苏联民族学》杂志1971年第2期。

② 《马克思恩格斯全集》第45卷，北京：人民出版社1985年版，第398页。

马克思《马·柯瓦列夫斯基〈公社土地占有制，其解体的原因、进程和结果〉一书摘要》研究读本

育"），是他对资产阶级文明采取消极态度的表现，他认为这种文明（马克思在摘要中特意把这个地方加了着重号！）"包含着自我消灭的因素"。① 因此，摩尔根对未来社会制度的设想，是以与氏族社会的比较作基础的。

在非洲国家的意识形态中，有一种由所有直接有关的人在一起不慌不忙讨论共同事务直至做出一致决定的习俗，这是氏族部落直接民主的遗风。这种类似氏族和部落最古老的人民会议的东西，在殖民统治时期在传统结构和宗教仪式的最深处潜存着，在非洲获得政治独立以后得到"再生"。有人企图把它解释为非洲历来的原始"议会制度"，以期按资产阶级代议制模式把它改造成"自上而下"操纵群众的假民主手段，但整个说来，这种企图没有获得成功。而在一系列采取社会主义方向的国家中，集体民主讨论公共事务的传统被用来唤醒群众、特别是农民的社会阶级觉悟和政治觉悟。例如，在埃塞俄比亚，这种讨论方式被看作基层集体及其领导机关中通过决定的重要形式。在莫桑比克，在全村居民或企业全体工作人员的公开大会上接收党员的办法在某些地方和这种传统风俗相符。在安哥拉，地方人民大会的工作与之近似。采取有目的地"接过来"预先清除了长期剥削和压迫的锈垢的集体主义民主的习惯、做法和制度的战略，应使广大劳动群众更容易"进入"正在形成的革命民主的国家制度的结构。因为人们若能在这种新的国家制度结构范围内进行积极的、建设性的活动，他们就较易于超出氏族部落直接交往的地区局限范围，较易于形成和扩大政治视野。马克思不仅是注意到了，而且发展了摩尔根的这一思想，即异己原则的侵入根本破坏了氏族部落组织与社会生活原来的一致性。在摩尔根那里说的是地域因素，然后是贵族因素。在非洲，除了这些因素以外，起主要破坏作用的（在这一点上柯瓦列夫斯基是对的）是宗主国建立的殖民专制主义的强制和压迫机关的有目的的行动。对氏族部落组织的这两类破坏，都适用马克思

---

① 《马克思恩格斯全集》第45卷，北京：人民出版社1985年版，第398页。

在《古代社会》摘要中强调指出的这一原理，即"不管地域怎么样，财产差异在同一个氏族中把利益的一致变为成员之间的对立；此外，同土地和牲畜一起，货币资本获得了决定性的意义……"宗教成了垂死的氏族部落组织的精神生活的残留代用品。马克思评论道："随着真正的合作制和公有制的消失，荒诞的宗教成分就成了氏族的最主要因素；香火的气味倒是保留下来了。"[①] 显然，这是对许多非洲国家中对宗教的兴趣突然蓬勃兴起、伊斯兰教（也有部分基督教）信徒猛增这一使许多研究者不知所措的现象的唯物主义解释。

（三）马克思论非资本主义发展过程中利用原始社会性形态的可能性

维·伊·查苏利奇1881年2月16日给马克思写信，问他在《资本论》中阐述的资产阶级社会发展理论是否适用于俄国的特殊条件，在那里，农民的土地公社仍然是广大居民群众传统的基层活动组织。马克思在答复这封信的三个草稿中，考察了查苏利奇所接触的问题的内部方面和外部方面。

"从外部看"，俄国公社的未来像是这样的：或是资本主义把公社摧垮，或是无产阶级革命能来得及给它的集体主义制度以帮助，使公社不致遭到外来剥削，并且支持它内部的健康力量把现代科技成果与集体主义社会主义经营的优越性结合起来。

"从内部看"，向完全对立方向发展的可能性问题是受公社合乎规律的内部矛盾性制约的，这种内部矛盾性与它的按起源说来的中间地位有密切联系，因为它是处在人类向社会主义和共产主义过渡的时代两种客观上相互更替的经济和社会发展阶段的衔接点上。

原始社会制度能不能存在、它们与人类前进的发展能否相容的问题，在柯瓦列夫斯基和摩尔根的书中的提法上有原则性的差别。马克思接到

[①] 《马克思恩格斯全集》第45卷，北京：人民出版社1985年版，第504页。

查苏利奇的信之前不久，完成了对这两人的书的摘要工作。柯瓦列夫斯基强调外部的、外国的因素对传统社会基础的破坏作用，强调输进私有制和人剥削人的制度对公社的瓦解作用，因而预言原始社会制度在资本主义的践踏下必然灭亡。相反，摩尔根则相信古代氏族的"自由、平等、博爱"可能作为对资本主义地狱的人道主义替代物而得到"复活"。

马克思通过对这两种概念公式的现实社会经济内容进行创造性的、辩证唯物主义的"扬弃"，出色地解决了柯瓦列夫斯基和摩尔根在现代影响和原始社会结构残遗现象可能的历史发展性质方面"公社或氏族"、"外部或内部"、"否定或继承"二者择一的困境。

马克思利用《古代社会》中的一个比喻，把依次更迭的原生的、次生的、再次生的等等公社类型与地质结构相比较。他写道："地球的太古结构或原生结构是由一系列不同时期的沉积组成的。"① 如果与柯瓦列夫斯基同时代的"俄国农村公社属于这一链条中最新的类型"②，那么它的按起源说的基础则是马克思借助摩尔根的书重拟的氏族公社类型。按马克思的看法，最古的公社都是建立在公社各个成员的血统亲属关系上的。它们的结构实质上是系谱树的结构。

对公社合乎规律的发展倾向进行辩证的同时，又是具体历史的分析，使马克思能够揭示出农民在资本主义危机时代以公社的二重性概念的形式表现出来的两条在理论上可能的历史发展道路实际实现的内部机制。马克思认为，"农业公社天生的二重性使得它只可能是下面两种情况之一：或者是私有原则在公社中战胜集体原则，或者是后者战胜前者。一切都取决于它所处的历史环境"③，这个论点在方法论方面至今保有现实意义。

撇开对19世纪80年代初俄国公社的分析的具体细节方面，可以说，在全球和世界历史范围内，马克思关于公社二重性的概念表现为有

---

① 《马克思恩格斯全集》第19卷，北京：人民出版社1963年版，第444页。
② 同上。
③ 同上书，第450—451页。

按倾向潜在地相互排斥的交往结构和形态在公社内部辩证地、矛盾地共存着。换句话说，同样的人同时参加两种不同的社会联系体系，这两种体系作为正式的（有血统亲属关系的）组织和非正式的（职能社团的）组织相互影响。前者以被认为不可移易的血统关系作为基础，后者包括血统关系以外的地方的各种劳动和生产资料的合作形式。

公社作为社会原始基层组织，本身包含有社会调整和监督的专制倾向和民主倾向的萌芽。公社作为经济组织的发展，与两种互为补充的产生剥削的倾向——取走剩余劳动和取走剩余产品——有客观联系。在主要是个人联系的血统宗法体系内部，剥削和压迫是以上层分子取走公社成员基本群众的剩余产品的形式形成的。在很久以来就是以集体劳动传统作为核心的毗邻乡村社团中，这些农民往往受到富农高利贷分子以取走他们剩余劳动的方式的剥削。

赤道非洲许多国家的乡村居民至今同时被包括在两个对立的社会关系和联系的体系中。其中一个是金字塔形的，有点像古代东方类型的政教合一的专制政权结构：首领——酋长——家长——成年男人——未成年者——其他地方、部落、民族出身的人。另一个体系按发展比前一个更年青，因此也更有活力得多。它的震中是商人富农，他们篡夺了与市场和行政机关的联系以及对后者所提供的信贷的支配权。在他们周围按照不同依附程度有：富农雇工——雇农——立卖身契的债务人——临时贷款持有者——潜在的债务人和雇工。

在许多非洲国家，直至不久以前还有人在按殖民前"黄金时代"的精神美化公社残留的集体主义民主制度，对公社在市场经济从外部、富农高利贷上层的野心从内部的夹击下瓦解的趋势明显地估计不足。这种现象的例子可以举黑人事物理想化者关于保存传统社会经济关系的积极方面、抛弃其消极方面的幻想，这在方法论上和俄国的民粹派和斯拉夫派极为相似。非洲理论家常常以自以为独创的、与马克思对立的方式来领会他们与"和谐"公社的现实矛盾性的自发的、具体实际的冲突，甚至在某些只是他们本人不知道，但是马克思在一百年以前就已经提出

马克思《马·柯瓦列夫斯基〈公社土地占有制，其解体的原因、进程和结果〉一书摘要》研究读本

并且原则上解决了的问题上也是如此。例如，上面提到的马兹鲁伊的"跨阶级的人"的学说就能被有机地纳入马克思的公社二重性的概念和列宁关于同时既是私有者又是劳动者的农民的社会行为具有合乎规律的矛盾性的观点。

还有一点细微的差别。在查苏利奇的问题中，农民公社两种在理论上可能的发展前途是从俄国和俄国乡村发展的矛盾性中"推论"出来的。在现代的非洲，它们在无论采取资本主义方向还是采取社会主义方向的国家中，都可以作为对农民原始社会组织形式残留现象采取的对立的政策类型相当清楚地被识别出来（就是说，不是"两者择一"，而是"同时并存"）。

马克思把俄国农业公社形象地称作"与世隔绝的小天地"，至于如何有目的地改变这种状况，即辩证地克服它在经济上的自给自足性（在基础的水平上）和社会心理上的孤僻性（在精神的和制度的上层建筑领域），那么马克思在给查苏利奇回信的草稿中提出了把农民自治作为农业国家革命民主国家制度早期阶段的基础和由革命中产生的国家帮助公社农民实行合作化的思想。这种帮助，首先是使公社摆脱内外的奴役和剥削，其次是给公社提供现代的农业机器和技术。例如，按照马克思的看法，在俄国，开始"也许只要用农民公社选出的代表会议代替乡——政府机关就行了，这种会议将成为维护他们利益的经济机关和行政机关"①。此外，"构成集体生产和集体占有的自然基础"的土地公有制和"俄国农民习惯于劳动组合关系"可能便于他们"从小土地经济过渡到集体经济"，这在原则上是可以通过"大规模组织起来的合作劳动"实现的。②

在马克思的这些草稿第一次发表之前五年，列宁就在共产国际第二次代表大会上以农民苏维埃概念的形式，阐述了适用于保存有公社的东

---

① 《马克思恩格斯全集》第19卷，北京：人民出版社1963年版，第436页。
② 同上书，第437—438页。

方各国人民的农民自治思想。① 还在更早的时候，列宁就多次提出了由工业中心的无产阶级帮助劳动农民实行合作化是全国农业发展主要途径的问题。

在我国过去是半殖民地的边陲地区在社会主义改造过程中依靠原始社会制度的具体历史形式是非常丰富多彩的：在西伯利亚和远东的少数民族中建立了氏族的和土著的苏维埃，以血统亲属关系为基础的极简单的生产组织和合作社组织；在中亚细亚和哈萨克斯坦的各共和国中建立了游牧的、村寨的及其他的农民苏维埃，各种各样的生产、供销和消费合作社。这充分地证实了，马克思列宁主义创始人对资产阶级世界的资本主义以前的边远地区进行革命改造的基本特征在理论上所作的预见具有高度的启发性。

在非洲采取社会主义方向的国家中对公社农民的社会经济关系进行根本改造的过程，也证明这一点。那里在乡村中建立革命民主国家制度的地方机关和基层经济组织，是估计到本地的公社传统和制度的。在埃塞俄比亚建立了农民协会、生产和供销合作社，在莫桑比克和安哥拉建立了集体乡村和各种类型的合作社组织。执政党是广泛爱国阵线类型的，按社会本质和意识形态属于农民性质，它们的纲领性文件中特别强调地方特点，指的就是公社的集体主义和劳动互助形式。公社结构常常被宣布为使农民生活转入新的进步轨道的杠杆，如坦桑尼亚的传统的"乌贾马"和马达加斯加的"福库努卢纳"。马里的公社乡村中传统的青少年和成年男子的年龄组织"托恩"，布隆迪农庄里传统的家族亲属结合形式"留戈"，被看作未来合作社的基层组织的核心。

*　　　*　　　*

总之，在人类历史中看起来好像早已成为过去的阶段，对人类的某些个别队伍说来还是极为现实的东西，是现代的政治和社会经济过程的

---

① 参看《列宁选集》第4卷，北京：人民出版社1972年版，第331页。

不可分割的组成部分。

对处在资本主义以前历史发展阶段的各国、各民族和各社会集团的劳动和生活社会组织的按起源说来是原始的、传统的形式，马克思不仅没有忽略，而是进行了非常细心的和深思熟虑的研究。这些民族的自然历史过程被破坏性的殖民扩张或处在世界历史的"路边"所粗暴地歪曲、阻滞，甚至拉向后退；马克思在研究中对他们既不采取高傲的鄙视态度，也不采取浮夸的美化态度。所以，正像塞内加尔独立劳动党的理论刊物《格斯图》的主编S.P.赫雅说的那样，在提出"按非洲方式重新阅读"马克思著作的伪善口号以前，应该先仔细地、认真地读一读这位科学社会主义伟大奠基人的著作。①

换句话说，西方和欧洲中心论这个被殖民主义带到资本主义外围地区去的资产阶级文化和科学的古老模式，正在遭到已获得解放的国家中的人民群众、社会活动家和学者们越来越坚决的驳斥。但是在这反驳的过程中常常出现一种就方法论而言完全一个类型的、正好相反的地区模式，即东方和非洲中心论。对这两者的唯一真正辩证的替代物，是马克思制定的全世界性、整体性、人类历史中各种具体现象本质上一致的原则。这个原则为创造性地分析不同民族和国家、时代和地区的经济和精神发展、生态和人口条件、传统的所有制和政权形式的特征，开辟了无限广阔的天地。这一天才思想的最概括、最集中、最明白的表现，就是社会经济形态的理论。

---

① 《格斯图》杂志，达喀尔1982年第6期，第2页。

五 〔美〕彼得·胡迪斯：马克思论东方穆斯林社会*

"9·11"事件以后，世界学术界关于伊斯兰教同现代社会的关系的评论急剧增多，各种观点迥异，争论激烈。然而，其中鲜有运用马克思的相关论述做出中肯的分析的。美国学者彼得·胡迪斯（Peter Hudis）在他提交给2004年3月纽约世界社会主义学者大会的论文《马克思在穆斯林中间》中，通过对马克思《马·科瓦列夫斯基〈公社土地占有制，其解体的原因、进程和结果〉一书摘要》的解读，对这个问题做了富有启发性的回答。胡迪斯指出，马克思晚年通过对东方的穆斯林社会的研究，改变了自己的早期观点，不再认为殖民侵略是客观上的历史进步，并且批判地把那里的公社土地所有制看作可以通向新社会的基础，还认为非欧洲社会的历史进程要用本土的范畴而非输入的欧洲的范畴来解释。马克思明显表现出对穆斯林生活方式的尊敬，但同时指出穆斯林社会也需要革命运动。文章摘译如下。

近年来，伊斯兰教和社会转型之间的关系成为探讨和争论的主要问题之一。这些探讨和争论大都深受2001年9月11日恐怖袭击以后主流媒体对伊斯兰教所作的僵化描述的影响。许多人甚至包括不少以前的左翼人士，都将当代伊斯兰教描绘为一种天生保守的、甚至是反动的力量。这样一来，为确保"民主"和"人权"在阿拉伯和穆斯林世界的大部分地区生根发芽，就必须动用美国军事干涉的外部力量。为回应"白人的义务"在意识形态上的这种最新体现，一些左翼人士提出，美帝国主义已经变成一个非常危险和具有威胁性的力量，因此赞成武装"抵抗"美国占领伊拉克，把这种抵抗视为反帝国主义运动的重要表现。

---

* 本文选自《国外理论动态》2005年第3期，徐洋摘译。

马克思《马·柯瓦列夫斯基〈公社土地占有制,其解体的原因、进程和结果〉一书摘要》研究读本

可能有人会想到,鉴于目前围绕当代伊斯兰教性质的讨论争辩不休,至少有一些左翼人士会以马克思关于穆斯林历史和社会的著述为基础来探讨这个问题。毕竟,马克思1882年(他逝世前一年)在阿尔及尔生活了两个月,在那里他有机会直接观察和评论伊斯兰文明的方方面面。他在阿尔及尔还同民事法官阿尔伯·费默就阿拉伯人的土地所有权和法国殖民主义进行了广泛的讨论。另外在1879年,即到阿尔及尔旅行的前几年,马克思在他对马克西姆·科瓦列夫斯基的著作①所作的笔记中,广泛研究了印度北部的穆斯林法规、阿尔及利亚的公社土地形式以及伊斯兰法学中的哈乃斐学派。马克思在生命的最后几年,还研究了印度和印度尼西亚社会的若干其他方面(历史学笔记)。他在1880年10月作了关于公元664—1858年印度历史的笔记,1881年写了1700页的世界历史笔记。

我们可以从马克思在最后十年研究殖民主义、公社形式、技术落后的社会时所运用的方法和方式中学到很多东西。马克思19世纪50年代早期关于印度的论述(在那里他看起来赞成单线进化的观点,认为通过西方殖民主义和工业化,印度就会实现社会"进步")一直引起相当多的探讨和争论,但是马克思最后十年(1872—1883)的著述——在这里他改变了他的许多早期观点——却一直不是遭到沉默对待,就是没有受到充分的注意。

本文希望通过简略地探讨马克思1879年秋撰写的"科瓦列夫斯基笔记"②的几个方面,在一定程度上填补这个空白。(马克思的笔记的节选曾于1975年作为附录发表在劳伦斯·克莱德的《亚细亚生产方式》一书中;全文有100多页,1977年用德文由汉斯·彼得·哈特施蒂克以《卡尔·马克思论前资本主义生产诸形式:土地所有制历史的比较研究,1879—1880年》为书名发表。)

---

① 指《公社土地占有制,其解体的原因、进程和结果》。
② 《马·科瓦列夫斯基〈公社土地占有制,其解体的原因、进程和结果〉一书摘要》的简称。

在转向马克思关于伊斯兰社会的著述之前，应当指出，马克思的思想是在欧洲环境下发展起来的，他的一些关于非西方社会的早期论述表现出欧洲人的偏见，对它们的内部发展尚不熟悉，缺乏感受。这些著作都写于他对这些社会的内部动力进行细致研究之前（马克思 50 年代中期以后对印度和其他非欧洲社会的论述显示出他对它们的发展的认识较之过去深刻得多，这特别体现在他的开创性著作《大纲》[1558] 中）。

马克思论述非西方社会的某些早期著作包含了某些局限性，但是许多人不仅据此来考察马克思的总体观点，而且据此来评判马克思的思想的来源之一即整个黑格尔辩证法的遗产，认为它沾染了一系列欧洲中心论的假定和范畴。毫无疑问，黑格尔本人确实是一位欧洲中心论者（这特别体现在他对非洲和中国的评论上）。但是，仍然可以提出很多理由来质疑下面这种流行的观点：黑格尔和马克思的辩证法因欧洲中心论偏见的困扰而难以理解非西方社会历史和文化的特殊性。

伊斯兰教思想史上的一个例子尤其可以说明这一点，这就是伊斯兰哲学家阿布·雅库布·西吉斯坦尼（Abu Ya'qub al-Sijistani）（卒于971年）的著作。西吉斯坦尼说：理解真主"必须是一种完全的否定……其中有两个否定——否定和否定之否定——互相对立"。毋庸赘言，西吉斯坦尼在使用"否定之否定"这一概念时与黑格尔不同。对黑格尔来说，"否定之否定"是积极理解"具体的普遍"的道路，在这一过程中，否定的行为通过第二次否定不再依附于它所批判的目标。在西吉斯坦尼那里，"否定之否定"则是为了证明真主超越了拥有属性和不拥有属性的范畴，"表现出真主是绝对不可认识的，没有任何属性"。我们完全不应抹杀两者之间的重大区别，但是这里清楚地显示出，那些后来被黑格尔和马克思在不同的背景下加以阐发的概念，如"否定之否定"，特别是对于伊斯兰社会的文化和哲学话语来说并不是外在的，而正是从它们之中产生的。那种认为辩证法遗产以一系列"欧洲中心论"的假定为基础的广泛流行的臆断，仅凭这一个例子看来就很难站得住脚。

马克思《马·柯瓦列夫斯基〈公社土地占有制，其解体的原因、进程和结果〉一书摘要》研究读本

了解这些以后，让我们直接转向马克思论述伊斯兰社会的著作，尤其是他1879年对马克西姆·科瓦列夫斯基《公社土地占有制，其解体的原因、进程和结果》一书做摘录的笔记本中的论述。

尽管马克思对科瓦列夫斯基的这部著作多有批评，但是首先看一看马克思赞成其中的哪些观点还是很重要的。

第一，科瓦列夫斯基尖锐抨击了帝国主义，认为在印度北部的英帝国主义和在阿尔及利亚的法帝国主义是倒退的现象，因为它们破坏了土著的公社土地占有形式。马克思赞同科瓦列夫斯基关于帝国主义对这些社会产生了倒退影响的观点，这与他50年代早期论印度的著作表达的某些观点截然不同。

第二，科瓦列夫斯基对公社土地占有制做了肯定评价，认为它可能成为"社会发展的更高阶段"的基础。马克思同样赞同这个观点，这不仅体现在他对印度北部社会和非洲北部社会所写的笔记中，而且也体现在他同一时期关于俄国农村公社的著述中。

第三，马克思认为科瓦列夫斯基在驳斥下面这一观念时做出了重要贡献：在印度北部以及在整个穆斯林社会，君主是首要的地主和土地所有者。科瓦列夫斯基指出，英国人辩称君主是地主和首要的土地所有者，这对他们具有重大的实用价值，因为他们可以利用这一观念，通过土著统治者（各种王公贵族）的默许，攫取公社土地。英国和法国帝国主义者宣传君主是正宗的土地所有者这一观念，其目的是——通过征服土著统治者——宣告他们是公社土地的合法继承人。科瓦列夫斯基因此就揭露了，这个纯粹意识形态上的广泛流行的欧洲人的观念（可能最有名的鼓吹者是詹姆斯·穆勒）——君主是主要的土地所有者——是用来为使欧洲帝国主义者能够夺取印度、阿尔及利亚等等地方固有的公社土地这一实用的目的服务的。马克思在《科瓦列夫斯基笔记》中写道："**在征服完成以后**，'伊玛目便不得把已被耕种的土地的产权转交给任何人'……实际上，这就导致大部分土地仍留在土著居民手里……政府

只是把国有领地和未耕种地据为己有。"①

马克思又说:"**公社所有制**只有在英国'狗'官员**找不到**能够提出任何(**哪怕是极不可靠的**)**所有权文契**的人的地方才**允许存在**。英国驴花了长得难以置信的时间,才多少近似地摸索到被……征服地区的土地占有制的真相。"② 马克思接着说:"于是,公社所有制原则上得到了承认;实际上被承认到何种程度,过去和现在总是要看'英国狗'认为怎样做才对自己最为有利……英国'笨蛋'……"③

总之,马克思最欣赏科瓦列夫斯基的地方是他拒绝不加分析地接受欧洲人用以解释非欧洲社会的范畴。同时,正是在这一点上马克思同科瓦列夫斯基产生了严重分歧。科瓦列夫斯基以"伊克塔"(ikta,军功采邑田)为立论基础,认为封建主义盛行于莫卧儿时代的印度。他将印度北部"封建主义"的出现直接同莫卧儿的征服联系起来。马克思对这一点表示了明确的异议,他写道:"这一点仅仅对于**领受了第二类或第三类军功田**的伊斯兰教徒才有意义,**而对于印度教徒至多在下述程度上才有意义,即他们不是向国库,而是向由国库授予权利的人缴纳实物税或货币税**。纳地亩税并没有把他们的财产变为封建财产,正如 impôt foncier 不曾把法国的地产变为封建地产一样。"④

马克思还举出了其他一些理由来反对封建主义盛行于莫卧儿印度的观点。马克思说,对欧洲封建主义起支配作用的农奴制度,在印度并不存在:"由于在印度有'采邑制'、'**公职承包制**'(后者根本不是**封建主义的**,罗马就是证明)和荫庇制,所以柯瓦列夫斯基就认为这是西欧意义上的**封建主义**。**别的不说**,柯瓦列夫斯基忘记了**农奴制**,这种制度并不存在于印度,而且它是一个基本因素。"⑤ 马克思还指出,土地在印度不像在欧洲封建主义下那样是受称颂的对象:"罗马—日耳曼封建

---

① 《马克思恩格斯全集》第45卷,北京:人民出版社1985年版,第266、269页。
② 同上书,第294页。
③ 同上书,第296—297页。
④ 同上书,第269页。
⑤ 同上书,第283—284页。

主义所固有的**对土地的崇高颂歌**（Boden-Poesie）（见毛勒的著作），在印度正如在罗马一样少见。**土地**在印度的任何地方都不是**贵族性的**，就是说，土地并非不得出让给平民！"① 此外，马克思指出，印度社会的继承方式也与欧洲封建主义的不同："根据印度的法律，**统治者的权力**不得在诸子中**分配**；这样一来，**欧洲封建主义**的主要源泉之一便被堵塞了。"② 马克思还指出，与欧洲封建主义历史上的普遍情况不同，在印度北部的历史上，自由农民和不自由农民之间并没有重大区别。

对科瓦列夫斯基将封建主义概念运用于非洲北部的尝试，马克思同样表示异议。马克思不同意他的奥斯曼土耳其人在他们征服北非的过程中输入封建主义的观点："没有任何迹象表明**全部被征服的国土都变成了国有财产**。卑劣的'东方学家'以及其他人徒劳地引证**可兰经上的一段话**，那里说土地是'属于**真主**'的。"③ 马克思反对使用诸如"封建主义"一类的欧洲人的范畴来定义非欧洲社会；正如劳伦斯·克莱德所说的，对马克思来说，"印度的历史进程要用本土的范畴而非输入的范畴来解释"④。

（我在这里要插一句，马克思的"科瓦列夫斯基笔记"1958年首次以俄文发表的时候，斯大林主义的编者强烈反对马克思关于不要将封建主义应用于非西方社会的观点，因为这与他们所界定的官方"马克思主义"的单线发展说相左。）

马克思还抨击了欧洲人的下述行径：或者将他们自己的法律强加于阿尔及利亚社会，或者当"本土"法律适合于帝国主义的私利时就接受它："只要非欧洲的（外国的）法律对欧洲人'有利'，欧洲人就不仅承认——立即承认！——它，就像他们在这里承认穆斯林法律一样，而且还'误解'它，使它仅仅对他们自己有利，就像这里所出现的情

---

① 《马克思恩格斯全集》第45卷，北京：人民出版社1985年版，第284页。
② 同上书，第274页。
③ 同上书，第264页。
④ 见劳·克莱德：《亚细亚生产方式》第206页。

况那样。"①

除对科瓦列夫斯基在某些重大问题上的观点如"封建主义"这一范畴的适用性提出异议外，马克思还纠正了科瓦列夫斯基著作中关于历史的一些不确切的地方，这也表明马克思最后十年多么认真地研究这些社会的历史。

马克思的"科瓦列夫斯基笔记"，像他最后十年关于第三世界的许多著述一样，是一系列笔记，而不是一项完成的课题，因此很难从中对他关于伊斯兰社会的观点做出概括。但是通过我们的讨论有几点还是应当予以明确的。

第一，19世纪70年代时（很有可能早在50年代中期），马克思已不将帝国主义对技术落后的世界的侵入视为"进步"。相反，他认为帝国主义对诸前资本主义社会形态的破坏是倒退。在《大纲》（1858）中，马克思警告说："进步这个概念决不能在通常的抽象意义上去理解。"② 早些时候，马克思在《神圣家族》（1845）中写道："与'**进步**'的奢望相反，经常可以发现**退步**和**循环**的情况。……'进步'这个范畴是没有任何内容的、抽象的。"③ 在《1844年经济学哲学手稿》里马克思写道："请你问一下自己，那个无限的过程本身对理性的思维来说是否存在。"④ 马克思在最后十年（1872—1883）对这个观点作了具体化，他强烈反对这个观念：帝国主义在某种意义上是历史的"进步"。在《给维·伊·查苏利奇的复信草稿》中马克思写道："土地公有制是由于英国的野蛮行为才消灭的，这种行为不是使当地人民前进，而是使他们后退。"⑤

第二，马克思不是接受帝国主义对土著公社形式的破坏，而是支持这些公社形式——当然是批判地——将它们看作不需要通过资本主义工

---

① 《马克思恩格斯全集》第45卷，北京：人民出版社1985年版，第317页。
② 《马克思恩格斯全集》第30卷，北京：人民出版社1995年版，第51页。
③ 《马克思恩格斯全集》第2卷，北京：人民出版社1957年版，第106页。
④ 《马克思恩格斯全集》第3卷，北京：人民出版社2002年版，第310页。
⑤ 《马克思恩格斯全集》第19卷，北京：人民出版社1963年版，第448页。

马克思《马·柯瓦列夫斯基〈公社土地占有制,其解体的原因、进程和结果〉一书摘要》研究读本

业化就建立社会主义社会的可能的基础。马克思对这个问题最详尽、最明确的论述当然是他在关于俄国农村公社的著作中阐发的。马克思并不认为印度和北非社会的公社形式能够轻易地成为当地绕过资本主义走向社会主义的道路的基础,因为那些地方的公社形式正在以比在俄国快得多的速度遭到破坏——这主要是由殖民主义和帝国主义的影响造成的。但是,马克思并没有排除这种可能性:假如遇到某种特定的历史条件(例如"东方"的农民斗争和西方的无产阶级革命互相结合起来),那么这种土著社会形态可以成为通向社会主义的另一条道路的基础。马克思70年代和80年代一直致力于阐发这些可能性,但是这项课题因他的去世(1883年)而中断。

然而——这是非常重要的一点——马克思并不是毫无批判地看待第三世界的土著公社形态的。如果我们联系他最后十年的其他著作,例如论述俄国村社的《给维·伊·查苏利奇的复信草稿》和论述美国土著社会的《人类学笔记》来学习他的"科瓦列夫斯基笔记",这一点就会很清楚。马克思多次强调了土著公社形式的特征即它的二重性。一方面,它提供了互相作用和互相依存的基础,这可以为未来的社会主义社会提供基础。然而另一方面,土著公社形态又受到种种社会不平等和萌芽状态的等级制度的折磨,尤其是涉及男人和女人之间的关系的时候。马克思特别是在他的《人类学笔记》中对这些内在矛盾作了谨慎的批判。与恩格斯不同——恩格斯在马克思逝世后在他的《家庭、私有制和国家的起源》中倾向于不加批判地赞美土著公社形式——马克思指出了存在于其中的阶级、种姓和等级制的社会关系的初始形态。这就是他强调"公社内部就有使自己毁灭的因素"[①]的原因。马克思认为,如果公社因素战胜了等级制和父权制的萌芽,那么公社就可能成为创造社会主义的基础——条件是西方也发生无产阶级革命。但是,如果公社因素或者由于外部因素(例如帝国主义的侵入)或者由于内部因素(例如

---

① 《马克思恩格斯全集》第19卷,北京:人民出版社1963年版,第450页。

"土著"共同体对妇女自由的压制)而成为等级制和父权制萌芽的牺牲品,那么它就不会也不能成为未来社会主义社会的基础。马克思写道:"一切都取决于它所处的历史环境。"① 谈到"历史环境"时,马克思并非简单地指"物质条件"或抽象的"历史规律",而是指社会革命——起来解决矛盾的人类主体有意识地进行干预。

也许不大可能将马克思在他关于伊斯兰社会的笔记中所阐发的思想直接运用到今天帝国主义战争和恐怖主义所造成的危机上。然而我们可以有把握地说:马克思会毫不留情地反对任何用帝国主义干涉来"重塑"伊斯兰世界的企图,他同样会毫不留情地反对伊斯兰世界中任何把自己装扮成美帝国主义的替代者的家长制式的反动倾向。对马克思来说,人的自由是衡量任何一个社会或社会形态的尺度,今天在面对美国干涉的恐怖时,将这一点牢记在心对我们很有好处。对眼下反对美国的伊拉克或其他地方所具有的许多落后性的倾向予以迁就或视而不见,并不是在帮助寻找资本主义全球统治的积极替代的努力,而只会是进一步阻碍它。我们所需要的是对马克思的方法进行重新创造,在这种方法里,强烈反对帝国主义与强烈反对任何否定人的自由的"反帝国主义"立场是紧密联系在一起的。

马克思晚年关于伊斯兰社会的著述为完成这项任务指明了重要的方向。他1882年在阿尔及尔生活的两个月里对阿拉伯和穆斯林社会所作的思考尤其清楚地说明了这一点。在写自阿尔及尔的信中,马克思说他被"穆罕默德的子女"吸引住了,他写道:"他们的服装——甚至是穷人的——都漂亮而雅致……甚至最穷的摩尔人,在用斗篷'披身的艺术'方面,在走路或站立时所表现出的自然优雅和高贵气度方面,都胜过欧洲大演员。"他补充说:"事实上穆斯林居民不承认任何隶属关系:他们认为自己既不是'臣民',也不是'被管理的人'……没有任何权威。"但是马克思也不忘加上一句:"然而没有革命运动,他们什么也

---

① 《马克思恩格斯全集》第19卷,北京:人民出版社1963年版,第435、451页。

得不到。"①

的确，如果我们不能以"不断革命"这一马克思主义原则为基础重建激进运动，那么我们所有人都会什么也得不到。

---

① 《马克思恩格斯全集》第 35 卷，北京：人民出版社 1971 年版，第 293、298、302 页。

附录Ⅱ　延伸阅读书目

1. 经典原著

（1）《马克思恩格斯全集》第1版第45卷，北京：人民出版社1985年版。

（2）《马克思恩格斯文集》第3、5、7卷，北京：人民出版社2009年版。

（3）《马克思古代社会史笔记》，北京：人民出版社1996年版。

（4）马克思：《科瓦列夫斯基〈公社土地占有制，其解体的原因、进程和结果〉一书摘要》，邹如山、世雄译，北京：人民出版社1965年版。

（5）柯瓦列夫斯基：《公社土地占有制，其解体的原因、进程和结果》，李毅夫、金地译，北京：中国社会科学出版社1993年版。

2. 相关研究著作

（1）黄楠森等主编：《马克思主义哲学史》第3卷，北京：北京出版社1991年版。

（2）庄福龄等：《马克思主义史》第1卷，北京：中国人民大学出版社1996年版。

（3）陈先达：《走向历史的深处：马克思历史观研究》，北京：中国人民大学出版社2010年版。

（4）孙伯鍨：《探索者道路的探索》，南京：南京大学出版社2002年版。

（5）聂锦芳：《清理与超越：重读马克思文本的意旨、基础与方法》，北京：北京大学出版社 2005 年版。

（6）王东：《马克思学新奠基》，北京：北京大学出版社 2006 年版。

（7）俞吾金：《被遮蔽的马克思》，北京：人民出版社 2012 年版。

（8）孙伯鍨、张一兵主编：《走进马克思》，南京：江苏人民出版社 2012 年版。

（9）曹典顺：《马克思〈人类学笔记〉研究读本》，北京：中央编译出版社 2013 年版。

（10）袁雷、张云飞：《马克思恩格斯论"东方村社"研究读本》，北京：中央编译出版社 2013 年版。

（11）杨耕：《为马克思辩护》，北京：北京师范大学出版社 2004 年版。

（12）张一兵、周嘉昕：《资本主义理解史》第 1 卷，南京：江苏人民出版社 2009 年版。

（13）冯景源：《人类境遇与历史时空——马克思〈人类学笔记〉、〈历史学笔记〉研究》，北京：中国人民大学出版社 2004 年版。

（14）丰子义：《发展的呼唤与回应：哲学视野中的社会发展》，北京：北京师范大学出版社 2009 年版。

（15）赵家祥、丰子义：《马克思东方社会理论的历史考察和当代意义》，北京：高等教育出版社 2002 年版。

（16）张云飞：《跨越"峡谷"：马克思晚年思想与当代社会发展理论》，北京：人民出版社 2001 年版。

（17）江丹林：《马克思的晚年反思——东方社会发展道路与中国社会主义实践》，北京：北京出版社 1992 年版。

（18）鲁越等：《马克思晚年的创造性探索——"人类学笔记"研究》，郑州：河南人民出版社 1992 年版。

（19）孙承叔：《打开东方社会秘密的钥匙：亚细亚生产方式与当代社会主义》，北京：东方出版中心2000年版。

（20）尹树广：《晚年马克思历史观的变革》，哈尔滨：黑龙江人民出版社2000年版。

（21）李百玲：《晚年马克思恩格斯交往观研究》，北京：中央编译出版社2009年版。

（22）李百玲：《马克思〈历史学笔记〉研究读本》，北京：中央编译出版社2014年版。

（23）孟宪东：《晚年马克思"跨越"思想研究：兼论东方社会主义的历史发展》，北京：当代中国出版社2008年版。

（24）中共中央编译局编：《回忆马克思》，北京：人民出版社2005年版。

（25）《马克思主义来源研究论丛（第11辑）·特辑：马克思人类学笔记研究论文集》，北京：商务印书馆1988年版。

（26）李百玲主编：《马克思主义研究资料》（第14卷），北京：中央编译出版社2015年版。

（27）〔德〕弗·梅林：《马克思传》，樊集译、持平校，北京：人民出版社1965年版。

（28）〔英〕戴维·麦克莱伦：《马克思传》，王珍译，北京：中国人民大学出版社2006年版。

（29）〔德〕伊林·费彻尔：《马克思思想传记》，鲁克俭译，北京：北京师范大学出版社2012年版。

（30）〔英〕安东尼·吉登斯：《历史唯物主义的当代批判》，郭忠华译，上海：上海译文出版社2010年版。

（31）〔德〕尤尔根·哈贝马斯：《重建历史唯物主义》，郭官义译，北京：社会科学文献出版社2013年版。

（32）〔美〕唐纳德·R.凯利：《晚年马克思与人类学》，见《马克思主义来源研究论丛》第 8 辑，北京：商务印书馆 1987 年版。

（33）〔美〕劳伦斯·克拉德：《马克思的民族学笔记》，见《马列主义研究资料》1985 年第 1 辑总第 37 辑，北京：人民出版社 1985 年版。

（34）C.勒维特：《马克思的人类学和进化论问题》，见《马克思的理论和第三世界》1985 年新德里—伦敦版。

（35）〔美〕诺曼·莱文：《马克思和恩格斯思想中的人类学》，见《马克思主义来源研究论丛》第 15 辑，北京：商务印书馆 1993 年版。

（36）〔匈〕乔治·马尔库什：《马克思主义与人类学：马克思哲学关于"人的本质"的概念》，李斌玉、孙建译，哈尔滨：黑龙江大学出版社 2011 年版。

（37）〔英〕莫里斯·布洛克：《马克思主义与人类学》，北京：华夏出版社 1988 年版。

3. 相关研究论文

（1）叶林、张显扬：《国外关于马克思晚年人类学笔记的研究》，载《马克思主义研究》1986 年第 3 期。

（2）姚休：《马克思晚年〈人类学笔记〉研究概述》，载《理论前沿》1989 年第 72 期。

（3）江丹林：《西方关于马克思晚年"人类学笔记"主要观点论析》，载《北京大学学报》1990 年第 1 期。

（4）王东、刘军，《"人类学笔记"，还是"国家与文明起源笔记"——为马克思晚年笔记正名》，载《哲学研究》2004 年第 2 期。

（5）王东、林锋：《人类学笔记，还是国家与文明起源笔记——初答叶志坚先生》，载《东南学术》2006 年第 2 期。

（6）冯景源：《"国家与文明起源笔记"，还是"人类学笔记"学术争鸣的重要意义》，载《东南学术》2006 年第 6 期。

（7）王东、林锋：《"人类学笔记"，还是"国家与文明起源笔记"——与西方学者的学术对话》,载《马克思主义研究》2006年第10期。

(8) 叶志坚:《是"国家与文明起源笔记",还是"人类学笔记"——与王东、刘军先生商榷》,载《东南学术》2005年第3期。

(9) 叶志坚:《"国家与文明起源笔记"称谓质疑——与王东、林锋先生的学术对话》,载《马克思主义研究》2008年第2期。

(10) 叶志坚:《也谈柯瓦列夫斯基笔记主题——与林锋先生商榷》,载《东岳论丛》2010年第8期。

(11) 林锋:《再论马克思〈柯瓦列夫斯基笔记〉的主题》,载《东南学术》2014年第5期。

(12) 林锋:《关于〈柯瓦列夫斯基笔记〉主题的辨析——对学界一种流行观点的批判性考察》,载《北京行政学院学报》2014年第5期。

(13) 林锋:《〈公社土地占有制〉一书摘要的主题究竟是什么——对叶志坚先生质疑的回应》,载《东岳论丛》2016年第9期。

(14) 林锋:《正确界定〈公社土地占有制〉一书摘要的历史地位》,载《马克思主义与现实》2016年第6期。

(15) 林锋:《马克思晚年笔记和人类学的关系》,载《东南学术》2004年第3期。

(16) 林锋:《如何科学界定马克思"人类学笔记"的历史地位？——一条新的方法论思路》,载《东岳论丛》2009年第8期。

(17) 林锋:《马克思"人类学笔记"历史地位新界定》,载《东岳论丛》2010年第1期。

(18) 张奎良:《马克思对人类社会原生形态的执着探索》,载《马克思主义与现实》2015年第3期。

(19) 王晓红:《马克思晚年笔记的原始核心是什么——关于路易斯·亨·摩尔根〈古代社会〉一书摘要的地位》,载《高校理论战线》

2009 年第 3 期。

（20）马润青：《马克思"人类学笔记"中的方法论原则》，载《北京师范大学学报》1990 年第 5 期。

（21）江丹林：《社会人学研究：马克思"人类学笔记"的启示》，载《学术月刊》1996 年第 4 期。

（22）江丹林：《关于东方社会发展道路的几个问题》，载《哲学研究》1990 年第 2 期。

（23）江丹林：《论晚年马克思的发现及其在当代的意义》，载《江淮论坛》1989 年第 6 期。

（24）姚休：《马克思晚年〈人类学笔记〉研究概述》，载《党校科研信息》1989 年第 72 期。

（25）张奇方：《马克思晚年"人类学笔记"的启示》，载《南京社会科学》1991 年第 6 期。

（26）王晓红、杨巧蓉：《马克思晚年笔记的哲学创新：唯物史观的深化和拓展》，载《江汉论坛》2010 年第 2 期。

（27）谌中和：《马克思晚年学术转向的思想史意义》，载《中国社会科学》2016 年第 5 期。

（28）丰子义：《"世界历史"探索与唯物史观研究——从当代全球化的视角看》，载《南京大学学报》2007 年第 4 期。

（29）赵家祥：《马克思"古代社会史笔记"的理论贡献》，载《学习与探索》2009 年第 1 期。

（30）胡刘、祝莉萍：《马克思晚年笔记的理论旨趣与历史哲学意蕴》，载《哲学动态》2011 年第 4 期。

（31）张奎良：《界定封建制：马克思多维历史走向的最后努力》，载《马克思主义与现实》2011 年第 2 期。

（32）荣剑：《关于跨越资本主义"卡夫丁峡谷"问题——对东方社会发展道路的哲学思考》，载《哲学研究》1987 年第 11 期。

（33）冯天瑜：《马克思的封建观及其启示》，载《马克思主义与现实》2009年第6期。

（34）特尔·阿科皮扬：《关于"原始形态"概念的历史——马克思著作中的原始社会概念》，见《马列主义研究资料》第2辑总第48辑，北京：人民出版社1987年版。

（35）M.布洛赫：《马克思主义和人类学关系史》，参见杜章智：《国外对马克思晚年人类学笔记的研究》，见《马列主义研究资料》第1辑总第47辑，北京：人民出版社1987年版。

（36）〔德〕汉斯-彼得·哈斯蒂克：《马克思恩格斯与柯瓦列夫斯基及其著作》，见《马列主义研究资料》第3辑总第49辑，北京：人民出版社1987年版。

（37）〔美〕彼得·胡迪斯：《马克思论东方穆斯林社会》，徐洋译，载《国外理论动态》2005年第3期。

（38）查托帕德雅雅：《〈古代社会〉导论》，载《民族译丛》1987年第2、3期。

4. 外文参考文献

（1）Shanin, Teodor, *Late Marx and the Russian Road：Marx and "the Peripheries of Capitalism"*, Routledge & Kegan Paul, 1983.

（2）Marx, Karl, *The Ethnological Notebooks of Karl Marx.*（Studies of Morgan, Phear, Maine, Lubbock）, edited by Lawrence Krader, Van Gorcum, 1974.

（3）Tooker, Elisabeth, "Lewis H. Morgan and His Contemporaries", *American Anthropologist*, Jun 1992, 94, p.2.

（4）Fortes, Meyer, "Introduction", *Soviet and Western Anthropology*, edited by Ernest Gellner, Duckwork, 1980.

（5）Karl Lowith, *From Hegel to Nietzsche：the Revolution in Nineteenth-Century Thought*, New York：Holt, Rinehart and Winston, 1964.

(6) Schlomo Avineri, *Karl Marx on Colonialism and Modernization*, New York: Doubleday, 1968.

(7) Gerald A. Cohen, *Karl Marx's Theory of History: A Defense*, NJ: Princeton University Press, 1978.

(8) Hal Draper, *Karl Marx's Theory of Revolution*, *Vol.II*, *the Politics of Social Classes*, New York: Monthly Review Press, 1978.

(9) John Plamentz, *Karl Marx's Philosophy of Man*, Oxford: Clarendon Press, 1975.

(10) Michel Henry, *Marx: A philosophy of Human Reality*, Bloomington, IN: Indiana University Press, 1976.

图书在版编目（CIP）数据

马克思《马·柯瓦列夫斯基〈公社土地占有制，其解体的原因、进程和结果〉一书摘要》研究读本 / 贾向云主编. —北京：中央编译出版社，2017.12

（马克思主义经典著作研究读本 / 杨金海，李惠斌主编）

ISBN 978-7-5117-3459-4

Ⅰ. ①马… Ⅱ. ①贾… Ⅲ. ①《马·柯瓦列夫斯基〈公社土地占有制，其解体的原因、进程和结果〉一书摘要》-马克思著作研究 Ⅳ. ①A811.21

中国版本图书馆 CIP 数据核字（2017）第 305511 号

马克思《马·柯瓦列夫斯基〈公社土地占有制，其解体的原因、进程和结果〉一书摘要》研究读本

出 版 人：	葛海彦
出版统筹：	贾宇琰
责任编辑：	李媛媛
责任印制：	刘 慧
出版发行：	中央编译出版社
地 址：	北京西城区车公庄大街乙 5 号鸿儒大厦 B 座（100044）
电 话：	（010）52612345（总编室） （010）52612335（编辑室）
	（010）52612316（发行部） （010）52612317（网络销售）
	（010）52612346（馆配部） （010）55626985（读者服务部）
传 真：	（010）66515838
经 销：	全国新华书店
印 刷：	北京汇林印务有限公司
开 本：	787 毫米×1092 毫米 1/16
字 数：	308 千字
印 张：	22
版 次：	2017 年 12 月第 1 版
印 次：	2017 年 12 月第 1 次印刷
定 价：	77.00 元

网 址：	www.cctphome.com 邮 箱：cctp@cctphome.com
新浪微博：	@中央编译出版社 微 信：中央编译出版社（ID：cctphome）
淘宝店铺：	中央编译出版社直销店（http：//shop108367160.taobao.com） （010）52612349

本社常年法律顾问：北京市吴栾赵阎律师事务所律师 闫军 梁勤
凡有印装质量问题，本社负责调换。电话：（010）55626985